本书系教育部人文社会科学研究青年基金项目《全球化背景下英国隐性语言推广策略研究》（17YJC740121）结项成果

"软实力"视域下的
英国语言国际推广策略研究

张天宇　著

上海交通大学 出版社
SHANGHAI JIAO TONG UNIVERSITY PRESS

图书在版编目(CIP)数据

"软实力"视域下的英国语言国际推广策略研究/
张天宇著. —上海：上海交通大学出版社,2023.11
ISBN 978-7-313-29281-0

Ⅰ. ①软… Ⅱ. ①张… Ⅲ. ①英语—语言政策—研究
—英国 Ⅳ. ①H31

中国国家版本馆 CIP 数据核字(2023)第 153247 号

"软实力"视域下的英国语言国际推广策略研究

"RUANSHILI" SHIYU XIA DE YINGGUO YUYAN GUOJI TUIGUANG CELÜE YANJIU

著　　者：张天宇

出版发行：上海交通大学出版社　　　　　　　　地　　址：上海市番禺路 951 号
邮政编码：200030　　　　　　　　　　　　　　电　　话：021-64071208
印　　制：上海万卷印刷股份有限公司　　　　　经　　销：全国新华书店
开　　本：710 mm×1000 mm　1/16　　　　　　印　　张：17
字　　数：241 千字
版　　次：2023 年 11 月第 1 版　　　　　　　　印　　次：2023 年 11 月第 1 次印刷
书　　号：ISBN 978-7-313-29281-0
定　　价：88.00 元

前 言

FOREWORD

    全球化时代,国际竞争的焦点上升为"软实力"的较量。优势语言是国家"软实力"强大的重要表征,而语言的国际推广,通过加速异质文化间的交流、政治价值观念的宣传以及外交政策的应用,服务于国家政治、文化、外交等领域,是提升国家"软实力"的重要途径。因此,语言的国际推广已经成为"软实力"背景下世界各国竞相奉行的国家战略。英语的国际推广不仅为英国带来了丰厚的、直接的经济价值,同时还具有提升英国文化吸引力和价值观念认同力、促进英国社会制度辐射力等隐性价值,是提高英国国家"软实力"的重要手段。英语的全球化是一个复杂的、不可逆的历史进程,但是英国将英语的国际推广与实现国家"软实力"提升有机结合、共生互促,是比较成功的案例,具有重要借鉴意义。目前学术界关于语言推广政策、战略及意义的研究成果不在少数,然而,这些研究还大多局限于宏观层面的政策描述和梳理,鲜有文献将相关理论与推广实践深度融合,对语言推广策略进行深入研究。为此,本书以"软实力"为研究视角,以英国语言推广的准官方机构——英国文化教育协会为研究对象,深入挖掘当今英国语言国际推广的策略、实施及其效果。研究问题如下。

    (1)英国语言国际推广活动有哪些?这些推广活动建构了什么样的语言形象?

    (2)针对不同地区这些语言推广策略体现了什么样的"软实力"?

    (3)"软实力"视域下语言推广策略的效果如何?

本书研究以英国文化教育协会的语言推广活动(英语语言教育与考试、艺术和文化交流、教育与社会活动)为横向维度,以卡奇鲁关于世界英语分布的"三个同心圆"理论(即英语作为母语的"内圈",英语作为官方语言或半官方语言的"外圈",英语作为外语学习和使用的"扩展圈")为纵向维度,并尝试建构了一个以语言形象为中心,包含语言态度、语言价值、语言需求等影响因素的语言推广策略运行模型,从语言推广的"活动—策略—效果"三者的内在关系入手,探究英国语言推广策略与实践。相对于殖民主义时期的显性语言推广,"软实力"背景下的语言推广具有隐蔽性、模糊性和分散性,很难找到明确的、具体的官方政策文本和指导文件。因此,本书选取英国文化教育协会2000—2014年间的15份《年度报告》为研究语料,自下而上研究英国语言国际推广策略。本书研究方法主要采用量化与质化相结合的内容分析法,辅以共现词分析法和个案分析法,实现了量化数据的归类提取和文本回归分析。具体分析方法采用"手工标注""半自动语料处理""自动语义测算"三合一型实证方案,避免了采用单纯手工标注方法带来的过低效率与偏主观性。

本书主要研究发现有以下三点。

研究发现之一:基于语言交际价值,英国文化教育协会设置了英语语言教学及考试活动,《年度报告》文本在此类语言推广活动的描述中建构了英语"标准英语""改善人们生活水平的语言""国际交流的工具"等交际形象,这些形象基于英语作为"全球通用语"的"工具性"属性,以中立的色彩传递给人们"掌握英语可以改善人们的生活水平、可以实现国际交流"等用途,同时强调了英式英语的权威性;基于语言文化价值,协会设置了艺术、文化交流活动,《年度报告》文本在此类语言推广活动的描述中建构了英语"历史悠久""文化经典""现代文明的标志"等文化形象,这些形象直接指向英国文化的深厚积淀,既传承经典又与时俱进,涵盖了所有英语学习的文化动机;基于语言政治价值,协会设置了教育与社会活动,《年度报告》文本在此类语言推广活动的描述中建构了英语"包容""友好""诚信"等政治形象,这些形象向人们展示了英国社会的亲和力。

　　研究发现之二：语言形象是语言推广背后的隐含话语，并通过语言推广活动来传达。二者共同搭配组成的语言推广策略，促进了语言推广的文化价值、政治价值等隐性价值的产生。主要表现为：基于"内圈"国家对英语"竞争""忠诚""合作"的语言态度，"标准英语""历史悠久""包容"等语言形象，促进语言推广增进对共同文化渊源的认同、强化"英式英语"标准性的隐性价值；基于"外圈"国家对英语"排斥"与"需求"并存的语言态度，"改善人们生活水平的语言""文化经典""友好"等语言形象，促进语言推广增进对英国经典和权威的认同、消除历史偏见的隐性价值；基于"扩展圈"国家对英语"实用主义"的语言态度，"国际交流的工具""现代文明的标志""诚信"等语言形象，促进语言推广宣传国家形象、增进国际交流的隐性价值。

　　研究发现之三：英国语言国际推广策略具有"软实力"性。语言形象通过与民间话语、官方话语的互文形成共识，与人们的语言需求产生直接关联，在语言推广活动中发挥其"渗透力"和"吸引力"功能，促进后续的英语传播由"推力"转变为"拉力"。同时，英国语言国际推广策略促进了语言国际推广与"软实力"之间的良性循环。除了显性的经济价值外，语言国际推广通过语言将国家思维方式、价值观等有针对性地渗透给不同推广对象，实现其隐性价值，从而促进国家"软实力"的提升。而"软实力"决定了语言领有者的政治、经济、社会地位，以及推广对象的语言需求和语言态度，是语言价值和语言形象的重要依据。这一本质决定了语言国际推广在"软实力"时代的国家战略地位。

　　由此可见，英国文化教育协会的语言推广策略在于顺应推广对象的语言态度、语言需求以提高英语语言形象，达到语言推广的增值效应，从而促进语言推广与国家"软实力"之间的良性循环。本书的选题和研究视角弥补了目前学术界从语言学角度深入探索语言推广策略的研究空白；从理论层面建构了语言推广运行模型，并厘清了语言推广、语言价值、语言形象、"软实力"等概念之间的逻辑关系，进一步阐明了全球化背景下语言推广对国家发展战略的重要意义；本书的研究发现也为我国汉语语言国际传播提供了有益的启示与借鉴。

目 录
CONTENTS

第一章
绪　论

　　全球化背景下,语言的国际推广已经成为软实力背景下世界各国竞相奉行的国家战略。英语的国际推广不仅为英国带来了丰厚的、直接的经济价值,同时还具有提升英国文化吸引力和价值观念认同力、促进英国社会制度辐射力等隐形价值,是提高英国国家"软实力"的重要手段。英语的全球化是一个复杂的、不可逆的过程,但是英国将英语的国际推广与实现国家软实力提升有机结合、共生互促,却是比较成功的案例,具有重要借鉴意义。

　　英语的全球化推广经历了殖民主义时期的显性推广之后,步入隐性推广阶段。隐性语言推广具有隐蔽、分散的特点,很难找到明确的、具体的官方政策文本和指导文件,并把握其策略和意图。因此,本研究从负责英国英语推广的唯一权威机构——英国文化教育协会入手,基于多份《英国文化教育协会年度报告》进行文本分析,自下而上探索当下英国隐性语言推广的实施情况、策略及实质。本章具体介绍本研究的背景、研究意义、研究思路和研究问题。

第一节　研究背景与意义

一、研究背景

1. "软实力"概念下语言文化推广的兴起

　　著名语言学家爱德华·萨丕尔(Edward Sapir,1997)曾经讲过:"语言的背后是有东西的,而且语言不能离开文化而存在,所谓文化就是社会遗传下来的习惯和信仰的总和,它可以决定我们的生活组织。"萨丕尔的论断揭示了语言、思维、文化三者之间具有某种不可分割性。当代的认知语言学领域更是进一步表明,语言是人类的主要认知途径,"不同的语言体现着不同的认知途径"(Lucy,2011);"不同的语言往往意味着不同的世界观、价值观和方法论"(Leavitt,2011)。为此,作为人类文化重要载体的语言,是"一个民族与国家的认同和象征"(Spolsky,2001)。蔡永良、王克非(2013)据上述观点提出,语言具有"消解异族文化、同化异族、团结统一国家"的功能。在强调民族向心力、凝聚力和综合国力等"软实力"的时代背景下,语言已经成为当今世界政治、文化竞争,以及各国获得国家和民族利益的有效工具和重要途径。

早期的语言推广是新大陆发现后,随着殖民者在世界各地活动范围的扩大而进行的。18世纪中期,英语被英国政府作为"教化属地内有色人种的最重要方式",强制性地在英属殖民地推广。第二次世界大战后,旧的殖民体系被打破,英语承载着盎格鲁-撒克逊(Anglo-Saxon)文明和维持英国国际影响力的重任,以温和、隐蔽的方式推广到世界各地。随着全球化时代的到来和"软实力"概念的提出,语言再次引起了世界各国的普遍重视。借助语言推广本国民族文化,进而提升国家的"软实力",已成为当今世界各国在全球化时代竞相推行的发展战略。世界主要的语言推广组织,例如,德国"歌德学院"、西班牙"塞万提斯学院"、法国"法语联盟"和意大利"但丁协会"等,都不断通过语言推广来宣扬本国文化、培塑国家形象、增强国家"软实力"。随着我国经济的腾飞、社会的发展,以及国际地位的快速提升,"向世界推广汉语,增进世界各国对中国的了解"的需求逐渐增加。

2. 以英国文化教育协会为中心的英国语言国际推广的显著成就

第一次世界大战结束后,英国由于国力受到重创,开始了由大英帝国向英联邦的转变进程,为了弥补英国对原有自治领和殖民地政治控制的真空,加强经济文化交流变得尤为紧迫。同时,随着在世界经济、政治、军事等领域霸主地位的逐渐丧失,英国急切需要通过专属文化推广机构来宣传推广英国文化和价值观,以扭转其国力下降颓势,保持并提升世界影响力。英国文化教育协会即是在这样的时代背景下应运而生的。

英国文化教育协会以推广英国语言文化为基础,但其意义却远大于此。1935 年,时任威尔士王子、后来的英国国王爱德华八世曾经提出,"我们工作的出发点必须是我们的语言……但是我们的目标不能止于传播我们的语言,而是更具有意义的东西。我们的目标在于帮助尽可能多的人欣赏我们的文学,称赞我们对艺术和科学的贡献以及我们在政治实践上所取得的杰出成就。要达到这个目的,最理想的办法就是鼓励外国人学习我们的语言"(Phillipson,1992)。伴随国际政治经济局势变迁,协会工作内容也随之调整,但英语语言推广始终是其的工作重心。时任协会首席执行官的马丁·戴维森(Martin Davidson)曾在 2009—2010 年度工作总结中指出,"英国的黑珍珠不是北海的石油,而是英语。它是我们文化的源泉,也即将成为全世界商业和信息的通用语,而我们所面临的就是如何更好地开发这种资源"。

经历了 80 多年的发展,作为英国唯一的准官方语言文化推广机构的英国文化教育协会已在全球 110 个国家的 220 个城市设有分支机构。协会的语言推广已经渗透到世界各个角落。据统计,近 5 年来,协会活动的参与人数达 6.3 亿之多。这些活动除了将英语带到世界各地,其文化价值乃至经济价值都是不可估量的。来自英国高等教育政策中心的统计数据表明,每年包括留学服务在内的"英语产业"可为英国政府提供超过 100 亿英镑的经济收益。同时,英语的国际推广也把英国的生活方式、价值观念等带到了世界各地。英国文化教育协会的语言推广活动已经成为世界各国公认的成功范例。

英语从一门岛国语言逐步发展成为当今的全球通用语,是一个融合了多种影响因素的复杂历史演变过程。在这个进程中,无论是早期显性的语言推广,还是"软实力"背景下的温和的、隐性的语言推广,英美两国对英语的全球化发展现状都有其成功经验。为此,英国文化教育协会主导下的英语语言国际推广正好可作为"他山之石",为我们提供有益的参考借鉴。

3. 语言推广策略研究的缺失

"软实力"背景下的语言推广是隐性语言政策的显性实施方式。鉴于其策略的隐蔽性和难以估量的隐性价值,"软实力"背景下语言推广策略的研究意义重大。目前,国内外学术界对于语言推广的研究多集中在如下几个方面:

(1) 语言推广的政策研究。西班牙的阿吉利诺·桑切斯(Margarita Sanchez-Perez,2001)、美国的菲利普森(Phillpson,1992)、法国的克莱斯丹(Christiansen,2006)、德国的乌尔里希·阿蒙(Ulrich Ammon,1997)、日本的平高文也(2001)等学者分别介绍了西班牙语、英语、法语、德语及日语的推广政策。我国张西平教授领衔的课题组(2008)在国家汉办"世界主要语言推广情况调查"项目研究过程中,对英国、德国、法国和日本等主要国家的语言推广政策做了系统的总结梳理。

(2) 语言推广意义的研究。伯纳德·斯波斯基(Spolsky,2000)、克里斯汀·约丹(Jourdan,2006)等人探讨了语言推广的经济效益。库珀(Cooper,1982)提出语言推广具有的政治、文化等非语言本身的目的。美国学者葛拉多尔(Graddol,1999)、约瑟夫·奈(Joseph Nye,2013)指出,世界范围的汉语推广使中国的国际影响力通过文化"软实力"得到进一步提升。

(3) 语言推广战略研究。曹德明教授的课题组(2016)以国外主要语言文化推广机构的研究为切入点,分析了世界各主要国家的语言推广政策和成功举措,并在汉语语言推广的战略规划、师资力量、教学基地、文化定位等领域取得了比较丰富的学术研究成果。但上述研究均是在语言学的角度下进行的,而且大都停留在宏观层面的概括分析。

在英国语言推广的研究方面,克里斯汀·约旦(Jourdan,2006)、阿拉斯戴尔·彭尼库克(Alastair pennycook,1994)、赖特(Wright,2012,陈新仁译)等都对英国的语言推广政策进行了深入研究。徐波(2009)在博士论文中基于库珀的语言政策分析框架,对英国语言推广做了较为深入的研究,重点分析了当代英国海外英语推广的政策依据和实施途径,但还仅停留在政策层面。相比而言,对语言推广机构的年度报告及其语言推广政策等文本进行语言学解读,会进一步深化该领域的相关研究。

二、研究意义

1. 从理论层面厘清语言推广与国家"软实力"的关系

语言推广是语言政策与规划领域中语言本体规划的内容，也是国家战略的文化手段，与国家的文化利益、国家权力直接相关。英国的语言推广在为国家带来丰厚的经济利益的同时，也产生了文化、政治等方面的隐性价值，辅助完成国家外交使命，为"软实力"的提高做出贡献。因此，本书基于语言与文化和思维之间的关系，从理论上厘清了隐性语言推广、国家权力和语言形象等概念之间的内在逻辑关系，深刻阐释了语言推广对国家发展战略的积极意义和重要价值。

2. 从微观层面丰富语言推广研究

语言推广是国家行为，而殖民主义之后隐性的语言推广有温和、隐蔽、分散的特点，致使国内外语言推广的研究大多停留在宏观的描述和相关政策的梳理层面，对具体语言推广工作的指导作用不强。本书从英国语言推广的具体实施机构入手，将机构工作的官方总结性文件《年度报告》作为研究语料，基于语言传播理论建构分析框架，从语言推广的实施手段和其背后的"劝导"性语言形象两方面，探索语言推广的策略，为从微观层面深入推进语言推广研究提供了新的思路。

3. 从实践层面为中国语言文化推广提供启示

我国汉语语言推广起步较晚，但近年来发展较为迅速。特别是随着我国"和平发展"战略的提出和构建"一带一路"的倡议，语言问题成为我国增强国家"软实力"、提升国际地位的重要战略内容。如何推广汉语，并借助语言推广的平台传播中国文化、建构中国话语是我们亟待解决的战略问题。英语传播的历史进程不可复现，但其可为我们提供有益的启示借鉴，为此，研究全球化背景下英国语言推广机构的策略措施和成功经验，对推广我国汉语语言文化具有重要的借鉴价值和深远意义。

第二节　研究思路与问题

殖民时期结束后,英语进入了隐性推广时期。隐性的语言推广具有温和、隐蔽、分散的特点,很难直接把握其推广策略。因此,本书以负责英国英语推广的唯一权威机构——英国文化教育协会为研究对象,对其 2000—2014 年间的 15 份《年度报告》深入进行分析。本书设计的基本思路为:

(1) 用政治的语言研究语言的政治。《年度报告》是英国文化教育协会的官方文件,属于政治话语。语言的文化属性决定了语言推广与文化推广、价值观传播不可分离,是一门基于语言的政治问题。学界对政治问题的解决多基于宏观政策层面。本书从语言推广的总结文本(政治的语言)出发,对语言推广的实施策略(语言的政治)进行深入研究。

(2) 由局部到整体、自下而上。宏观层面的研究基于国家战略角度。介于隐性的语言推广没有可循的官方指导性文件,具体策略和意图更是隐蔽的,本书从具体推广行为的描述性文本入手,基于碎片式、具体的活动描述,反向分析整体的语言推广策略及规划。

(3) 由实践到理论,再到实践。本书从英国语言推广的实施及策略,总结出语言推广过程中语言价值、语言形象、"软实力"等关键概念的逻辑关系。这一逻辑关系为实际应用中策略性地实施语言推广及促进国家权力提升的探索提供依据。

本书的研究语料选取 2000—2014 年间的英国文化教育协会的《年度报告》。《年度报告》是英国文化教育协会官方发布的年度工作总结性文件,每年的《年度报告》由英国文化教育协会总部组织编写并发布于英国文化教育协会官方网站。每份《年度报告》大约 4 万词;时间范围为当年 4 月 1 日至次年 3 月 31 日(如《2000—2001 年度报告》的时间窗口为 2000 年 4 月 1 日至 2001 年 3 月 31 日),内容包含机构的活动概况、区域分布概况、组织运作模式、财政收支概况等情况。选取《年度报告》作为分析文本的原因有二:其一,英国文化教育协会是英国唯一具有官方背景的对外语言文化推广机构,其《年度报告》作为该机构工作的总结性文件,是对英国语言推广工作最权威的材料。因此,在隐性的语言推广时期,《年度报告》是对英国语言推广具体工作最直观的总结材料。其二,《年度报告》是投资者、债权人、雇员、政府机构、合作伙伴等了解机构的首要官方途径,具有较高权威性、客观性和可信度。

本书选取 2000—2014 年作为研究的时间范畴,基于如下考虑:其一,语言的隐性推广是殖民主义退去之后的产物,其政治性不言而喻。因此,国际局势和外交政策决定了隐性的语言推广在不同时期具有相应的特点和策略。新世纪正是全球化和"软实力"得到普遍关注和重视的时期,这种背景下的语言推广呈现出新的特点。其二,本书认为 15 年的时间跨度,可以呈现出英国语言推广的基本概况。从质化量化分析角度来看,这一时间跨度可以确保分析的准确性和结论的合理性。

本书研究的具体问题主要体现在以下三个方面:

(1) 英国语言国际推广活动有哪些?这些推广活动建构了怎样的语言形象?

(2) 在不同地区这些语言推广策略体现了什么样的"软实力"?

(3) "软实力"视域下语言推广策略的效果如何?

上述研究问题涉及语言推广、策略两个核心概念,具体解释如下:

(1) 语言推广:在英文中,"language spread"一词具有两个层面的释义(Widdowson,1997):第一,该词强调语言发展的自然性和自身的主体性,描述语言像水一样自然而然地发展壮大并向各地传播,通常被翻译为"语言传播"。第二,该词指某种外部力量有意识、有目的地传播语言,更多被翻译为"语言推广"。学术界的很多界定都基于前者表述,例如,库珀(Cooper,1982)的界定为"某种语言或语言变体实现特定交际功能的交际网络比例随着时间的推移在不断扩张"的过程;斯波斯基(Spolsky,2000)将其界定为"某个地区在某段时间范围内不断扩大对一种语言或其他方言使用的现象";我国学者李宇明(2007)则将其界定为"A 民族(包括部族)的语言被 B 民族(包括部族)学习使用,从而使 A 民族(语言领属者)的语言传播到 B 民族(语言接纳者)"。

综上,库珀的界定立足于语言的交际功能;斯波斯基的界定,事实上将语言视为一个相对混沌的整体,强调掌握和使用语言的人数的增多;而李宇明则立足于地理语言学,强调语言的适用范围的扩展。上述三种观点都呈现出语言流动的自然性,但忽视了这一现象产生的动因。

本书采用第二种观点。"语言推广"曾长期作为我国官方用语。虽然我国从文化战略的角度出发,为避免"推广"带来令人警惕的扩张性和侵略性,也越来越多地采用"汉语国际传播"的说法,但本书仍坚持选用"语言推广"这一表述。主要原因是:本书认为"推广"一词具有目的性和主动性的内在属性,而"传播"一词则具有学理性、温和性和自然性的特质。本书基于语言领有者(英国)的推广机构如何有意识、有目的地促进这一现象的发展强化,更注重强调在英语被非本族语人学习过程中,语言领有者的推动作用。

关于"语言传播"和"语言推广"的关系,本书赞同郭熙(2007)的观点,即"语言传播"包含"语言推广"的含义。从概念上来讲,传播可以划分为人类传播和非人类传播,推广属于人类传播的行为;人类传播又可以划分为社会传播和非社会传播,推广则又属于社会传播的范畴。推广始于外部力量使然,但非内核根本驱动。本书中"语言推广"的含义在于,某一个国家或民族出于自身利益考量而有意识扩大其民族语言功能域或者诱使其语言传播,并制定一系列政策以巩固其语言地位、加速其语言发展的主观举措。

(2) 策略:"策略"一词较为常见,通常解释为计谋。在此着重区分"策略"与"战略"两个概念。"策略"和"战略"来源于军事领域中的"战术"和"战略",是对称词。普鲁士的海因里奇·迪特里希·比洛(1757—1807)首次将军事学中的"战略"和"战术"做了范畴上的界定,提出:"战略是关于在视界与火炮射程以外进行军事行动的科学,而战术是在上述范围内进行军事行动的科学"(M. A. 米尔施泰因,1985:30)。俄罗斯军事理论家安东·亨利·若米尼(1779—1869)认为:"战略是在地图上进行战争的艺术,是研究整个战争区的艺术;战术是在发生冲突的现地作战和根据当地条件配置兵力的艺术,是在战场各点使用兵力的艺术"(克劳塞维茨,1964:134)。而英国人巴兹尔·亨利·利德尔·哈特(1895—1970)则进一步提出了战略不止局限于军事的理念,他认为"战略所研究的,不只限于兵力的调动",而是"一种分配和运用军事工具以达到政治目的的艺术"(利德尔·哈特,1981:448—449)。

"二战"结束后,"战略"这一概念呈现出扩大化和普及化的趋势。这一概念已经广泛引申到多学科应用领域,例如,自然科学、工程学、行为科学、领导科学、决策学和管理科学等。而与之相对应的"战术"一词,则在非军事领域被"策略"一词所取代。根据《现代汉语词典(第六版)》(2006:174),"策略"的解释为"根据形势发展而制定的行动方针和斗争方式",而"战略"的释义是指导战争全局的计划和策略,比喻决定全局的策略。《辞海》(1999:3833)中将"策略"描述为计策、谋略,而"战略"解释为"泛指对全局性、高层次的重大问题的筹划与指导;亦称军事战略,对战争全局方略的筹划和指导"。

概括而言,"战略"与"策略"的区别在于:"战略"是在"总体政策统领下为获得竞争优势和赢得竞争而谋划并指导未来实施的总体设计和构想"(刘强,2012:150),强调全局性、规律性、政策性、目的性、系统性和前瞻性,而"策略"则比较灵活,是为实现战略目标而采取的手段,属于战略的一部分,并服从于战略。总之,二者体现的是长远与当前、全局与局部之间的辩证关系。

本书则是站在"软实力"视角下,深入探究英国海外语言推广的策略。在当今全球化背景下,英语语言推广已经成为英国语言文化战略的重要手段。这些"手段"虽然不是当前英国语言文化战略的总体全局,但始终服从并服务于当前英国的国家语言文化战略。

第三节　英国文化教育协会简介

英国文化教育协会(British Council,以下简称"协会")①成立于 1934 年。

---

① "英国文化教育协会"(British Council)曾用名"英国对外关系委员会"(British Committee for Relations with Other Countries, British Council for Relations with Other Countries)。

该机构是作为慈善机构登记注册的(英格兰和威尔士的登记号为 209131,苏格兰的登记号为 SC037733)。1940 年协会获得皇家特许状,1993 年获得补充特许状。协会对外公布的工作宗旨是在英国与外国国民之间建立互惠关系,让更多人能够学习英语、了解英国,认同英国文化和英国创意。协会的工作职能主要包括:

(1) 开展合作项目交流,以加深英国与其他国家的交流联系,并建立长期合作伙伴关系。

(2) 促进英国与其他国家及各类国际组织间的交流合作,并为其他国家的高等教育改革、法制改革提供支持。

(3) 将英国的艺术和科技活动推广到其他国家,促进文化交流。

(4) 协助英语教学人员在其他国家实施更广泛、更有效的英语教学计划,并通过在世界多个城市设立的考试中心组织考试评估,确定考生的英语水平。

(5) 代表英国的专业教育机构,无偿提供有关英国教育的咨询。

一、英国文化教育协会的组织机构与运行管理

英国文化教育协会作为英国最大的对外文化关系组织,在长期发展过程中形成了完备的组织体系。在该体系中,理事会(Board of Trustees)负责制定发展战略,执行委员会负责执行协会相关决议,咨询委员会负责提供咨询建议,同时接受外交与联邦事务部(FCO)、财政部、海外发展署(ODA)、国家审计署(NAO)的监督与考察,确保协会有序运行。英国文化委员会的组织体系和管理结构如图 1.1 所示。

1. 管理层设置

英国文化教育协会的总赞助人是伊丽莎白二世女王(Her Majesty Queen Elizabeth Ⅱ),副赞助人是威尔士亲王查尔斯(HRH Prince Charles),2000—2014 年间,协会历任主席依次为海伦娜·肯尼迪男爵夫人(Baroness Helena Kennedy)、尼尔·金诺克议员(Neil Kinnock)和弗农·艾利斯爵士(Sir Vernon Ellis);历任首席执行官依次为大卫·格林爵士(David Green)、马丁·

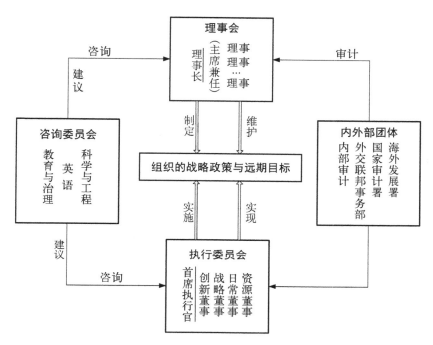

图 1.1 英国文化教育协会的组织体系和管理结构

戴维森爵士（Martin Davidson）和邓克然爵士（Ciarán Devane）。协会内部设有三个主要部门：

（1）理事会（Board of Trustees）。其主要职责是制定协会战略发展方向，监督协会内部各个委员会开展工作，支持首席执行官和执行委员会完成协会工作。理事长由主席兼任，任期三年，可连任一届。理事会下设审计协会、劳资协会、提名协会和财务及合同协会四个附属协会。

（2）执行委员会（Executive Board）。负责协会日常行政工作。协会日常行政管理由首席执行官（Chief Executive Officer）负责，下设 8 名常务董事分别处理委员会的日常运作、创新、资源、战略和对外联系等事务。

（3）咨询委员会。负责向首席执行官和协会提供咨询建议。协会在威尔士、苏格兰和北爱尔兰分别设立三个全国性质的咨询协会，以及教育治理咨询团、英语咨询团、科学工程咨询团三个部门性质的咨询团。咨询团的主要功能是向理事会及首席执行官提供咨询建议，扮演着"智囊库"的角色。在英国文化教育协会80余年的发展历程中,性质相似的咨询委员会还有很多,这些设立在不同时期的咨询委员会和专家顾问组,一般会伴随其使命的终结而解体。

2. 外部团体

英国文化教育协会的一切活动都要接受政府和公众的考察和监督,以保证协会的活动与政府导向一致,并符合民众的广泛兴趣。所涉及的外部团体如下:

(1) 外交和联邦事务部(Foreign and Commonwealth Office)。作为协会的发起和赞助部门,其主要负责就协会的政策、运作和业绩接受议会的问询。比如制定在新的国家设立办事处、实行全球战略大转移等重大决策。2013年6月更新后的《英国文化教育协会管理规程》(*Management Statement*)和《英国文化教育协会财务备忘录》(*Financial Memorandum*)将两个部门与英国文化教育协会的关系再次确定为:英国文化教育协会接受外交和联邦事务部资助,但具有自主运营权。

(2) 海外发展署(ODA),负责选定协会赞助项目的地点。

(3) 国家审计署(NAO),负责监督与考察协会的财务运营情况。

(4) 相关慈善机构和组织。协会在法律上具有慈善信托法人受托人的角色,甚至是一些小型慈善信托法人的唯一受托人。协会的联合团体——英国文化教育协会慈善基金接受协会员工捐助,资助需要帮助的员工。

二、英国文化教育协会的资金来源与财务运行

英国文化教育协会的资金来源于资助和经营收入;资助来源主要包括英国外交和联邦事务部、海外发展署、政府其他部门和机构的拨款,以及一些国际组织的捐助。自1934年成立起,协会每年都从政府和其他政府机构获得一定量的财政资金支持。例如,《外交和联邦事务部与英国文化教育协会的管理规程》("*Foreign and Commonwealth Office/British Council Management Statement*")规定,英国文化教育协会的活动在满足外交和联邦事务部的战略目标和"公共服务协议"(Public Service Agreement,PSA)的前提下能够获得

外交和联邦事务部的资助。而双方共同确认的"财务备忘录"（*Financial Memorandum*）则对资助具体条件进行了界定。经营收入包括教学和考试收入、招标合同收入和合作伙伴收入等。统计数据表明，协会仅在 2007—2008 年度的总收入就达 5.1 亿英镑，其中外交与联邦事务部拨款占 1.89 亿英镑，其他政府部门拨款 700 万英镑，海外英语教学与考试、教育及发展合同收入占 2.32 亿英镑。此外，协会还通过代管、赞助及储蓄等方式获得 1.22 亿英镑。

在支出方面，协会每年都制定明确的财政收支计划和详尽的财政运作规划。协会必须遵守一些基本原则，具体包括公认会计原则（Generally Accepted Accounting Principles，GAAP）以及财政部惯常的操作程序原则、力求收益最大化原则等。对于非政府资助款项，协会拥有一定的自主权，但需要提交相应的商业风险报告。

近几年，来自政府的拨款有所减少，但协会自身创收收入逐年增加。自 2010 年 10 月的《英国文化教育协会支出审查结算》（*Spending Review Settlement*）发布至今，英国政府对该协会的资助以 5% 的速度逐年下降，但协会的总收益仍逐年增加。从统计数据来看，2009—2015 年度，英国文化教育协会的单位英镑收益率由 2.5% 提高到 5.28%，总收益年增长率由 9% 提高到 13%，运行成本占比由 19.1% 降低至 13.8%。这一数据进一步印证了英国文化教育协会具有较强的营利能力。其中，教学与考试项目的收益增速最快，由 3.62 亿英镑增加到 4.9 亿英镑；服务费用收入占比增速由 51% 增长到 66%；加深英语语言了解方面的收入始终占服务费收入的 50% 以上，印证了英国文化教育协会致力于英语语言推广的本质属性。

三、英国文化教育协会的活动区域及分支机构

英国文化教育协会在伦敦和曼彻斯特设有两个总部，在北爱尔兰、威尔士和苏格兰分别设有办事机构，在海外设有分支机构。截至 2015 年，协会的分支机构遍布全球 110 个国家及地区的 220 个城市（历年机构增减情况见附录 2），分别位于：阿富汗、阿尔巴尼亚、阿尔及利亚、阿根廷、亚美尼亚、澳大利

亚、奥地利、阿塞拜疆、巴林、孟加拉国、比利时、波斯尼亚和黑塞哥维那、博茨瓦纳、巴西、保加利亚、缅甸、加拿大、智利、中国、哥伦比亚、克罗地亚、古巴、塞浦路斯、捷克共和国、埃及、爱沙尼亚、埃塞俄比亚、法国、德国、加纳、希腊、匈牙利、印度、印尼、伊拉克、爱尔兰、以色列、意大利、牙买加、日本、约旦、哈萨克斯坦、肯尼亚、朝鲜、科索沃、科威特、拉脱维亚、黎巴嫩、利比亚、立陶宛、北马其顿、马拉维、马来西亚、马耳他、毛里求斯、墨西哥、黑山、摩洛哥、莫桑比克、纳米比亚、尼泊尔、荷兰、新西兰、尼日利亚、巴勒斯坦、阿曼、巴基斯坦、秘鲁、菲律宾、波兰、葡萄牙、卡塔尔、罗马尼亚、俄罗斯、卢旺达、沙特阿拉伯、塞内加尔、塞尔维亚、塞拉利昂、新加坡、斯洛伐克、斯洛文尼亚、南非、南苏丹、西班牙、斯里兰卡、苏丹、瑞士、坦桑尼亚、泰国、特立尼达和多巴哥、突尼斯、土耳其、乌干达、乌克兰、阿拉伯联合酋长国、美国、乌拉圭、乌兹别克斯坦、委内瑞拉、越南、也门、赞比亚、津巴布韦等。

为了便于管理,2004—2005 年度,协会将海外分支机构划分为中亚和南亚、中国、东亚、印度和斯里兰卡、拉丁美洲和加勒比地区、中东、近东和北非、俄罗斯和北欧、东南欧、撒哈拉以南非洲、西欧和北美等 13 个区域。协会为这 13 个区域分别任命的经理与 17 位总部高级管理团队成员组成协会全球领导团队,共同研究设定机构的战略发展方向。

协会针对不同国家和地区的情况,因地制宜开展工作。2007—2008 年,协会提出重点关注三大地理政治类型的国家,即主要的新兴经济体、对英国缺少信任的国家和不参与国际对话的国家。

(1) 新兴经济体(如中国、印度、巴西)。协会致力于在文化、教育、商业领域广泛建立与英国的伙伴关系,并增加对英国教育、文化和英语语言的接触。中国和印度有庞大的人口数量、高速增长的经济以及飞速发展的科技,有望引领未来世界经济。在中国,中产阶级发展迅速,协会开发集英语学习、英国教育以及英国创新生活三位一体的文化产品。其中,文化参与成为协会在中国开展工作的主导思想。协会与中国文化机构在市场、社交活动、项目发展等领域合作密切。目前已有 948 家英国、中国大陆和香港的文化机构参与合作。

在印度,协会主要通过开展通过英—印教育、科研精神、英语技能系列活动关注教育机会。巴西是气候变化项目的主要成员,协会调动巴西的年轻人,对巴西在气候安全问题的角色树立信心,鼓励气候变化与巴西的政策制定相融合。协会组织公众讨论、辩论、讲座,资助年轻的巴西气候大使参加国际会议、鼓励决策者听取公众的建议。

(2)对英国缺乏信任的国家(如伊拉克、巴基斯坦)。协会致力于通过鼓励对话,提供接触英语、英国教育和学习英语技能的机会,化解双方的误解,积极建立新一代年轻人对英国的了解和信任。尽管伊拉克的安全局势很紧张,协会还是允许伊拉克高校与英国高校频繁交流,支持伊拉克教育部发展课程,尤其是英语教学。在巴基斯坦,协会通过与英国的校际联合、巩固协会的工作(如宗教学校)等方式建立新一代对英国的信任。

(3)不参与国际对话的国家(如津巴布韦、缅甸)。协会通过教育、文化和社会项目,以多媒体为载体为上述国家年轻人拓宽视野,提供帮助和发展的机会。在津巴布韦,协会通过学习中心和考试服务,为上述国家想要提升技能和就业层次的年轻人提供帮助,积极争取上述国家未来的年轻领导人参与到英国的泛非领导人计划(InterAction)。在缅甸,协会通过信息中心提供网络和媒体服务,给年轻人提供自由讨论的空间,每年有246万人享受到协会提供的便利条件。

2008—2009年,由于全球经济衰退、人们对气候变化意识的增强以及不断升级的政治紧张局势,世界局势发生了巨大的变化,协会重新将工作关注点转向那些通过文化关系可以产生重大意义的国家。为应对对英国缺乏信任的国家,协会将资源配置到中东、近东和北非地区,扩大大型项目,主要强化对青年人的影响。这些地区30岁以下的人口数量较多,并且在相关教育和培训方面面临挑战。在巴基斯坦、孟加拉国和阿富汗,协会关注培养技能和职业教育,以及英语教学,培养新的高校合作伙伴。在中东、近东和北非地区,协会关注通过直接的教学提高技能,设立大型的基金项目,提高英语水平,增加就业能力。在埃及,协会与外国联邦办公室的合作项目为爱资哈尔大学的师生提供英语技能培训,满足了师生们对英语语言技能的需求,实现了国际对话的好处。协会还通过活动吸引伊拉克人和利比亚人对英国文化的兴趣。

除以上三种国家类型之外,协会的工作又关注到另外两种类型的国家:与英国建立早期联系的开放发达国家和发展中国家。

(1)与英国有着早期联系的开放发达国家(例如法国、美国)。协会致力于建立与教育和文化机构、商业、欧盟和国际团体之间的伙伴关系,通过校际联合、奖学金、交换项目与年轻人建立联系,建立有影响的社交网络来分享经验,解决共同问题,持续和增强国际关系。协会的新项目"跨大西洋网络"(Transatlantic Network,TN 2020)在大西洋两岸吸引了17.7万年轻人,引发了关于北美和欧洲普遍问题的讨论。协会的"开放城市项目"(Open Cities Project)关注城市环境差异问题。协会与西欧的伙伴城市密切合作,得到了欧盟的大力支持,扩大了项目的范围和影响。

(2)发展中国家(例如尼日利亚、南非)。协会致力于提供社会和教育发展的机会,签订发展合同,促进文化交流,促进发展和相互理解。英国已与很多发展中国家有密切联系,尤其是非洲,协会持续支持非洲的社会和教育发展。在尼日利亚,协会对公众民主问题的支持已经得到1 330万的支持者。

2010—2011年协会依据各国家的经济发展程度、开放程度,对外来文化、知识和思想的态度等因素,将英国以外的其他国家划分为六大类。

(1)中等收入或低收入、不开放国家,如巴基斯坦、伊拉克、苏丹;

(2)低收入国家,如印度尼西亚、尼日利亚、菲律宾;

(3)中等收入国家,如土耳其、泰国、墨西哥;

(4)高速增长中的国家,如中国、印度、俄罗斯;

(5)高收入、不开放国家,如沙特阿拉伯、以色列、特立尼达和多巴哥;

(6)高收入较开放国家,如美国、法国、日本。

同时,协会将工作区域调整为七大区域:美洲、东亚、欧洲、中东和北非、南亚、撒哈拉以南非洲、泛欧洲。

美洲：美洲的经济增长迅速，在世界舞台上的声音逐渐增强，因此，协会除了持续稳定与美国、加勒比海的富裕国家及加拿大的关系之外，还积极加强与巴西、墨西哥、哥伦比亚、智利和秘鲁的合作。由于美洲对英语需求量较大，协会积极资助美洲英语教学系统的改革创新，并将工作重心确定为推进英国成为美洲教育领域的战略合作伙伴。

东亚：东亚拥有20亿人口，是发达国家和新兴经济体的混合。东亚的发达国家和新兴经济体对教育、技术和英语学习的需求持续升高。来自东亚的留学生占目前英国留学生的一半，2014年来自中国的留学生就有10.4万，为英国带来收益约26亿英镑。因此，协会在东亚地区的工作重心是推广英国教育与文化，同时积极与东亚地区的官方合作，提高英语教师的教学水平。

欧洲：欧元区国家面临经济困难，紧缩政策和移民的增加加大了社会凝聚力的压力，推动了民族主义。尽管这些不确定性导致了接下来的英国是否脱欧的公民投票，但欧盟仍然对英国的利益至关重要。协会在欧盟地区的影响和收入逐年增长，大部分来源于英语教学、考试和欧洲协会的合同项目。由于政府计划将欧盟地区的补助金每年减少约10%，所以开展商业转型项目、发展合作者、增加线上产品和服务成为协会在欧盟地区工作的新特点。

中东和北非：中东和北非地区的安全问题逐年恶化，恐怖主义和冲突在很多国家愈演愈烈，受到威胁的国家也面临政治过渡。但波斯湾是英国重要的市场，对英国的繁荣以及安全有重要战略地位。协会在该区域的目标是通过提供失业人群所需的技术，提供英国的教育、文化和语言，树立中东和北非国家对英国的信任，促进英国成为该地区经济增长和多样化的合作伙伴。

南亚：南亚拥有17亿人口，且中产阶级在逐渐扩大，对教育和文化的需求量很大，这为英国带来了很大的商机。改革英语教育和提供优质英语学习是协会在南亚的首要任务。协会与印度、阿富汗、巴基斯坦等政府合作，为越来越多的英语教师进行培训，并着力提供数字化英语学习。

撒哈拉以南非洲：撒哈拉以南非洲拥有9.25亿人口，且60%在25岁以下；拥有世界70%的高速增长的经济体，是英国未来发展的机遇所在。该地区社会安定因素较差,年轻人创造就业方面面临一系列问题。因此,协会积极加强与教育部门的合作,加强对该地区的英语教育。同时,协会通过奖学金和技术项目增加英国与该地区青少年联系的机会。

泛欧洲:泛欧洲是一个不断变化的、动乱的区域,拥有新的民主政体和脆弱的新兴经济。协会在该地区的工作重点是促进科研交换合作和高等教育合作。由于英国、哈萨克和土耳其政府等的支持,英国与泛欧洲地区在学术交流、创建高等教育基金及创新领域的合作等得到大力发展。

第四节　本书结构

本书的章节安排如下:

第一章为绪论。介绍了本书的研究背景、研究意义、研究思路和研究问题,并对本书的研究对象——英国文化教育协会做了简要介绍。

第二章为文献综述。语言推广是语言政策与规划领域中语言本体规划的内容,涉及政治、宗教、历史、社会等多方面问题。本章分三个部分,英语国际传播历史及现状相关研究、语言推广模式与语言推广的相关研究、英国文化外交的相关研究,分别从视角、机理和价值对英国语言国际推广的相关内容进行评述。

第三章为理论基础与分析框架的构建。介绍了本书的理论基础、核心概念,并尝试建构了一个以语言形象为中心的,包含语言态度、语言价值、语言需求等影响因素的语言推广运作模型。该模型基于语言推广的"活动—策略—效果"三者的内在关系,从"策略是什么""如何发挥作用""效果如何"三个方面,辅助分析英国语言推广策略与实践。

第四章为研究方法。介绍了本书的研究方法——定性定量相结合的文本分析、语料的选取及自建语料库的概况,并具体介绍了本论文的分析方法——"手工质性标注""半自动语料挖掘""自动语义测算"三合一实证分析,及具体采用的分析工具和实证步骤。

　　第五、六、七章基于以上的研究框架、研究理论、研究方法，从"策略是什么—如何发挥'软实力'功能—效果如何"三个方面分别进行分析。

　　第五章从语言推广活动与语言形象入手，分析英国语言国际推广策略是什么。基于语言的交际价值、文化价值和政治价值，协会设置了英语语言教学及考试、艺术与文化交流、教育与社会活动三个领域的语言推广活动，并在《年度报告》文本中相应建构了英语的交际形象、文化形象和政治形象。本章基于质性标签的量化标注结果，总结出英国语言国际推广活动分布及其语言形象的具体内容。

　　第六章从英国在不同区域的语言推广策略与价值，分析上一章中分析的推广策略如何发挥"软实力"功能，促进语言推广及其价值的增值。本章以英国文化教育协会的语言推广活动（英语语言教育与考试、艺术和文化交流、普通教育和社会活动）为横向维度，以卡奇鲁关于世界英语分布状况的"三个同心圆"理论（即英语作为母语的"内圈"，英语作为官方语言或半官方语言的"外圈"，以及英语作为外语学习和使用的"扩展圈"）为纵向维度，分别探讨不同地区语言推广策略的实施及产生的隐性价值。

　　第七章从"软实力"视角出发，探讨英国语言推广策略的效果。首先总结了语言推广策略的功能。语言形象通过与民间话语、官方话语的互文形成社会共识，使得这些语言形象与人们的语言需求产生直接联系，促进后续的英语传播由"推力"转变为"拉力"。此后讨论了语言推广策略如何促进"软实力"与语言推广之间的良性循环。

　　第八章是本书结语。基于本书的研究发现，总结了本书的研究结论、创新点及不足之处。在此基础上，提出了对我国汉语语言推广的启示借鉴。

第二章
文献综述

语言推广是语言政策与规划领域中语言本体规划的内容，也是国家文化战略的一部分，涉及政治、宗教、历史、社会等多方面问题。虽然本书对"语言推广"和"语言传播"进行了相应的界定，但是相关文献大多统一采用"language spread"（语言传播）一词，可见二者密不可分。本章分别从语言传播要素的相关研究、语言国际推广策略的相关研究、英语国际传播的相关研究，以及英国文化外交的相关研究四个方面对本研究的相关文献进行综述。

第一节　语言传播要素的相关研究

影响语言传播的因素纷繁复杂，布罗斯纳翰（Brosnahan，1963）研究了历史上寿命长于帝国的语言（希腊语、拉丁语和阿拉伯语），提出这些语言具有四个共同特点：首先，这三种语言都是借助军事征服手段推广开的，而后在当地成为行政工作语言；第二，这三种语言的所属帝国均在当地统治几个世纪；第三，这三种语言都担当过多语地区通用语的角色；第四，这三种语言都给其使用者带来了不小的物质经济利益。费什曼（1977）在布罗斯纳翰的观点基础上增加了五个更有说服力的条件，即城市化、工业化、教育、宗教和政治依赖。为了预测和评价英语传播的条件，费什曼对英语不是大多数人的本族语的102个国家进行研究，评价英语传播的标准尺度的预测项有何作用。这几个标准尺度是：① 英语是作为教学媒介语还是作为学校的一门学科；② 学习英语的人口比例；③ 英语的官方地位；④ 英语在行政、科技和高等教育领域的使用情况；⑤ 英语作为通用语的使用情况；⑥ 英语作为第一外语的使用情况；⑦ 英语报纸的使用情况；⑧ 英语在电台的使用情况；⑨ 英语书籍的使用情况。结果发现"是否曾经是英国殖民地"这一因素是最相关的预测项，而大多数其他因素都只有部分预测力。多维度的回归分析显示以下几个因素都具有重要性，即是否有过被殖民统治的历史、保留传统语言信仰的人数比例、国家的出口贸易值以及语言多样性的程度，可见在英语的传播中存在着复杂的和多维度的因果关系。美国语言学家查尔斯·弗格森（Ferguson，1982）着重解读了语言传播中的宗教因素，并认为宗教与文字系统传播之间具有某种间接关联，例如，拉丁文字总能伴随西方基督教在无文字地区的传播而传播。同时，弗格森也阐述了宗教在语言保持、语言变异和语言转用，以及语言的宗教思想等方面所起到的决定性作用，认为宗教因素在语言传播中的作用主要取决于宗教自身地位，同时也提出单纯夸大宗教对语言传播的影响具有一定局限性。伦道夫·夸克（Randolph Quirk，1988）提出了语言传播的三种模式，即人口模式、帝国模式和经济文化模式。人口模式是指语言传播归因于人口大规模迁移，语言随着人口的流动实现传播；帝国模式是指语言传播归因于殖民帝国的政治统治，语言伴随着殖民统治官员驻往各地而实现传播；经济文化模式则揭示了当今国际语言在跨国贸易中的传播途径。夸克认为当今英语的世界传播主要归因于经济文化模式。阿尔玛·鲁博尔-洛培兹（Alma Rubal-Lopez，1996）分析了 117 个国家在语言、经济、政治、军事和宗教等方面的 81 个不同特点，并发现 1977 年至 1996 年的 20 年里，到英国留学的人数不断攀升、拥有英语报纸的国家越来越多、英语报纸的发行量也越来越大。他提出在前殖民地国家，影响英语传播的两大预测项：一是前殖民地国家的语言异质性；二是非殖民地国家从英语国家获得的"热量摄入"（calorific intake）。所谓"热量摄入"指的是被殖民者依靠英语与殖民国家进行的贸易、人口流动、医疗等的交流所获得的利益。伯纳德·斯波斯基（2009）通过对英语在英国传播历史的分析，认为社会变革和人口变化是影响语言使用的关键因素。戴维·克里斯托

(David Crystal，2016)指出英语全球化传播的最主要原因是，该语言的使用者通过政治力量特别是军事力量，并借助经济强国的力量来保持并传播英语。

也有学者从语言学角度出发，认为语言传播会涉及官方语言和语言教育等主要问题，力争从语言政策制定与实施的角度来考察语言传播。库珀(Cooper，1989)、斯波斯基(Spolsky，2009)强调语言学习规划对语言传播的必要性。艾杰(Ager，2001)在对不同国家关于语言政策与规划的动机进行研究的基础上，总结出了语言传播政策的一般动机模式。蔡和波导夫(Chua & Baldauf，2010)则认为语言规划参与者的角色在语言传播过程中尤为重要。

国内学者李宇明(2007；2011)提出语言传播的根本动因在于其价值，这一价值不仅取决于语言领有者的社会及历史地位，同时还要考量其对语言接纳者有无价值。同时，还提出不同时期不同语言的传播，具有不同动因，诸如宗教、文化、意识形态和军事等，有的是单一动因起作用，多数情况下则是多种动因综合起作用。林华东(2007)探讨了人语相随、文化支撑、经济实力和政治权力等影响语言传播变化的四个外部因素。张彤(2009)提出了影响语言传播的三个动力，即语言传播的推动力、语言规划与语言的凝聚力、语言声望与语言的吸引力。吴应辉(2012；2013)、李英姿(2012)、陆经生和陈丹娜(2016)、薄守生和赖慧玲(2009)、王海兰和宁继鸣(2014)，以及李红宇、倪小恒和李晶(2011)等分别探讨国家硬实力、宗教、语言测试、经济学等方面对语言传播的推动力。

第二节　语言国际推广策略的相关研究

本书在绪论中界定了语言推广与语言传播的关系。本节则从研究方法、研究角度等层面对语言推广策略的研究加以综述。

在分析理论方面，美国学者斯坦利·利伯森(Stanley Lieberson，1982)认为，影响语言传播的因素非常复杂，仅考虑经验规定就有多种研究方法。第一种方法是解释某地区内的非语言变化,这些变化反过来会很大限度影响该地区现行语言的一系列做法;该地区可以是某一社区、某一行政区、某一国家乃至整个世界。这种研究可以把我们引入社会、政治、技术、人口和经济变迁的广泛领域。第二种方法认为社会变迁是"既定"的,仅需努力了解这些变迁对语言习得模式产生的种种影响,而不需要解释其间缘由。这种研究可以把我们引入民族主义、工业化和变化中的族际关系等因素。第三种方法是研究由其他语言转用而引发的某些语言转用。例如,社区中有声望的人若使用某种语言,那么就可能促使其他群体也使用该语言。

罗伯特·库珀(Robert Cooper,1982)的《语言传播的研究框架》是该领域最早的理论层面的系统研究。他将语言传播定义为"采用某种语言或语言变体所实现特定交际功能的交际网络比例随着时间的推移在不断扩张"的过程。同时提出了一个基础性的语言传播研究框架(5W)——"谁、什么时间、以何种方式、出于何种目的、采用了什么(语言形式和功能)?"

在实践分析方面,西班牙的阿吉利诺·桑切斯(Margarita Sanchez-Perez,2001)、美国学者菲利普森(Phillpson,1992)、法国克莱斯丹(PiaVanting Christiansen,2006)、德国的乌尔里希·阿蒙(Ulrich Ammon,2001)、日本的平高文也(2001)分别从国别的政策梳理着手,介绍了西班牙语、英语、法语、德语及日语的推广政策。佛朗斯·多纳尔德森(Frances Donaldson,1987)从历史发展的角度,以英国文化教育协会成立 50 年来的发展概况为线索,探讨了英国语言国际推广的政策。茅晓嵩(2005)通过探讨英国文化教育协会的成立背景、半个多世纪来的发展概况以及该机构的组织架构等,介绍了英国的语言推广状况。克里斯汀·约旦(Christine Jourdan,2006)、彭尼·库克(1989)、苏·赖特(2012)等多位学者在各自著作中都有对英国语言推广政策概况的阐释。

国内学者徐波(2009)从库珀的语言政策分析框架出发,以英国文化委员会(即本书中的英国文化教育协会)为研究中心,分析了当代英国语言国际推广政策及实施途径,并结合英国语言国际推广的实际效果及其在新历史阶段的改革举措，总结了当代英国海外英语推广的典型经验。李清清(2014)从政治经济学视角出发，建构了语言选择模型并作为分析框架，分析了英法殖民地民众(群体层面)、前法语殖民地卢旺达(国家层面)和欧盟(超国家层面)的语言选择所呈现的英语和法语的相反发展态势。随着我国汉语国际推广被列入新时代国家发展战略，一系列以寻求参考借鉴为目的的外国语言推广研究也随之产生。其中比较有代表性的是张西平教授领衔的课题组(2008)，在承担国家汉办关于世界主要语言推广情况调查项目研究后，对英国、美国、法国、德国等主要国家的语言推广政策进行了较为全面的梳理；曹德明教授课题组(2016)通过梳理世界主要国家国外语言文化推广机构的历史脉络、组织目的、发展计划、运行机制等，从多个角度分析各国语言推广的策略，并提出对中国语言文化推广的启示和借鉴。

在语言推广价值层面，库珀(1989)探讨了政治家们如何操控语言运用，并指出语言规划的目的不仅是规划本身，而是为了达到其他非语言范畴目的，诸如国家统一、政治控制、经济发展等。斯波斯基(2004)、克里斯汀·约丹(2006)等人的研究共同表明，语言本身是一种具有价值、效用、费用和效益的特殊经济物品，语言推广从不同层面拉动经济发展，并可以产生巨大经济收益。语言推广与国家发展相辅相成，国家发展为语言推广提供了强大后盾，语言推广可以更好地促进国家发展，并服务于国家的政治、经贸、文化、科技和外交等领域，其作用也具有基础性、综合性和一定先导性，所产生的效应也是巨大且持久的。美国学者葛拉多尔(Graddol，1999)、约瑟夫·奈(2009)基于中国的语言文化推广，指出世界范围的汉语推广使中国通过文化"软实力"实现了既定政治目标。

第三节　英语国际传播的相关研究

英语传播的全球化现状和趋势已经成为既定事实。根据英语全球化传播的动因，即"谁支配了英语的全球传播"，现有研究可划分为三个流派：自然主义观、语言帝国主义观和文化政治语境观。

自然主义观认为，英语全球化传播由各国政府及各国英语学习群体的能动性所决定，英语的全球化是"不可避免的""不可抑制的"（Fishman，1998—1999：26）。自然主义观下的英语全球化传播理论又划分为英语变体论（World Englishes）、语言选择论（language choice）和宏观习得论（Macro-acquisition）。

语言选择论的代表人物是约舒亚·费什曼（Joshua Fishman）和大卫·克里斯特（David Crystal），他们认为英语的传播是各国语言政策制定者和个人的语言选择的结果，是不可避免、不可抑制的。1977 年费什曼首次提出英语语言传播问题，与库柏（Robert L. Copper）和康拉德（Andrew W. Conrad）合著出版了《英语的传播》（*The Spread of English*）一书，该书详细论述了英语的使用范围、英语出版物、英语的学习人数以及通过英语学习知识的人数等，证明英语已经成为一种全球性语言。20 年后，费什曼等人再一次为其自然主义观点提供了实证数据。费什曼（Fishman，1996）研究了 20 个前英美殖民地国家语言使用的"当地详情和独特历史经验"，发现只有 5 个国家的小学教育使用英语教学，但 20 个国家的高等教育都保持着很高的英语化率（Anglicized）。在这些国家，书籍比报纸更倾向于使用英语，而其他出版物比书籍或报纸又更倾向于使用英语。这些国家中有半数把英语作为它们的官方语言或者从法律上认可了英语的地位；有 6 个国家在事实上认可了英语的地位。因此，费什曼相信在当今世界，"多数国家使用英语的动力是自发的""英语在多数前英属和美属殖民地和其他国家的传播不再是外部强加霸权的一种体现，而是各个自治社会日常话语的一部分"。鲁伯尔-洛佩兹（Rubal-Lopez，1996）从 117 个国家收集包括语言、经济、政治、军事和宗教方面的 81 个不同方面的资料，发现 1977 年到 1996 年的 20 年里，到英语国家留学的外国学生人数在不断攀升，英语报纸的发行量也越来越大，其中非洲增长最快。鲁伯尔-洛佩兹认为，殖民地国家或地区摆脱了殖民统治后，国语或官方语言的选择就成了这些国家或地区的一个棘手问题，这些国家或地区依据本国（地区)语言应用的实际情况,依然选择英语作为国语或官方语言。为此,"英语传播真正受益的并非原殖民者的英美国家,而是前殖民地国家"。(Rubal-Lopez,1996)

　　语言选择论是一种实用功能派的观点,它将英语的全球传播完全归因于世界各国自然的语言选择,且这种选择正是因为英语是一种"实际使用的语言"(Ager,1996:35)。该观点将英语全球化传播归结为英语国家利用其政治经济上的优势地位,使英语成为一种其他国家优先选择使用的语言。这是"当今超级大国在毫无自我意识地使用英语"的结果(Spolsky,2004:88)。英语变体论以布拉杰·卡奇鲁(Braj Kachru)为代表,这一观点关注在英语的全球化传播过程中,与本土文化相碰撞产生的英语本土化(nativization),甚至是英语变体。1961年,卡奇鲁发表博士论文 *An analysis of some features of Indian English: A study in linguistic method*(《印度英语特点分析:基于语言学研究方法》),提出了印度英语变体的存在。此后,又通过专著 *Indian English: beyond the cannon*(《印度英语:标准之外》)论述了印度英语变体的合理性。卡奇鲁(Kachru,1986;1990;1995)结合英语全球化的历史、社会和政治背景,提出了关于世界英语理论的"三层同心圆"模型:"内圈"(Inner Circle)为本族语变体,如英式英语、美式英语;"外圈"(Outer Circle)是制度化的非本族语变体,涉及英语在印度、新加坡和菲律宾等官方或半官方使用英语的国家的使用状况;"扩展圈"(Expanding Circle)则是运用型变体,指英语在中国、日本等把英语作为外语来学习和使用的国家的使用状况。此外,很多学者从社会语言学、应用语言学等角度提出了一系列英语变体的模型,如彼得·史蒂文斯(Peter Strevens,1985)的"世界英语树形图"、汤姆·麦克阿瑟(Tom McArthur,1987)的"世界英语圈"、曼弗雷德·格尔拉奇(Manfred Görlach,1991)提出的"类似轮状模型"、文秋芳和余希(2003)提出的"双层英语假设"等,这些英语变体模型极大地促进了世界英语的理论化进程。世界英语理论的提出,颠覆了英语界关于"标准英语与非标准英语""英语本族语与非英语本族语"的二元对立,打破了旧有的英语与西方基督教文化的唯一对应,使得英语成为"可由不同国家和民族使用以表达各自文化与认同的语言"(高一虹,2015：42)。变体论是将英语传播的主要原因归结为各国英语学习者的能动性的发挥,但更多的是从语言本体出发,描述和解释英语变体的产生、标准及其所有权问题。

宏观习得论以亚妮娜·布鲁特-格里福勒(Janina Brutt-Griffler,2002：11)的观点为代表,并认为,世界英语传播实质上是语言社群学习英语作为二语的宏观习得过程(macro-acquisition)。他强调非英语母语者在英语传播中的能动性,认为非英语母语者"不仅在全世界传播了英语,而且造就了世界英语",英语发展为全球化语言反映了地区和个人面对世界语言系统的复杂的生态变化的响应(Spolsky,2004)。

自然主义观点的学者的研究多集中在英语史、英语变体、语言接触角度等领域。其中,英语史部分,例如,罗曼(Romaine,1998)的《剑桥英语史》(*The Cambridge History of English Language*)和奥斯特勒(Nicholas,2006)的《语言帝国——世界语言史》(*Empires of the World — A Language History of the World*)分别从英语的发展历史、现状以及现代英语的文化入侵、语言帝国主义等方面做了深入的研究探讨。克里斯特(Crystal,2001)的《英语作为一种国际语言》从历史与社会文化两个层面分析了英语如何取得并保持其在全球的主导地位。在国内相关研究中,比较著名的是秦秀白(1983)的《英语简史》和李赋宁(2005)的《英语史》。这两部著作都从本体出发,探究了英语的发展历程,并为英语的成功传播提供了可思考的历史空间。以陈国华(2000)的《英文史：从古代英语到标准英语导读》为代表的学术论文,系统总结归纳了英语发展、英语教育发展、英语教育向外传播和全球英语的现状,并对英语传播的未来发展做了预测研究。我国学者颜志强(2002)的《世界英语概论》一书则站在英语世界化的理论角度,对英语发展成为全球通用语做了详尽分析阐述。

自然主义观点之后,学者们对英语全球化传播的研究增加了政治色彩,其中最著名的是菲利普森(Robert Phillipson)的语言帝国主义观点

(Linguistic Imparialism)（Phillipson，1992；Skutnabb-Kangas & Phillipson，1994）。菲利普森（1992；1994）收集了大量关于语言实践、语言意识形态和语言管理的数据，这些数据的采集对象是众多的殖民统治的管理者、继任者和英语语言教学领域的专业人员，在对一系列问题分析的基础上提出，当前英语所拥有的全球霸权地位主要得益于来自英语国家的积极语言推广。他将世界划分为两大类，即说英语的"核心国"和学英语的"边缘国"，借此来说明"英语语言帝国主义"的形成原理。在此，"核心国"是指英、美、加、澳、爱尔兰等"以英语为母语"的国家，而"边缘国"则可以再分为如日本、瑞典等"以英语作为与国际衔接之语言"（English as an international link language）的国家，以及如前英、美殖民地等"以英语为国内主要沟通语言"（English as an intra-national communication language）的国家。通过对英美语言推广政策、英国殖民教育政策、英国文化教育协会，以及英语语言教学、维和部队和发展援助等一系列问题的分析研究，菲利普森和斯古纳伯-康格斯（1994）认为，"语言帝国主义和语言灭绝现象绝不是自然现象，也不是在不断变化的语言生态中各种因素相互作用而导致的综合结果，而是由于一帮趣味相投的人蓄意干涉所带来的简单而直接的后果。换句话说，它们是语言管理的后果"。他们认为在英语的传播中，一个主要的谋划者就是英国文化教育协会。该机构成立当初的目的是对抗德国和意大利的语言宣传机构。英国文化教育协会与其他主要列强建立的类似机构一样，都是与本国驻外使馆的文化参赞协同工作。而美国的语言传播机构是该国的出版社和大学，出版社出口英语书籍，而大学则接受外国留学生。除此之外，美国还有许多机构在 20 世纪 60 年代后期开始从事英语教学活动，例如美国的"和平队"（the Peace Corp）。菲利普森（Phillipson，1992：56）将这种观点称为语言帝国主义，并界定为"一种语言使用者的生活被另一种语言所控制，以至于他们相信与更高社会地位的人交往时，他们应该只能使用这门外语"。因此，"英语的统治地位是通过建立和重构英语和其他语言之间结构和文化上的不平等来实现和维护的"（Phillipson，1992：47），它的传播重点服务于英语国家而剥削了当代的新殖民国家（Tollefson，1991）。莫里森等人（Morrison&Liu，2000）提出，"语言帝国主义是少数语言以牺牲大多数语言为代价，它是单向学习的催化剂，把知识、信息从权力一方灌输给没有权力的弱势方"。对于英语教学，菲利普森提出，"英语教学的宗旨会产生意识形态和结构上的影响。因为这些宗旨会加深核心对边缘的控制"（Phillipson，1992）。菲利普森对英语语言教学的本质分析，揭示了英美政府自 20 世纪 50 年代起，在推动英语成为全球民众第二语言所做出的巨大努力，其目的始终在于保护和强化资本主义利益（Skutnabb-Kangas & Phillipson，1988）。

语言帝国主义观点无疑遭到学者们激烈地反对。康拉德（Conard，1996：20)指出，语言帝国主义认为"学习一种语言就等于被这种语言所统治"的观点过于片面和绝对。彭尼库克等人（Pennycook，1994；Davies，1996；Spolsky，2004)抨击语言帝国主义观点，认为"语言选择的能动性完全掌握在西方霸权者手里，各国及其民众都只是被动接受者"的观点完全忽视了各国民众在学习英语过程中的能动性，而事实上很多英属殖民地国家独立后，仍将英语作为其官方语言，不断掀起英语学习热潮。

尽管很多学者对语言帝国主义理论的批判不断，但菲利普森等人对英语传播的研究确有其独特之处。他们将英语的传播引入了政治色彩，许多人纷纷采用帝国主义、意识形态、语言支配、语言权利等后殖民主义的研究框架，也由此引发了语言政策和语言教育领域对语言权力、语言生态等保护语言文化多样性的理论框架。菲利普森（Phillipson，1992）的《语言领域的帝国主义》（*Linguistic Imperialism*）一书则是这一领域的代表作，揭示了英语全球化是西方文化霸权的体现，英语领域的文化帝国主义通常采用多种渠道和方式进行推进，例如，电影、电视、录像、网络等媒体，以及语言教学"援助"等文化教育领域的交流活动等。目前国内几乎没有专著对英语霸权进行直接论述，但相关论文却为数不少。其中，郭蔷（2009）的博士论文《英语霸权的历史演变研究》从英语霸权的角度分析了英语全球化进程，认为英语霸权的内涵经历了逐步深化的过程，即从英语地理平台语言霸权发展到英语制度语言霸权，再到英语"软实力"语言霸权，具有鲜明的民族国家霸权属性。

语言学家卡普兰(Kaplan，1997)、米尔豪斯勒(Mühlhausler，2000)从生态学角度提出，以牺牲其他民族母语教育为前提的英语全球化教育政策扼杀了其他语言，如果不维持和保护"语言人权"以及语言多样性，就会给人类文化多样性和生物多样性带来灾难性后果。我国学者许国璋(1986)教授早在改革开放初期就敏锐洞察到英语的普及已经危及异彩纷呈的语言文化。徐波(2010)、曹杰旺(2005)等学者也不断从语言生态角度对如何应对英语全球传播及其影响下的语言教育政策进行剖析。

面对自然主义观和语言帝国主义观的激烈辩论，阿拉斯戴尔·彭尼库克(Alistair Pennycook，1994；1998)既否定自然主义观点，强调语言选择要紧密结合当地特定的社会、历史、文化和政治语境，同时又批判了语言帝国主义的决定论，并将其界定为"简单化了的帝国主义理论"(1994：57,68—69)。他提出了国际英语的文化政治论，强调各国或个体正是在特定文化政治语境中才做出了相应的语言选择；他既肯定了外在语境对语言选择所起到的制约作用，又强调了各国学习者在内化英语过程中所凸显的能动性。彭尼库克(Pennycook，1994)从文化政治的分析视角批判英语的全球化，认为英国和美国为了经济和政治目的，为了维护和推崇资本主义的利益在全球推广英语。大卫·格莱多尔(David Graddo，1997)对影响语言发展的政治、经济、文化、人口等因素进行考察，指出英语霸权的历史演变及未来走势与民族国家、国际体系的演变息息相关，并且英语在这个演变过程中的作用日趋增大。克雷顿(Clayton，2002；2006)通过对柬埔寨英语传播过程的研究，也推崇自然主义观和语言帝国主义观的融合论(syncretic hypothesis)，并认为英语传播既是各国语言选择的结果，也是国外语言推广的产物。国内学者戴问天(2003)从政治、经济、历史、文化和社会等视角对英语成为霸权语言的动因进行了剖析，并认为造成英语霸权的原因主要有四个方面：一是英语的使用范围；二是贸易作为英语霸权的经济基础；三是军事作为英语霸权的保障；四是文化输出作为英语霸权的助推器。张勇先(2014)从历时层面阐述了英语的发展和演变，又从共时层面多个角度(诸如政治、经济、文化、科技、军事、贸易、宗教和体育等领域)对英语的起源、发展和演变进行宏观论述,为本书探究语言传播提供了新的研究途径与实证依据。

第四节　英国文化外交的相关研究

文化外交与隐性的语言国际推广都属于殖民主义退去后的产物,都具有温和、隐蔽的特点,二者之间也存在千丝万缕的联系。首先,在实现文化活动的交流方面。语言推广活动是文化推广、文化外交的重要组成内容。而文化外交的其他活动,诸如文化交流、图书馈赠等活动都是语言推广的实施途径。其次,在提升国家形象和实现国家价值观的传播方面,文化外交通过交流活动传播本国价值观,并通过外界对本国的认同和好感以达到提升国家形象的目的。语言推广看似与政治无关,但语言的传播必然带来对语言文化及其相应价值观的传播,从而增强外界对本国的认同感,间接达到提升国家形象的作用。英国各界人士普遍认为,"如果在世界各地广泛推广英国的女王英语,并对有意学习英语的各国民众予以大力支持的话,将会是英国人让各国人普遍接受其商业行为、价值观以及宗教信仰所迈开的最成功一步。这样一来,便能复活当地居民的人心和情感,这会比舞刀弄剑或用加农炮征伐来得更有效"。1935 年 3 月 20 日,伦敦泰晤士报(*The Times*)刊登英国文化教育协会成立公告时,曾对文化外交的功能做了如下阐述:"致力于推进海外世界对英国语言、文学、艺术、音乐、科学,教育体制和我们国民生活其他方面的了解,从而增进海外世界对英国的好感、保持彼此之间密切的关系。"可见,协会将英语语言推广和文化外交同时列为增强国家"软实力"的重要途径,同时,语言推广与文化外交之间无法割裂的内在联系,也决定了文化外交是语言推广研究中不可或缺的一项重要内容。

一、文化外交的界定和特点

文化交流参与到国际关系和国际政治领域由来已久,但直到 20 世纪 40

年代,文化在外交领域的作用才引起人们的重视,"文化外交"这个概念才首次由美国外交史学家拉尔夫·特纳(Larf Turner)提出。

　　世界各国的外交人士和学者对文化外交的界定见仁见智、莫衷一是,但根据其在文化外交活动中的具体体现,可将其大致分为两种观点:第一种观点是将文化视为外交的手段,把文化外交界定为以维护国家利益为宗旨,以文化为手段的外交活动,它与政治手段、经济手段和军事手段并称为外交的"四大手段"。例如,英国前外交官米切尔(1986)在专著《国际文化关系》中将文化外交定义为:"文化在国际协议中的介入,是文化运用于对国家政治外交和经济外交的直接支持。"前文化部副部长孟晓驷(2005)将文化外交定义为:"围绕国家对外关系的工作格局与部署,为达到特定目的,以文化表现形式为载体或手段,在特定时期、针对特定对象开展的国家或国际间公关活动。"另一种观点是将文化视为外交的目的,把文化外交界定为以维护国家在文化方面的利益为宗旨,以包括文化手段在内的各种手段而进行的外交活动与决策,以及由此形成的外交理论和政策。美国著名外交史学者入江昭(Akira Iriye)在解释文化定义的基础上,对文化外交做了分析,他把文化定义为"包括意识形态、生活方式、记忆、感情、学术和艺术作品和其他符号",因此文化外交是"通过思想和人员的交流、学术合作或者其他达到国家间相互理解的努力,来承担国与国、人民与人民互相联系的各种任务,称为文化国际主义(Cultural Internationalism)。"

　　本书认为,文化构成了外交的基础、背景和决定性因素,因此难以从外交活动中将文化剥离为纯粹的目的或手段。本书认同学者李智(2005)在《文化外交——一种传播学的解读》中对文化外交的界定,即"主权国家以维护本国文化利益及实现国家对外文化战略目标为目的,在一定的对外文化政策指导下,借助文化手段来进行的外交活动。"

　　文化外交是国家之间的文化交流发展到一定阶段后的政治化产物。不同于传统的政治外交、经济外交、军事外交形式直接影响着国家间的关系,文化外交关注的是文化资源、意识形态资源、价值观、政治哲学、语言资源等资源,通过维护国家的文化利益,执行国家文化战略,弥补硬实力的不足,为国家总体外交服务。因此,它具有隐蔽性、长期性和依附性。隐蔽性是指文化外交不同于硬性外交手段的强政治性和功利性,它通常以发展对外文化关系的名义,通过文艺表演、人员交流甚至是传教等活动,诱导、吸引、合作甚至感召对象,最终达到战略目的。长期性是指文化外交对国家战略发展的作用效果并非立竿见影,而是一个潜移默化的长效过程。依附性是指文化外交作为一种软性外交手段,它依附于国家的硬实力。在国际关系中文化外交总是与政治、经济等因素结合在一起发生作用。同时,它还受到手段、对象等多种因素的影响。

二、英国文化外交及相关研究

英国的文化外交相对其他强国虽然起步滞后,但因其目标定位准确、发展路径清晰、活动成效卓著,又后来居上,其间历经了从民间活动为主到半官方机构推进、从自由松散到因地制宜、从传统模式转向全方位外交演进的过程。

在处于世界霸权时代,英国仅凭借其雄厚国家实力即可实现一切对外目标。但自"一战"之后,英国对海外殖民地的控制变得难以为继,"英国政府倾向于承认殖民地自治,并力图保持殖民地对英国的好感,维持它们对大英帝国的情结"(Donald & Miller,1965)。1923 年英国政府通过了一项关于非洲殖民地和埃及教育政策的提案,开始在非洲和拉美国家创办学校推广英语教学和传播英国文化。世界范围的经济大萧条和欧洲强国的激烈竞争使英国进一步加强了对文化外交的重视程度。20 世纪 30 年代,英国文化外交得以快速发展,主要标志是 1932 年英国广播公司(BBC)和 1934 年国际理解与合作组织的创建。"二战"期间,英国政府对英国广播公司进行了改组,并将其纳入英国文化外交体系中,"二战"结束前,英国广播公司已推出 44 种外语广播,借此传播英国价值观。

"二战"结束后,为了迅速恢复遭受重创的国际地位,英国政府以英联邦、英语世界和欧洲为重心,制订了"三环"文化外交战略,针对各地区不同特点实施针对性政策措施:对于"第一环"的英联邦国家和前殖民地国家,采用"援助"方式进行英语教学和文化交流。例如：启动了英联邦奖学金和助学金计划、英联邦英语援助计划、在南非开展一系列语言培训及援助反种族隔离组织等活动。同时，英国开始谨慎处理其与前殖民地国家间的文化关系，以加强和维护既有交流联系。对于"第二环"的英语世界，侧重于在科学、文化、技术等领域开展交流合作，以改变旧有形象、建构"充满活力和具有创造性的形象"，以促进商业发展和吸引投资。对于"第三环"的欧洲地区，由于英国首次申请加入"欧共体"受阻，便将文化外交的重点放在西欧，以增进相互间的教育、文艺交流为主。英国在这一阶段的文化外交活动因地制宜展开，在"三环"架构下的各个地区均获得了理想效果。

"冷战"结束后，英国进入了全方位的文化外交阶段。文化外交作为国家"软实力"的重要内容在国际交往中扮演着重要的角色。第一，文化外交帮助英国重塑了国际社会形象。1998年英国通过"动力英国"大型展览向世界展示英国的"创意与革新"形象，随后又在加拿大、中国和韩国等国家开展了"创意英国"主题活动，旨在树立一个"创意、多元包容、自由开放"的新形象。第二，文化外交引入了反恐等非传统安全因素。"9·11"恐怖袭击事件之后，由于英国追随美国发动了反恐战争，使英国在阿拉伯世界的声誉严重受损并多次遭受恐怖袭击，为了扭转被动局势，英国将文化外交重点向阿拉伯世界转移。通过帮助阿拉伯国家重建医院、开办阿拉伯语电视新闻频道等系列活动，极力弥合因伊拉克战争造成的双方关系裂痕。同时，为防止被欧盟一体化进程边缘化，英国也主动加大了与欧盟其他成员国在文化领域的合作交流。第三，增进与新兴国家的文化交流。随着新兴国家的不断崛起，英国为扩大对新兴国家的文化影响力，并通过文化互动增进相互了解，逐步加大了与新兴国家的文化外交与人文交流。第四，全球治理成为文化外交的转型驱动力。进入21世纪以来，全球性问题，诸如环境污染、气候变化、跨国犯罪、经济危机等已超越国家界限，日渐凸显，必须借助国家间的互联互通、协同合作才能有效解决。为此，面向全球治理问题，以合作、共赢为主题的新合作理念，已经驱动英国从传统文化外交向多角度、多主题、多手段的全方位文化外交转型。

国外学者对英国文化外交的研究成果多数发表于 20 世纪 70、80 年代。这些文献分析了英国在不同历史时期,通过电影、广播、书籍及其他文化传播手段,针对不同外交对象开展心理战与宣传战,进而使这种特殊的文化外交活动服从和服务于整个国家的战争战略。英国利兹大学国际关系史教授菲利普·泰勒(Philip M. Taylor,1999)相对完整地从机构设置、政策制定、舆论动员到具体活动,展现了英国在 20 世纪不同时期的文化外交活动。英国学者爱德华·考斯(Edward Corse,2013)剖析了以英国文化教育协会为代表的英国文化机构,在"二战"期间为争取欧洲中立国家而组织、开展的战时文化外交活动,总结了英国文化教育协会的文化宣传模式,并详尽分析了其运作的成功之处。英国文化教育协会的前首席执行官马丁·戴维森(Martin Davidson)在《英国视角下冲突时代的公共外交与文化关系》的演讲中,分析了处于充满矛盾与挑战的时代背景下新旧公共外交的区别,并提出新公共外交的关键是文化外交,提倡讲述本国故事、推销西方价值观。英国智库德莫斯(Demos,2007)分析了英国的文化优势,对英国如何开展文化外交提出了政策性建议。英国学者萨拉·戴维斯(Sarah Davies,2013)通过考察英国外交部在苏联发行的杂志《安格利亚》(Anglia),着重分析了英国政府在 1962—1992 年借助一份杂志在苏联开展文化外交的成功之处。

国内学者对英国文化外交的研究也不在少数。计秋枫和冯梁(2002)梳理了英国文化与外交相互联系的发展脉络,并阐述了英国外交历史发展进程中的文化因素在各个时期的不同影响,是国内研究英国文化外交的代表性成果。汲立立(2014)从英国文化构成入手,考察了英国文化外交的运行机制及其在"二战"后的发展轨迹,并分析了英国文化教育协会通过开展语言教育、留学培训服务、英语图书和信息资料输出,以及文化艺术交流等举措向海外实施文化辐射,对英国文化外交的重要作用。杨娜(2013)考察了英国文化外交的演进历程及不同时期的特点,并针对英国文化外交所取得的成效和面临的困境进行了评析。系列丛书《世界大国(地区)文化外交(英国卷)》(王磊,2013)剖析了英国文化的深厚底蕴及其持续的创新精神,并以英国文化外交的主要实施机构——英国文化教育协会、英国广播公司等半官方机构及其具体区域活动为重点,全面介绍英国文化外交的具体举措,进而总结了英国文化外交战略的成功之道、影响因素以及对中国文化外交的借鉴意义。此外,招春袖、胡文涛(2011),成晓叶(2014)等众多学者对英国文化外交的动因、背景、特征、演进和实践方式,以及对提升英国"软实力"的影响要素等做了系统总结分析。

第三章
理论基础与分析框架

　　本章在厘清与语言推广密切相关的核心概念的基础上，将约瑟夫·奈（Joseph Nye）的"软实力"论作为本研究的理论基础，尝试建构了一个以语言形象为中心的，包含语言态度、语言价值、语言需求等影响因素的语言推广运作模型。该模型基于语言推广的"活动—策略—效果"三者的内在关系，从"策略是什么""如何发挥作用""效果如何"三个方面，辅助分析英国语言推广策略与实践。

第一节　核心概念

一、语言需求

　　关于"需求"，美国著名心理学家亚伯拉罕·马斯洛（Abraham Maslow, 1943）曾提出著名的"需求层次理论"（Need-hierarchy theory），将人的需求由低到高依次划分为生理需求、安全需求、社交需求、尊重需求、自我实现需求。其中，生理需求、安全需求和社交（感情）需求属于低一级的需求，是人类的基本需求。马斯洛之后，美国心理学家克雷顿·奥尔德弗（Clayton Alderfer, 1969）提出的"人本主义需求理论"（ERG），将人的需求划分为生存（Existence）的需求、相互关系（Relation）的需求和成长发展（Growth）的需求。其中，生存需求是人基本生存的需要。它包含了马斯洛的生理需求和安全需求；关系需求指人们为了获得一定的社会地位而发展人际关系的需要。它相当于马斯洛的社交需求和尊重需求，通过与其他人的接触和交往得到满足与尊重来实现；而成长需求则是这三种需求中的最高级别，是个人通过自我发展和自我完善最终达到自我实现的需要（曹迪，2011）。

本书所提到的"语言需求"是指语言推广对象选择学习一门语言，原因在于该语言能够满足其某种或某些需求。这些需求构成了人们学习该语言的动机。本书依据英国文化教育协会的语言推广活动的不同形式及其目的，将行为主体学习和使用某种语言的需求分解为交际需求、文化需求和政治需求来分析。需要注意的是，这一划分与以上层次需求划分并非完全对等。交际需求是指语言推广对象选择学习一门语言，在于满足其与人交往和沟通等工具性的需要；文化需求是指语言推广对象选择一门语言，是为了实现其个体追求文明、道德和知识等非物质形式的需要；政治需求是指语言推广对象的语言选择基于个体参与社会组织、实现政治抱负等的需要。

本书认同李清清（2014）对语言需求特点的概括，即"首先，一个行为主体往往同时具有几种语言需求；其次，虽然同一时期的语言需求有多种，但每一时期总会有一种语言需求占据支配地位，对行为主体的语言选择行为起着决定作用；再者，行为主体总是尽可能地做出能够满足所有语言需求的语言选择。"因此，本书认为语言需求是语言推广对象进行语言选择时的重要衡量因素，人们的语言选择往往是其"有效权衡和评估自身的语言需求以求最大限度实现需求的产物"。

二、语言态度

语言态度始终是社会语言学家集中关注的研究课题。桂诗春、宁春岩（1997）将学术界对语言态度的界定划分为心智主义的观点和行为主义观点。前者指语言态度是"某一种刺激所引起的内部状态，这种内部状态对机体随之而产生的反应起中介作用"（Williams，1974 转引自邬美丽，2005），后者认为"语言态度只来自人们对社会环境所做出的反应"（邬美丽，2005）。王远新（2002）将两种观点糅合起来，提出："语言态度是一种十分复杂的社会心理现象，它是一个由认知感情、行为倾向等因素组成的有机组合体"。游汝杰、邹嘉彦（2004）认为："语言态度是指个人对某种语言或方言的价值和行为倾向。"

关于语言态度的影响因素,学术界一直处于争论状态。沈依青(1997)认为:"让人们接受所有语言都一样'好'这个观点是比较困难的。人们坚持认为某些语言是'好'的,某些是'差'的。这实际是一种社会态度,而不是语言学的观点。对语言'好'与'坏'的评价是建立在社会和文化价值基础之上的,那些被认为'好'的语言均与威信高的社会集团相连。因此,那些评价实际上是对某一语言集团而不是对语言本身的评价。"郭熙(1999)认为:"语言态度是社会态度的体现,社会发展、文化背景、年龄、性别,以及社会群体的紧密程度等因素都与语言态度有密切关系。"王远新(2002)提出:"对语言态度起决定作用的因素是一种语言变体是否为人们所使用,以及与此相联系的语言变体的社会文化功能,即该语言变体在社会中的交际功能、使用人口,以及使用该语言变体的集团在一定社区中的社会、经济、文化地位等因素。"

在对语言态度的先行研究中,"亲和力"和"地位价值"是两个基本的分析因子。瑞安(Ryan,1979;1983)曾多次指出,"'亲和力'是人与人之间的和谐关系。人们因为相互间的一些共同点而感到亲切,这种亲切感与个别团体的成员互相认同有很大关系。而'地位价值',如声望等因素,与语言本身是否得到标准化和规范化,以及该语言使用者的社会经济地位等息息相关"(Ryan & Giles,1982)。

本书将语言态度界定为:语言推广对象依据某种语言在一定社区中的交际功能,以及使用该语言的集团的经济、文化、社会地位等因素,对该语言的认知感情及行为倾向。同时,本书从"亲和力"和"地位价值"两个层面分析不同区域的语言推广对象对英语的语言态度。

三、语言价值

价值理论是经济学研究的基石,语言大师索绪尔(Saussure,1980)在经济学思想的影响下,提出语言本身具有价值。他提出:"语言涉及所指和能指的等价系统,具有价值和使用价值。语言的地位、规范程度、所承载的文化信息、记载的文献史料等都是人们赋予语言的本体价值。就语言应用而言,语言在使用过程中所体现的有效表达、传递和理解的互换性特征,是语言的交际价值,即使用价值。"

李宇明(2007)从社会语言学角度提出:"语言价值取决于语言领有者的社会及历史地位。"也就是说,当语言领有者在国际政治经济形势中处于明显的优势地位时,该语言可较大地满足语言接纳者的政治经济需求,相应的语言价值就大。相反,当语言领有者(如小族语言的母语使用者)处于国际政治经济形势的边缘地位时,该语言只能较小地满足行为主体关于政治经济的需要,相应的语言价值往往偏小。

理论上讲,一门语言可以同时具备以上所有价值,也可能只具有其中某几种价值。不同于普通商品,语言的价值具有特殊性,而且作为商品的语言被消费时并不会减少其自身的损耗。相反,语言的价值既会随着使用者数量的增加而增长,也会随着使用者的掌握程度和分量增大而增长。德·斯旺(De Swaan,2001)提出语言交际 Q 值的概念,认为"一门语言每增加一个使用者,其交际 Q 值就得到提升,其他使用者则因此受益,因为语言使用人数的增加能够扩大使用该语言的交际机会,即增加了该语言的交际 Q 价。相反,一门语言现有使用成员的不断退出则会缩减使用该语言的交际机会,从而降低了该语言的交际 Q 值。"因此,人们往往选择学习那些能带来更多交际便利和使用机会的语言,也就是那些高交际 Q 值的语言。

语言价值决定语言如何满足主体的语言需求,而这一功能的大小则取决于语言领有者的社会及历史地位。本书所涉及的语言价值包括语言的交际价值、文化价值和政治价值。其中,语言的交际价值是语言的使用价值,是指语言在使用过程中能够满足行为主体交际需求的属性;而文化价值和政治价值分别指语言背后所承载的文化信息和政治价值观,能够满足行为主体的文化需求和政治需求,是语言的本体价值。

四、语言形象

"形象"是身份认同的表征以及对身份认同的既有选择的映射。个人、公司和国家都试图操控自身的形象,使外界对于"他们是什么""他们是谁"的问题形成对他们尽可能有利的看法。

法国著名社会学家皮耶·布迪厄(Bourdieu,1991)在其代表作《语言和象征性权力》(*Linguistic And Symbolic Power*)中提出:"语言不仅是一种交际工具,更是一种获取象征性权力(symbolic power)的象征性资本(symbolic capital)。"尽管所有的人类语言本质上都具有表达思想和情感的能力,但由特定交际空间形成的语言市场(linguistic market)却可以划分为不同等级,而不同的语言市场等级也会赋予语言以不同的价值,也就赋予了语言之间不同层级的象征性资本。这里"表达思想和情感的能力"就是本书所指的"语言价值",而不同语言市场赋予语言间不同的象征性就相当于本书所指的"语言形象"。

徐大明(2010)等学者从语言经济学角度出发,提出了语言传播交流中的"语言产品"概念,即将语言资源看作一种稀缺资源,"语言资源的开发和利用需要语言市场,而规范和发达的语言市场是语言经济的保障"。语言资源经过加工就变成了所谓的"语言产品",而如何营销这种"语言产品",营销学中的"产品包装""品牌效应"等在贸易中就起到至关重要的作用。本书中的"语言形象"就相当于"语言产品"的"品牌效应"。运用经济学的思维,价值决定价格,价格因供求关系在价值上下波动。语言价值决定语言形象,语言形象因语言态度、语言需求的制约有所变化。也就是说,针对某种语言的语言价值,语言态度和语言需求较高的地区所认同的该语言的语言形象较高,反之亦然。

杨绪明等(2014)提出了"国家语言形象"的概念,指"语言国际比较中某国语言所彰显的主观认知形象,是国家形象和国家精神的符号载体"。"'国家语言形象'是国家形象的子系统之一。此外,国家形象还包括国家政治、经济、文化、科教、外交、军事等多个形象子系统。"同时,杨绪明等(2014)以中国语言形象为例,概括"中国语言形象是指国际社会中形成的以汉语普通话为代表的中华民族语言的整体形象,它既是中国国家形象的重要组成部分、重要载体和中国精神的主要表征符号,也是中国形象整体提升的动力源泉与和平的实施手段"。目前国内外对于国家语言形象的构建尚未成型,学者从不同角度纷纷提出国家语言形象的建构途径。本书中,英国语言国际推广策略所涉及的英语语言形象既是英国英语的语言形象,也可以说是英国英语"国家语言形象"的一部分。本书所分析的英国英语的交际形象、文化形象和政治形象,分别基于英语的交际价值、文化价值和政治价值,因在不同地区的历史、政治、经济背景下产生不同的语言态度和语言需求而形成。

第二节　"软实力"论

"软实力"的概念首先由前哈佛大学肯尼迪学院院长、美国国防部部长助理约瑟夫·奈提出。约瑟夫·奈提出的"软实力"论具有鲜明的时代背景和社会意义。第一,"软实力"论是冷战后涌现出的国际思潮之一。自苏联解体后,世界政治经济版图开始重新划分,大国关系开始重新调整,民族和宗教冲突不断增多,加之全球性和地区性金融危机的影响不断加重,促成了"冷战"后新国际关系的形成及未来走向的"不确定性"。此时,国际上试图应对这种"不确定性"的分析和预测未来国际关系与世界政治经济秩序的理论、思潮和论断等也随之产生。约瑟夫·奈的"软实力"理论就是产生于这一时期且最具有代表性的理论思潮之一。第二,"软实力"论是在"衰落"和"反衰落"的理论对抗交锋中被提出来的。越南战争以后,美国国内各界对其本国实力评估结果莫衷一是,评价导向以苏联、东欧剧变为界划分为先后两个阶段。第一阶段,美国实力"衰落"论略占上风。保罗·肯尼迪(Paul Kennedy)等人认为,"帝国的过度扩展"导致了美国的衰落,因此应适度进行"战略收缩"。第二阶段,伴随苏联和东欧剧变、"冷战"结束,对美国实力的评论也出现了持相反论断者。塞缪尔·亨廷顿(Samuel P. Huntington)、约瑟夫·奈等人提出,美国在意识形态的感召力、社会的凝聚力、思想文化活力以及影响力等方面仍拥有巨大优势。第三,"软实力"论的提出为美国的战略推进提供了有效的理论依据。很多战略学家提出,美国应进行适度战略收缩,最大限度通过"经济、文化、科技和外交等非军事的'软介入'方式来处理国际事务"(转引自赵轩,2014),这样既可以有效避免直接干涉带来的过多负面影响,又可以确保其战略利益最大化。约瑟夫·奈提出,若能将"软实力"与"信息革命"有机结合,就"可以帮助我们遏制冲突,有效抑制对立地区仇恨的扩散,提供对付冲突的替代办法,并有助于推动民主政体的发展"(转引自 Henry & Edward Peartree,1998)。美国正是遵循这一思想,借助其国家实力和信息技术领域的优势,在世界范围内强力推行美国的制度规则、文化和价值观念。

概括来说,"软实力"论的思想渊源主要归结于三个方面。

一、安东尼奥·葛兰西的"文化霸权"思想

意大利思想家安东尼·奥葛兰西(Anthony M. Orum)提出的"文化霸权"思想是最早论及文化(即"软实力"最重要的要素之一)的思想理论。葛兰西在对意大利等西方国家的社会政治进行考察后认识到,占据霸权地位或即将上升至霸权地位的意识形态与文化才是资本主义国家政权最有效的统治工具,而远非武装的军队和警察。葛兰西最早在社会理论哲学中提出了"文化霸权"的概念,他的思想强调文化实践的政治与意识形态的可能性,并围绕国家与市民社会以及文化与意识形态展开论述。葛兰西认为,使民众的文化道德与社会生产力发展相适应是国家的最重要职能。"学校具有正面的教育功能,法院则具有镇压和反面的教育功能"。资产阶级在意识形态上具有吸引和同化作用,使得他们表现出顽强的适应性。同样,资本主义国家也是依靠"凌驾于整个资本主义社会各阶级之上的意识形态优势或霸权地位"来维护权力的(葛兰西,2000:213)。葛兰西在充分意识到控制意识形态的重要性时,强调了文化的功能,认为"统治者借助于文化手段影响并塑造大众的世界观,使其服从于现存的政治和社会秩序"(孙晶,2004:5)。虽然葛兰西只讨论了意识形态和文化在国内政治中的作用,但其"文化霸权"思想对意识形态和文化的强调,无疑是"软实力"思想形成的一个重要标志,并使得文化这一"软实力"的重要构成要素,开始受到愈加广泛的关注。

二、汉斯·摩根索的"权力"学说

作为最具影响力的国际关系学家之一,汉斯·摩根索(Hans J. Morgenthau)提出的"国家权力"学说在国际政治学界具有深远影响。摩根索认为,现实主义强调权力,并在其经典著作《国家间政治——权力斗争与和平》中提出了现实主义最著名、最简洁的国家利益观:通过权力来界定国家利益。摩根索(1995:139)指出,"我们所指的权力是指人们控制他人的思想和行动的现象,只要人们相互间存在着社会联系,这种现象就存在"。摩根索认为,权力不是一个行为体单方面的活动,而是权力行使者和承受者两者的互动联系和互为依存。同时,权力之间也相互影响和制约。摩根索认为,国家权力由无形权力和有形权力构成,主要来自国民士气、民族文化、外交状况、政府、军事、人口总量、工业能力、自然资源、地理环境等九个方面。摩根索既强调有形权力,也同样重视无形权力,强调诸如国民士气、民族性格和外交质量之类的无形权力对一个国家的影响力(李琳,2014)。摩根索(1995:182)认为,"国民士气和民族性格很难科学有效地预测,而且它们对一个国家能在国际政治中起多大作用,往往具有决定性的影响。""国民士气表征了一个国家在平时或战时支持政府对外政策的决心程度,其广泛遍布于一个国家的所有活动中,包括农业、工业生产,以及军事建制和外交活动等,无所不在。国民士气通过舆论形式,提供了一个无形因素,无论是民主的还是专制的任何政府,倘若缺少这个因素支持,即便能够施行自身政策,也无法充分有效将其贯彻到底。""国民士气存在与否和质量高低会在国家危急时刻显示出来,那时国家不是面临生死存亡的关头,就是必须做出国家生存所系的根本决策"(摩根索,1995:176)。此外,摩根索还认为外交质量是国家强权的另一个重要因素。假使一个政府的外交政策对他的人民和道德价值观念具有吸引力,那么这个政府便会拥有一种不可估量的优势和力量。这些无形力量可以提升一个国家的国民士气,也能瓦解别国士气。可见,摩根索反对把国家实力简单等同于武力,他认为无形力量与军事等有形力量一样,会对一个国家产生同等重要的影响。为此,摩根索

（1995）认为，国家权力通过影响产生力支配力，因此对领袖、制度的爱戴和吸引也是影响权力的因素，但权力的最终实现则需要诸多因素共同作用。

三、彼得·巴克拉巴和莫顿·巴拉兹的"权力的第二张面孔"理论

约瑟夫·奈在《软力量：世界政坛成功之道》一书中指出，他提出的"软实力"概念建立在彼得·巴克拉巴（Peter Bachrach）和莫顿·巴拉兹（Morton S. Baratz)的"权力的第二面孔"的理论基础之上。该理论表明，权力具有一种不同于传统力量的"第二张面孔"，这是一种不动用实在的、具体的威胁也能达到预期效果，并通过迂回方式表达诉求的手段。巴克拉巴和巴拉兹认为，"权力不能被个人所拥有，它是一种关系。权力关系的存在必须满足以下条件：首先，A 和 B 必须有价值上或者行为上的冲突；其次，B 服从 A；最后，B 这样做，是因为他害怕 A，害怕 A 剥夺他的价值观，或者 B 认为如果不服从将有更大的损失"（金筱萍，2012：210）。巴克拉克和巴拉兹（1962：947—952）提出，"权力不是一维的，而是二维的。权力一方面是公开的、有形的，另一方面也是无形的、隐蔽的。例如，A 可能会行使权力限制和操纵日程安排，以便把讨论、辩论和决策限定在'保险'的问题上；A 也可能趁机利用政治体制中已经确立的有利于使 A 的利益压倒 B 的利益的优势基础"。权力不等同于武力，操纵属于武力范畴而不是权力（Bachrach & Baratz，1962）。

如果说，葛兰西的"文化霸权"思想中对文化等要素的强调是奈的"软实力"论的间接来源，那么摩根索的"权力"理论、巴克拉巴和巴拉兹的"力量的第二层面"理论则是"软实力"论的直接来源。摩根索肯定了对决定国家权力大小的物质力量、民族精神力量、政府素质等无形权力，但他没有对无形权力做进一步展开分析。巴克拉巴和巴拉兹提出了影响力和操纵力作为"力量的第二面"，但他们没有给出明确界定。约瑟夫·奈继承了二者的思想，详细阐释了这种"无形权力"与"有形权力"的内涵，以及"力量的第二面"如何发挥作用。此外，约瑟夫·奈还受到了英国实用主义学者爱德华·卡尔（Edward Carr，

1964)的"国际权力"观的影响。卡尔认为,权力共分为三种:一种是军事权力,具有强制性,如果对方不服从就消灭它;第二种是经济权力,依靠收买来达到目的,用给予金钱的方式让对方服从;第三种是文化权力,通过思想、观念、情感等去诱导、拉拢使对方服从。约瑟夫·奈也正是受到了第三种权力观的影响,在此基础上提出了"软实力"概念。

约瑟夫·奈首次提出"软实力"概念是在其1990年著作《注定领导世界:美国权力性质的变迁》(*Bound to lead: the changing nature of American power*)中,同年又在美国著名杂志《外交政策》上发表了学术文章《软实力》(*Soft Power*),明确提出了"软实力"这一概念。之后的20年内,约瑟夫·奈不断地充实并拓展了"软实力"理论。1999年约瑟夫·奈在《软实力的挑战》(*The Challenge of Soft Power*)一文中对"软实力"做了比较系统全面的表述:"'软实力'是一个国家的文化与意识形态的吸引力,它通过吸引而非强制来达到预期的效果,它能使别人自愿地跟随你或遵循你所制定的标准或制度来按你的想法行事"(韩勃、江庆勇,2009)。2004年约瑟夫·奈在《软力量:世界政坛成功之道》中再次明确了"软实力"的含义:"力量是指对他人的行为施加影响以达到自己所期望的结果的能力""力量是指一个国家思想的吸引力或者是确立某种程度上能体现别国意愿的政治导向的能力"(约瑟夫·奈,2005)。约瑟夫·奈将一个国家的综合国力分为有形力量和无形力量,即"硬实力"和"软实力",其中"硬实力"主要是指经济和军事权力,通过强制或利诱改变对方行为;而"软实力"则主要包括文化、生活方式、价值观、意识形态、道德准则、国民凝聚力、国家影响力和感召力、国际机制等,通过吸引力影响别国的政治选择偏好。约瑟夫·奈和罗伯特·基欧汉(Robert O. Keohane)又进一步指出,"'硬实力'是指通过威胁或者奖励(如"大棒+胡萝卜"),让他人做他们不想做的事情之能力;而'软实力'则是指通过吸引力或非强制手段,让他人自愿做你所希望的事情之能力。""'软实力'的吸引力来自思想或文化,或通过影响其他国家偏爱的标准、制度设定日程的能力等。""如果一个国家能使它的权力在别国眼中是合法的,并激励别国确立有利于它利益的国际机制,那么,该国可以不必花费额外昂贵的传统经济或军事资源"(Keohane & Nye，1998：2)。

"软实力"的含义可以在与"硬实力"的进一步比较中做出解释。第一，"硬实力"主要以绝对添加与自我满足为标准，而"软实力"主要以社会认同与他人尊重为标准；第二，"硬实力"属于物质文明，而"软实力"则属于政治文明或精神文明；第三，"硬实力"主要源于内在建设，而"软实力"则源于国际互动；第四，"硬实力"思维追求绝对的国家利益，而"软实力"思维在于追求共同利益，或在追求某种共同利益中实现相对的国家利益(焦宇，2007)；第五，"硬实力"的增长路线是现实主义，而"软实力"的增长路线是建构主义或新自由制度主义；第六，"硬实力"更多与民族主义联系在一起，而"软实力"更多与世界主义或者国际主义联系在一起(陈玉刚，2007：44)。可见，"软实力"是相对于"硬实力"而言的，它就像是亚当·斯密(Adam Smith)所说的"看不见的手"。"软实力"是一种能够影响他人喜好的能力，但它又不同于影响力，也不只是规劝人的能力，它还包括吸引的能力。概括来说，"软实力"是一种通过吸引而非收买或强迫的手段达成愿望的能力。

"软实力"论揭示了由于国家实力来源变化而导致的国家实力竞争态势变化和国家战略重心转移。在理论上，把以文化为主要构成要素的"软实力"提升到国家战略层面高度，为国家制定发展战略并参与国际竞争提供了重要理论依据。"软实力"论作为国际关系领域和外交领域的新理念，反映了当代人类社会发展的新趋势，即，进入全球化信息时代后，传统军事和经济要素在国家实力构成中的地位开始下降，而文化要素的作用却急剧上升。文化作为国家综合国力的组成部分，是国家政治、经济和军事等战略资源得以充分组织、动员并发挥其最佳效能的保障因素，也是赢得他国尊重、信赖和追随的重要来源。文化可以通过影响和改变对方观念与价值取向来赢得理解和认同，进而起到"润物细无声"似的同化作用。

本书将约瑟夫·奈的"软实力"在国家层面的内涵归纳为以下几个方面。

(1) 文化吸引力。

文化是"一种相对廉价和有用的'软实力'资源"。(陈玉聃，2006)文化吸引力是一个民族在世界上得以生存发展并在国际竞争中处于不败的重要因素。文化的"软实力化"需要三个条件：文化的传播能同化他人的观念和思维方式；他人观念的同化有助于本国战略目标的实现；在通过文化同化实现本国目标过程中，国家控制力得以增强（李莉，2006）。文化的同化能力是文化成为"软实力"的前提基础。若某种文化具有较强的同化能力，即使其还未成为"软实力"，它也会在适当条件下被"软实力化"；反之，若某种文化不具备同化能力，那么它就无法成为"软实力"（李莉，2006）。所谓同化，即意味着让他人接受己方的思维理念、价值观等，使其具有与己方相近的观点。此外，文化同化能力还具有另一个重要标志，即是能否促进本国语言的传播。语言与人的思维方式相关联，对于某一国家语言的理解与掌握，也是深入了解并认同国家政策与思想的重要途径。

（2）政治价值观的吸引力。

在约瑟夫·奈的理论体系中，政治价值观作为重要的"软实力"资源，又同时存在于其他"软实力"资源中。奈在《软实力再思考》中明确指出，在本国内和国际上都能够受到遵循的政治价值观构成"软实力"资源之一。如果政治价值观得到他国认可并且其行事方式与倡导的价值观相一致，那么政策的合法性就得到加强，就有利于实现外交政策目标。但是，如果在价值观推行过程中采取双重标准或者言行不一致，则会有损于"软实力"。作为"软实力"来源的政治价值观，既包括国内惯例及政策所树立的榜样，即典范，还包括处理与他国关系的方式和外交政策等。此外，国家对外活动，例如对外援助、国际维和、发起建立某一国际组织机构等都可以产生"软实力"。政治价值观，尤其是表现在一国在其内政、外交政策中所真正实践的价值理念。

（3）外交政策的实现。

约瑟夫·奈（2006）指出，被视为合法和享有道德权威的外交政策是"软实力"的来源之一。也就是说，外交政策在处理对外关系时的行为被普遍认为具有合法性和道德威性。如果一个国家的内政或外交政策显得伪善、傲慢、漠视他人意见或者是基于狭隘的国家利益时，会损害"软实力"。由此可见,外交政策能否产生"软实力"的标准由其是否具有合法性和道义性来衡量。

（4）塑造国际规则和决定政治议题的能力。

约瑟夫·奈(1990a)指出,"建立于己有利的、主导国际政治活动的一整套规则和制度的能力是权力的重要来源""如果一个国家可以通过建立和主导国际规范及国际制度,从而左右世界政治的议事日程,那么它就可以影响他人的偏好和对本国国家利益的认识,从而具有软实力,或者具有'制度权力'"。约瑟夫·奈在2004年出版的著作《软实力》中使用了"塑造国际规则"的提法,他在书中这样写道:"如果一个国家可以塑造国际规则,使之与自己的利益和价值观念相吻合,其行为就更可能在他人看来具有合法性。如果它们可以使用和遵循那些能够引导和限制他国自愿行为的制度和规则的话,那么它就没有必要使用代价高昂的胡萝卜与大棒"(约瑟夫·奈,2005)。

第三节　语言推广与"软实力"

本书基于约瑟夫·奈的"软实力"论(Nye,1990a,1990b,2002,2004,2006)、布迪厄的象征性资本理论(Bourdieu,1991)、德·斯旺的语言交际Q值论(De Swaan,2001)、格林的语言经济学理论(Grin,2003,2006),建构了"软实力"视域下的语言推广策略运行模型。本章在厘清核心概念之间相互关系的基础上,为后续研究提供了一个可行的分析框架,分析框架流程如图3.1所示。

由图3.1可知,语言推广活动、语言形象和语言推广价值构成了语言推广与"软实力"的提升之间的连续循环系统。整个系统的运行可以分为两部分:第一部分是推广主体由"推力"完成从语言推广活动到"软实力"的提升;第二部分是推广对象由"拉力"自发完成从"软实力"到语言的推广。而语言策略的关键就是如何将语言推动与语言形象有机结合,并发挥推广策略的"软实力"功能,使得语言推广由"推力"向"拉力"转化,完成语言推广的良性循环。下面

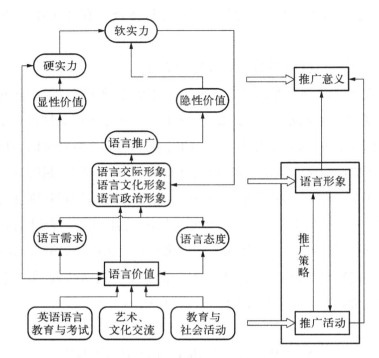

图 3.1　分析框架流程图

分"策略是什么—策略如何发挥'软实力'功能—策略的效果"三个步骤解析以上语言推广策略运行模型。

一、策略是什么——推广活动与语言形象

本书所研究的语言推广策略由语言推广活动和语言形象共同完成。基于语言价值,围绕不同地区语言需求、语言态度而采取不同的语言推广活动和建构不同的语言形象,是语言策略的核心内容。借鉴经济学的基本思维,即价值决定价格,价格因供求关系在价值上下波动,可以认为,语言价值决定语言形象,语言形象因语言态度、语言需求的制约有所变化,而语言推广活动则是商品本身。

第一,英国文化教育协会的语言推广活动分为英语语言教育与考试、艺术和文化交流、教育与社会活动三大类。这三项活动分别基于语言的交际价值、

文化价值和政治价值而展开。语言价值是语言的本质属性,它与语言需求、语言态度间形成相互制约的作用。语言需要决定着语言的哪些价值更为重要。语言推广对象在有效评估自身语言需要和语言价值后对该语言形成了一定的语言态度。另一方面,语言推广对象对某种语言所持的语言态度,受到社会、经济、文化地位、历史等复杂因素的制约,在一定程度上又反向影响其对自身语言需要和语言价值的判断与评价。

第二,英国文化教育协会的《年度报告》在不同的语言推广活动中建构了英语的交际形象、文化形象和政治形象。这些形象的形成基于语言的交际价值、文化价值和政治价值,是语言需求、语言态度影响下的语言价值的表现形式。语言形象可以是为了满足某一种或某几种语言需求,对某一语言价值的"夸大",也可以是对某一语言价值的"缩小",甚至是"误识"。语言形象如同商品的价格,在一定情况下,价格的制定基于商品的价值,但因供求关系而在价值上下浮动。因此,语言推广主体往往会衡量语境中的语言价值,顺应不同语言需求、语言态度,建构有利的语言形象。

第三,语言价值是语言推广策略运行模型的基础,基于此产生的语言推广活动和语言形象的有机结合是语言推广策略的首要步骤。推广活动在明处,语言形象在暗处;语言形象通过语言推广活动来传达,同时通过吸引、诱导等功能推动语言推广活动的进行,二者共同组成了英国语言国际推广的策略。

二、策略如何发挥"软实力"功能——推广策略与推广价值

语言策略具有"渗透"和"吸引"的"软实力"功能。而如何发挥这些功能,则要从语言推广的隐性价值体现。隐性价值指包括增加认同、改善形象、促进交流等抽象价值。语言推广策略通过让推广对象参与活动,将文化元素、价值观以及生活方式等在非暴力的、柔性的、缓慢的过程中渗透给推广对象,达到其语言推广的隐性价值。

首先,语言推广策略具有非强制性和隐蔽性的"软实力"特点。这些策略渗透在语言推广活动中,通过让推广对象参与活动、增加了解、自愿认同到产

生共识，将文化元素、价值观以及生活方式等在非暴力的、柔性的、缓慢的过程中渗透给推广对象，达到政治、经济和军事等"硬实力"才能达到的效果。

其次，语言推广的价值分为显性价值（经济价值）和隐性价值（文化价值和政治价值）。前者的价值是不言而喻的，据英国高等教育政策中心的最新统计，每年包括留学在内的"英语产业"可为英国创造超过 100 亿英镑的收益。而语言推广的隐性价值则更是难以估量的，因此本书从推广策略与其产生的隐性价值来讨论。在英语母语国家、英语作为官方语言的国家和英语作为"外语"学习的不同国家中，英语的不同地位、与英国的历史渊源、国际政治经济状况等因素，使得这三种区域分别产生不同的语言态度和语言需求。而语言策略的实施关键则在于，顺应不同的语言态度和语言需求采取相应的推广活动和语言形象，从而在促进语言推广的同时，产生相应的文化价值和政治价值。

三、策略的效果——语言国际推广与"软实力"

对策略效果的解析是从"软实力"与语言推广之间的关系入手。语言推广通过推广价值实现"软实力"的提升，而"软实力"作为一国的文化吸引力、政治吸引力等是语言价值和语言形象的重要依靠。由此，加速语言推广和"软实力"之间的良性循环正是策略的效果所在。

首先，策略连接了语言国际推广与"软实力"，使之形成闭合的良性循环。语言形象发挥其隐蔽、渗透的"软实力属性"，并通过与民间话语、官方话语的互文形成共识，使得这些语言形象与人们的语言需求产生直接关联，促进后续的英语传播由"推力"转变为"拉力"。

其次，策略促进了"软实力"与语言国际推广之间循环的速度。语言的国际推广与"软实力"之间的共生关系表现为：语言的国际推广服务于"软实力"的提升。"软实力"通常表现为文化的吸引力、政治价值观的吸引力、外交政策的影响力和塑造国际规则和决定政治议题的能力。这些都离不开语言这一载体，同时语言推广所带来的经济价值，进一步增强国家的"硬实力"。在国家层面，"硬实力"是"软实力"的支撑。因此，语言的国际推广，通过加速异质文化之间的交流、政治价值观念的宣传以及外交政策的应用,服务于国家政治、经济、文化、外交等领域,是提升国家"软实力"的重要途径;语言推广依赖于"软实力"。历史上,很多语言的成功推广都曾依靠军事征服,例如:阿拉米语在古代中东的传播,拉丁语在罗马帝国的扩散,玛雅语在中美洲的应用,阿拉伯语在伊斯兰教地区的蔓延,西班牙语在新大陆的扩展,法语在亚洲、非洲和太平洋岛国的推广(张天宇、周桂君,2016)。同时,优势语言是国家"软实力"强大的重要表征,"软实力"通过提升语言价值和语言形象增加语言的吸引力,从而促进语言推广。

第四章
研究方法

本章介绍了本研究的研究方法——定性定量相结合的文本分析、语料的选取以及自建语料库的概况，并具体介绍了本研究的分析方法——"手工质性标注""半自动语料挖掘""自动给语义测算"三合一的实证分析，及具体采用的分析工具和实证步骤。

第一节　研究方法概述

本书采用定性和定量相结合的研究方法，具体为内容分析法、共现词分析法和个案分析法。

一、内容分析法

内容分析法是社会科学领域的一种研究方法，它能够深入地剖析研究对象的内容，经过客观、系统、量化的分析后，透过现象揭示本质。内容分析的研究内容非常广泛，包括书籍、杂志、网页、诗歌、报纸、歌曲、绘画、讲演、信件、电子邮件、网络上的布告、法律条文和宪章以及其他任何类似的成分或集合（巴比，2009）。由于内容分析法涉及计数和加总，很适合用来研究文本中特定现象的出现频率。本书将内容分析法的作为主要研究方法，主要基于内容分析法的以下特点：① 系统性。分析内容的取舍依据一致的标准。② 客观性。分析基于明确的规则执行，以尽量减少个人主观性带来的结果的偏差。③ 定量性。研究中运用统计方法对拟定类目出现的频数进行计量,用数字或图表的方式表述内容分析的结果(张丽琴、宗婷婷,2010)。下面分别从研究问题与类目建构、抽样和量化分析、评判和分析等方面对本书的研究步骤做一个介绍。

1. 研究问题与类目建构

本书用内容分析法主要解决三个问题:

第一,英国文化教育协会的语言推广活动有哪些?是如何分布和实施的?经由研究者反复研读所有文本,将英国文化教育协会的语言推广活动进行综合分析、归类和提炼,形成"语言推广活动标签集"如下:

(1) 英语语言教学及考试:英语教学、英语考试、师资培训、教学改革。

(2) 艺术、文化交流:文学类、音乐类、视觉艺术类、创意产业。

(3) 教育与社会活动:留学类、教育合作类、社会活动类、科技类。

利用语义地图所测出的各级标签与总标签相关性统计如表4.1所示。

表 4.1 "语言推广活动标签集"二级标签相关性统计

活动领域	二级标签及相关性			
英语语言教学及考试	英语教学	英语考试	师资培训	教学改革
	0.631 6	0.526 3	0.526 3	0.454 5
艺术、文化交流	文学	音乐	视觉	创意
	0.736 8	0.832 5	0.666 7	0.941 2
教育与社会活动	留学	教育合作	社会活动	科技
	0.545 5	0.500 0	0.714 3	0.461 5

如表4.1可见,二级标签与主标签之间的语义距离在0.454 5～0.832 5之间,平均值为0.628 1。通常来说,语义距离大于0.3,则视为相关。因此,"语言推广活动标签集"的二级标签均与主标签呈高度相关,标签设定有效。

第二,英国文化教育协会的语言推广活动建构了哪些语言形象？基于语言形象与语言价值的关系(第三章第三节),经由研究者反复阅读所有文本,将语言推广活动的描述性词语进行综合分析、归类和提炼,形成"语言形象标签集"如下:

(1)语言交际形象:"标准英语""改善人们生活水平的语言""国际交流的工具""获得知识的语言"。

(2)语言文化形象:"历史悠久""经典文化""现代文明""富有创意"。

(3)语言政治形象:"包容""友好""诚信""合作"。

利用语义地图所测出的各级标签与总标签相关性统计如表 4.2 所示:

表 4.2   "语言形象标签集"二级标签相关性统计

语言形象类别	二级标签及相关性			
语言交际形象	标准英语	改善人们生活水平的语言	国际交流的工具	获得知识的语言
	0.727 3	0.714 3	0.750 0	0.705 9
语言文化形象	历史悠久	经典文化	现代文明	富有创意
	0.769 2	0.666 7	1.000	0.545 5
语言政治形象	包容	友好	诚信	合作
	0.588 2	0.428 6	0.625 0	0.533 3

如表 4.2 可见,二级标签与主标签之间的语义距离在 0.428 6~1 之间,平均值为 0.671 2。因此,"语言形象标签集"的二级标签均与主标签呈高度相关,标签设定有效。

第三,语言推广的效果如何？基于对语言推广价值的文献梳理,经研究者反复阅读所有文本,将描述语言推广理据和价值的话语进行综合分析、归类和提炼,形成"语言推广隐性价值标签集"如下:

（1）语言显性价值：使用人数、使用区域、参与机构、经济收益。

（2）语言隐性价值：文化认同、民族情绪、国家形象、促进合作。

表 4.3　"语言推广价值标签集"二级标签相关性统计

语言推广价值类别	二级标签及相关性			
语言推广显性价值	使用人数增加	使用区域增加	参与机构增加	经济收益
	0.663 6	0.625	0.625	0.5
语言推广隐性价值	文化认同	民族情绪	国家形象	促进合作
	0.666 7	0.333 3	0.625	0.533 3

如表 4.3 可见，二级标签与主标签之间的语义距离在 0.333 3～1 之间。其中语言推广显性价值平均值的语义相关性为 0.603 4，语言推广隐性价值的语义相关性平均值为 0.539 6。显性价值的与语言推广的相关性大于隐性价值的语言推广。因此，"语言推广价值标签集"的二级标签标签设定有效。①

2. 确定分析内容

本研究确定将英国文化教育协会《年度报告》作为分析文本。时间跨度为 2000—2014 年度共 15 年（具体思路见绪论第二节）。本研究将《年度报告》中关于语言推广活动的描述文本作为分析内容，完成文本的清理和整理。本研究使用 Adobe Reader 软件将 PDF 文件转化成 TXT 文件（见图 4.1），Filelist 用于批量生成文件。同时对 PDF 转换文件进行精确拷贝之后，需要人工进行拼写检查，避免后续处理出现乱码。

---

① 注：由于数据的标注中所设定标签数量大于本书所应用的标签，附录中所呈现的词频统计类别多于本标签类别。稳重的二级标签类别的词频数量来自附录中相关标签的加和，如英语考试，对应附录中认证、考试项目；教学改革，对应附录中互联网、网站；视觉对应附录中展览项目、艺术作品等。具体见各章的标签词频统计结果说明。

图 4.1　历年年报文本示意图

3. 量化分析

本研究采用手动标注与半自动语料处理相结合的方法进行量化分析。手工标注是对具体研究中特定的词汇语法进行人工标注。人工标注的依据是步骤根据研究问题设定的标签集。半自动语料处理是综合使用多个语料库软件辅助手工标注,避免了纯手工标注带来的过低的效率与偏主观性。

本书的标签标注由作者和另外一名受过训练的博士生共同承担。为了确保内容分析的客观性,我们参照霍斯提(Holsti)提出的信度计算法,对两位编码者的标注结果进行信度检验(高焕静,2015):

$$信度 = 2M/N1 + N2$$

其中,M 代表两个标注者一致的编码数,N1 和 N2 分别代表第一和第二两位标注人员。经检验,信度值为 93%,符合信度要求。

4. 评判和分析

本书研究所采用的数据统计方式是频数标准化,书中的标准化是基于语料库内部不同年报之间的频率标准化。将活动描述部分单词量最多的年报的单词量作为分子,当前年报的活动描述部分单词量作为分母;则单词量最大的年报的词量系数为 1,其他年报的词量系数都是大于 1 的。例如,词量最大的 2008 年年报有 21 242 个单词,因此该年词量系数为 1,而词量最小的 2009 年年报的词量为 4 848 个,2008 年年报词量是 2009 年年报词量的 4.38 倍,因此 2009 年年报中的单词次数或词组次数都是原始次数,只有乘以"词量系数",才能与其他年报之间形成直接的数量可比性,本书称之为"标准次数"。

二、共现词分析法

共现词分析法(Co-word Analysis)最早由法国文献计量学家提出,属于定量和定性共有的一种分析方法。20 世纪 90 年代中期,国外共现词分析法的理论与实践应用基本趋于成熟,目前已经广泛应用到各学科领域。共现词分析法通过对关键词共同出现在一篇文献中的现象进行分析,来判定关键词之间的关联强度,判断学科领域中主题间的关系。其原理主要是对具体一组词进行"两两统计",然后得到它们在同一篇文献中共同出现的频次。在此基础上,结合社会网络分析法对这些词进行不同深度分析。一般认为,一组词在同一篇文献中出现的次数越多,则代表两个词的关系越紧密(吴玉娟,2016)。本书研究采用共现词分析法,将国名与表述该地区语言推广活动、语言形象和语言价值的共现词分离出来,以方便后续分析语言推广在不同区域的运行机制与实施效果。

三、个案分析法

为了更好地展现语言推广策略的运行机制与实施效果,本书以英国文化教育协会的语言推广活动(包括英语语言教育与考试、艺术和文化交流、教育与社会活动)为横向维度,以卡奇鲁关于世界英语分布的"三个同心圆"理论(即英语作为母语的"内圈"、英语作为官方语言或半官方语言的"外圈"、英语作为外语学习和使用的"扩展圈")为纵向维度,进行系统分析。同时,本书在问题阐释时,使用个案分析法,观察分析不同时期、不同策略下的语言推广状况。

第二节　语料的选取与搜集

本书收集了 2000—2014 年间的英国文化教育协会《年度报告》文本,共计 15 份,以此为基础建立适用本书研究的小型专用语料库。

一、语料的概况

《年度报告》是英国文化教育协会官方发布的年度工作总结性文件,每年的《年度报告》由英国文化教育协会总部组织编写并发布于英国文化教育协会官方网站。每份《年度报告》约 4 万～6 万词,时间范围为当年 4 月 1 日至次年 3 月 31 日(如《2000—2001 年度报告》的时间窗口为 2000 年 4 月 1 日至 2001 年 3 月 31 日),内容包含机构的活动概况、区域分布概况、组织运作模式、财政收支概况等情况。

根据测算分析,英国文化教育协会年报的句级情感主观分布呈现出低主观性,适合作为分析语料。句级、段级的情感主观值分布分别如图 4.2、图 4.3 所示。

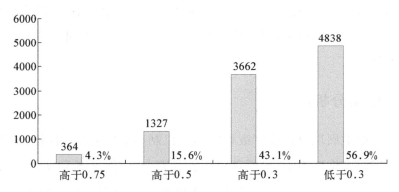

图 4.2   年报句级情感主观值分布表

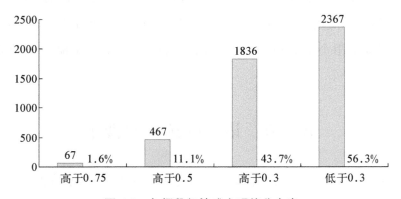

图 4.3   年报段级情感主观值分布表

在 15 份年报的 8 500 个单句之中,56.9%(4 838 个单句)属于低主观性(低于 0.3),0.9%(3 662 个单句)属于中等及更强主观性(高于 0.3),15.6%(1 327 个单句)属于较强主观性(高于 0.5),4.3%(364 个单句)属于高强度主观性(高于 0.75)。

在 15 份年报的 4 203 个段落之中,56.3%(2 367 个段落)属于低主观性(低于 0.3),43.7%(1 836 个段落)属于中等及更强主观性(高于 0.3),11.1%(467 个段落)属于较强主观性(高于 0.5),1.6%(67 个段落)属于高强度主观性(高于 0.75)。

二、小型语料库的建构

本研究的小型语料库包含英国文化教育协会的 15 份《年度报告》,每份《年度报告》约 4 万~6 万词。以年报中语言推广活动的表述部分作为有效语料,字符情况如表 4.4 所示。

表 4.4　年报词句段量表

年　　份	类符量	形符量	句　量	段　量
2000—2001	2 526	10 979	513	177
2001—2002	2 171	8 021	343	144
2002—2003	1 942	6 412	263	102
2003—2004	1 898	7 229	319	113
2004—2005	2 224	9 550	436	182
2005—2006	3 056	19 184	852	364
2006—2007	2 769	17 942	798	343
2007—2008	2 529	16 260	773	350
2008—2009	2 862	18 961	888	494
2009—2010	1 107	4 317	243	129

续　表

年　　份	类符量	形符量	句　量	段　量
2010—2011	1 555	6 282	302	141
2011—2012	1 924	13 386	668	347
2012—2013	1 939	14 926	689	366
2013—2014	2 336	16 887	754	380
2014—2015	1 893	13 949	674	674
平均值	2 182.1	12 285.7	567.7	287.1
最大值	3 056	19 184	888	674
最小值	1 107	4 317	243	102
跨度值	1 949	14 867	645	572

表 4.4 中的跨度值是最大值减去最小值的绝对值。概括来说,15 份年报每篇约 12 000 词,最短年报有 4 000 词,最长年报有 19 000 词;15 份年报每篇约 500 多个单句,单句量最多的年报有 800 多个单句,单句量最少的年报有 200 多个单句;15 份年报每篇约 200 多个段落,段落量最多的年报有 600 多个段落,段落量最少的年报有 100 多个段落。

三、英国文化教育协会《年度报告》样本简介

本节以 2013—2014 年度为例,对英国文化教育协会《年度报告》进行详细介绍。英国文化教育协会年度报告由协会英国总部组织撰写,每年 4 月发布在英国文化教育协会官方网站上,是面向各国政府和文化交流机构、合作伙伴、研究人员及求职者的官方文件。以该协会 2013—2014 年年度报告为例,报告涉及时间范围为 2013 年 4 月 1 日至 2014 年 3 月 31 日,全文由六个部分组成:① 机构主席和首席执行官致辞;② 年度工作纪要;③ 活动概要;④ 各区域分支机构工作概况;⑤ 组织机构与管理;⑥ 财务运营状况。本书将报告

各部分内容分别做综述介绍。

（一）组织机构与管理

英国文化教育协会是以慈善机构的名义登记注册的，并于 1940 年获得皇家特许状，1993 年获得补充特许状。协会在伦敦和曼彻斯特设有两个总部，在北爱尔兰、威尔士和苏格兰分别设有办事机构，在海外设有分支机构。

1. 管理层设置

英国文化教育协会的总赞助人是伊丽莎白二世女王（Her Majesty Queen Elizabeth Ⅱ），副赞助人是威尔士亲王查尔斯（HRH Prince Charles），现任主席为弗农·艾利斯爵士（Sir Vernon Ellis）。协会内部设有三个主要部门：

（1）理事会，负责确立战略方向、发展理念及监督组织工作。理事长由主席兼任，任期三年，可连任一届。该年度是弗农·艾利斯爵士（Sir Vernon Ellis）第二个任期的最后一年。理事会下设审计协会、劳资协会、提名协会和财务及合同协会四个附属协会。

（2）执行协会，负责协会日常行政工作，设 1 名首席执行官和 8 名常务董事。现任首席执行官是马丁·戴维森爵士（Sir Martin Davidson KCMG）。

（3）咨询协会，负责向首席执行官和协会提供咨询建议。协会在苏格兰、威尔士和北爱尔兰分别设立三个全国性质的咨询协会，以及教育治理咨询团、英语咨询团、科学工程咨询团三个部门性质的咨询团。

2. 外部团体

（1）外交和联邦事务部（Foreign and Commonwealth Office）。作为协会的发起和赞助部门，负责就协会的政策、运作和业绩接受议会的问询。2013 年 6 月更新的两份文件《管理规程》（*Management Statement*）和《财务备忘录》（*Financial Memorandum*）将二者的关系再次确定为：英国文化教育协会接受外交和联邦事务部资助，但具有自主运营权。

（2）相关慈善机构和组织。协会是一些慈善信托的法人受托人，且是诸如邓肇坚爵士教育信托基金（Sir Shiu Kin Tang Educational Trust）等小型慈善信托的唯一法人受托人。同时，协会的联合团体——英国文化教育协会慈善基金接受协会员工捐助,资助需要帮助的员工。

(二) 活动概况

概括来说,英国文化教育协会的战略目标是:① 提高英国提供的学习机会的国际认可,促进英语学习,并加强英国与其他国家间的教育合作;② 建立人们对英国的创意思想和科学创新的认同,并推动他们接触英国文化多样性的工作;③ 增强对英国的民主价值观念的认同,并与其他国家一起强化良好的政府管理和各项人权事业①。协会的活动主要在以下三个领域展开。

1. 英语语言及考试

为了更广泛、更优质地向全世界推广英式英语教学和普及英式英语考核评价,2013—2014 年度重点开展了以下四项工作:

(1) 加强面对面英语教学。协会已为近 50 个国家 83 所教学中心提供英语教学,同时为英国语言教师提供教学质量保证。该年度协会在东亚 7 个国家开展了"我的课堂"(myClass)灵活英语授课项目,方便学生量身制定学习计划提高英语学习效果,该项目于 2014 年底应用到所有教学中心;与英国英语协会合作负责英式英语认证计划,500 多所英国学校获得英语认证授权,惠及 51 个国家的教育市场。

(2) 支持公共教育系统的英语语言教学。协会与其他国家的政府部门和公共机构密切合作,致力于发展高质量的英语教学。协会在坦桑尼亚负责英国国际发展署的大型基金项目,提高中学教师的英语授课能力;与南安普敦大学合作,开办线上英语教育硕士(MA in English Language Teaching),致力于应用语言学和语言教学的实践;与英国首个"慕课"平台"未来学习"(FutureLearn)、高等教育机构、培训机构、英国图书馆以及英国博物馆等 30 多个部门合作开发在线英语课程,大幅度推进了英语语言"慕课"进程。

(3) 通过多种媒体提供自学资料。该年度协会出版物读者逾 3 800 万、广播节目听众超过 4 400 万、与 BBC 合作的系列电视节目"街头英语"(*Word in*

---

① 参见 2013—2014 British Council Annual Report 第 7 页。

the Street)观众达到 5 000 万。协会负责的"脸书"——英语教学(Teaching English)、英语学习(Learn English)、青少年英语学习(Learn English Teens)成为世界使用人数增长速度最快的三个网络教育平台,其中英语教学"脸书"网站点击量从 12 万增长到 250 万,位居首位。协会为成人学习者开发的线上自学课程"英语学习路路通"(Learn English Pathways)在智利的注册人数达到 5.8 万人。

(4) 组织英语语言考试和其他英语教学认证。该年度协会在全世界 850 个城市组织了 300 万场考试,为英国考试协会盈利 8 000 万英镑。最受欢迎的雅思考试(IELTS)已被全世界 9 000 多个机构,其中包括 3 000 个美国机构承认;2012 年开发的普思考试(British Council APtis)已被 69 个国家承认,并于 2013 年 10 月组织了首个教师版普思考试。

2. 艺术交流

为了通过艺术交流建立英国与世界各国沟通了解的新途径,2013—2014 年度重点开展以下工作:

(1) 与世界各地艺术家和文化机构合作开展活动。协会举办了两年一度的爱丁堡艺术展,与布里顿基金会合作庆祝本杰明·布里顿一百周年诞辰,与格兰塔出版社共同为英国二十佳青年小说家举办作品展,并且通过文化项目将当代土耳其优秀著作带到 2013 伦敦书展等。

(2) 持续促进文化政策发展。协会与英格兰艺术协会合作倡导"文化无国界"(No Boundaries),引领文化界人士共同思考 21 世纪社会中文化的角色;在"创意经济"项目中召开一系列政策调查研讨会。

(3) 通过艺术和创意产业与政局动荡国家和发展中国家合作。协会资助了 75 位流散在欧洲、中东和北非的叙利亚艺术家,记录并保护叙利亚文化遗产;在所罗门群岛组织"改变剧院戏剧表演"(Stages for Change Theatre)活动,利用戏剧形式引发人们对家庭暴力和妇女参与社会问题的关注。

(4) 致力于投资艺术品收集、创意经济项目、全球艺术人士线上交流网等领域。2013 年协会在全球艺术展上共展出 1 765 件藏品。自 2012 年,协会的"创意经济"项目启动了一项新计划，每年重点针对6个市场，与当地的政策制定者、企业家、开发商和创新工作者密切合作，实施为期三年的创新经济策略，该年度协会与未来派（Future Everything）、创意技能组项目（Creative Skillset）、艺术和人文科学研究协会（Arts and Humanities Research Council）、艺术基金会（Nesta）、英国贸易投资总署（UKTI）和金斯密斯学院（Goldsmiths University）等机构合作，针对古巴、尼日利亚和印度尼西亚等国家开展计划。

3. 教育与社会活动

为了推动英国教育国际输出、推广英国价值观、为人们提供更多的知识和技能，2013—2014年度重点开展了以下工作：

（1）继续推广高等教育和技能培训。协会与新兴经济体合作，帮助其发展教育，引导优秀学生选择英国教育，也为英国公民提供了国际工作机会。该年度是欧盟大型资助项目"Erasmus＋"中的三个子项目"伊拉斯谟"项目（Erasmus）、"欧盟夸美纽斯计划"（Comenius）和"青年行动"项目（Youth in action）实施的第7个年头，已为英国学生提供23 000期海外学习机会和1 600个海外专业发展机会。协会国际教育营销服务为51个协会海外市场提供国际市场动态信息。英国教育（Education UK）网站和非凡英国（GREAT campaign）项目为220万访问者提供赴英国学习信息。

（2）加强英国领导力和科研合作。协会通过"全球教育对话"在南亚和东亚举办了11次盛会，汇聚来自34个国家的1 200位教育专家和政策制定者，签订了英国和东亚之间有关科研、学术合作、技术发展项目的20项新方案。协会开发的"科研人员链接"（Researcher Links）项目与19个国家发起了100多项双边研究合作，"全球创新计划"（Global Innovation Initiative）与全球商业创新和技能部、国际教育中心等发起23项多边研究合作。

（3）促进学校间交流。协会的"课堂连线"项目（Connecting Classroom）已使世界8 600所学校参与到国家联谊，37个国家的3 200多位学校领导接受培训；协会的在线学校网站（Schools Online）和电子姐妹校网站（e-Twinning）推动英国与海外22 000所学校发展国际项目，促成了英国教师与欧洲合作伙伴之间 6 800 多个项目的实施。

（4）组织社会活动和促进文明社会。协会的"英超技能"项目（Premier Skills）通过足球帮助年轻人创造美好未来，目前已有 2 300 名教练接受该项目的培训，使 50 万年轻人受益。2013 年 9 月协会宣布与英超联赛新的三年合作协定，并承诺到 2016 年将有至少 50％的女性参与者；协会在 19 个国家举办了 20 项英国发展署和欧盟资助的社会项目，吸引了 1 万多名政策决策者和社区领导参与。

（三）各区域分支机构工作概况

英国文化教育协会将英国本土以外的活动范围划分为美洲、东亚、欧盟地区、中东和北非、南亚、撒哈拉以南非洲、泛欧洲 7 个区域，因地制宜开展工作。

1. 东亚

该地区拥有人口 20 亿，是发达国家和新兴经济体的混合区域。东亚对英国教育和认证考试需求很大且持续增长，仅来自中国的留学生就有 10.4 万，比上一年度增长 23％，该年度组织认证考试达 100 万场；同时，协会举办了"新加坡数字流行周"（Singapore digital fashion week），筹备了 2014 伦敦书展的"韩国焦点"（Korea focus），并联系"2012 奥运文化节"（2012 Cultural Olympiad）的英国主办方帮助策划"2020 日本奥林匹克"（2020 Olympics in Japan）。此外，由于东亚在世界经济和政治中越来越重要，协会通过"英国未来计划"（Generation UK）等项目积极为英国年轻人创造在中国、泰国、日本等国学习和工作的机会。

2. 欧盟地区

尽管欧元区面临着经济衰退，但政治经济互信与贸易关联性决定了英国与欧盟各国的文化关系对英国繁荣和安全比以往更重要。协会在该地区的主要影响和收入来自英语教学、考试服务以及与欧共体的合作项目。由于政府对欧盟地区的资金补助每年减少约 10％，所以协会积极发展合作伙伴、增加线上产品和服务、开展商业转型项目以满足人们日益增长的文化需求，并减少该地区对政府补助金的依赖。2014 年协会关闭了在丹麦、芬兰、挪威和瑞典的分支机构，但在这些地区的线上工作增加了 35％。

3. 中东和北非

政治社会变革与年轻人对更好教育和就业需求之间的矛盾是该地区国家政府普遍面对的。协会从提供英语教学入手,帮助该地区青少年获得接受再教育和就业所需的技能,增进英国与该地区国家间的合作交流。在该年度,通过与阿拉伯 BBC 和埃及 OnTV 合作,协会的活动影响范围达到 6 200 万人,较上一年度增长了一倍;为 17.2 万人提供面对面就业技能培训;在该地区 15个国家组织 41 万场考试,其中海湾国家占 67%;合作收益增加了 60%,其中合同项目增加了 5 倍,标志性的项目是与欧共体合作,为在黎巴嫩的叙利亚难民开发的"速成英语学习项目"(Accelerated Learning Programme),帮助难民尽快获得就业和受教育的机会。

4. 泛欧洲地区

该地区近年在政治、经济和社会方面的动荡持续存在,最显著的外部变化是乌克兰、土耳其、波斯尼亚、黑塞哥维那等地区频发大规模抗议,以及俄罗斯与乌克兰、俄罗斯与西方国家的关系处于困境。这些变化对协会的工作产生了较大影响,协会举办了"2014 英-俄文化年"(UK‐Russia Year of Culture 2014),与乌克兰临时政府开展交流;分别在哈萨克斯坦、土耳其、乌克兰通过政府补助、设立基金等方式发展高等教育合作;通过在巴库开设教学中心与阿塞拜疆教育部合作;在乌克兰、黑山共和国为公务员教授英语,推广在线英语学习。

5. 南亚

该地区拥有世界 20%人口,且 30%的人口为 15 岁以下,是连接中东与非洲国家的新兴网络之中心。协会在南亚重点扩大高质量英语教学,该年度共组织考试 94.2 万场;针对教育、技能、就业等问题举办了"南亚-英国高等教育政策"(South Asia‐UK higher education policy)系列会议,共有 480 名政策制定者和学术领导参加,5 万人在线参与。协会与"卡塔尔基金"合作,致力于帮助巴基斯坦失学学生重返学校,至 2014 年已有 3.5 万学生获益。

6. 美洲

在该地区除了保持与美国、加拿大、加勒比海富裕国家的关系之外,协会积极加强与巴西、墨西哥、哥伦比亚、智利和秘鲁的合作交流。协会重点资助英语教学系统改革和创新,与乌拉圭的"塞巴尔计划"(Plan Ceibal)合作,为 5 万名乌拉圭小学生提供远程教学;积极帮助英国成为美洲地区教育战略伙伴,开发了跨国高等教育研究项目"全球创新计划",资助来自英、美、巴西等国的 23 项研究,并吸引了有史以来最多的英国机构参加美国、哥伦比亚、墨西哥和巴西的教育展。

7. 撒哈拉以南非洲

该区域社会不稳定性因素较多,但拥有世界 70% 的高速增长经济体,人口数量达 9.25 亿,25 岁以下人口占 60%,是英国未来发展的机遇所在。协会与英国天然气公司、图洛石油公司、巴克莱银行等大企业合作,通过设立奖学金、资助技术研发等方式向年轻人投资;与南非基础教育部、苏丹教育部等合作,提高英语教学水平;与南非艺术和文化部举办"南非-英国季"(South Africa - UK Season)活动,通过艺术交流活动和数字媒体吸引年轻人。因为 2013 年 12 月的暴力事件,协会关闭了在南苏丹的分支机构,但随后在该地建立了小型的后勤部门。该年度的活动惠及 1 亿 1 400 万人,占该地区人口总数的 18%。

2013—2014 年度,协会在上述区域活动影响范围及资金收入情况如表 4.5 所示:

表 4.5　2013—2014 年度各地区活动影响范围及资金收入情况简表①

类别 区域	参与人数(百万)					协会资金收入 (百万英镑)	
	面对面 交流	数字化 交流	展览会议 节日等	出版物广 播等媒体	合计	英国政府 财政补助	各项活 动收入
美洲	0.3	10	1	2	13.3	14.8	26.4
东亚	18	29	2.8	64	113.8	23.6	190

① 根据 2013—2014 British Council Annual Report 整理。

续　表

类别 区域	参与人数（百万）					协会资金收入 （百万英镑）	
	面对面 交流	数字化 交流	展览会议 节日等	出版物广 播等媒体	合计	英国政府 财政补助	各项活 动收入
欧盟地区	2.1	17	2.4	29	50.5	12.6	121.2
中东和北非	0.7	10	0.4	51	62.1	22.3	81.9
南亚	1.9	9	1	181	192.9	19.1	75.1
撒哈拉以南 非洲	1.9	1.6	0.5	110	114	17.1	56.7
泛欧洲	0.4	8	1.5	26	35.9	14.1	21.1

（四）财务运营状况

英国文化教育协会的资金来源主要包括资助和经营收入两大部分。资助来源主要包括英国外交和联邦事务部、海外发展署、政府其他部门和机构的拨款，以及一些国际组织的捐助。经营收入包括教学和考试收入、招标合同收入和合作伙伴收入等。

协会该年度总收入为8.64亿英镑，较上一年度增长11%，其中服务项目收入5.73亿英镑，占66%；政府资助1.65亿英镑，占19%；招标合同收入为1.17亿英镑，占14%；其他收入占1%。自2010年10月《支出审查结算》（Spending Review Settlement）发布后，英国政府资助以5%的速度逐年下降，但协会的总收益仍逐年增加。教学和考试收入该年度以13%居于增幅首位，收益达4.48亿英镑。

协会该年度总支出为8.8亿英镑，较上一年度增长12%。其中最主要支出有两项：英语语言发展和促进教育合作与发展，分别为4.86亿英镑和1.95亿英镑，占总支出的55%和22%。该年度受英国海外发展局的委托，协会将政府资助金中的9 700万英镑用于与指定国家开发项目。随着协会的不断发展壮大,年度支出总额逐年增加,主要增加项是员工的工资支出和加强海外活动中英镑的汇兑损失。

第三节 数据提取与分析工具

为了避免纯手工标注带来的偏主观性和过低效率,本研究将语料组成小型自用语料库,并采用一系列语料库软件的组合辅助手工标注,具体软件使用情况如下:

1. AntConc 工具软件

AntConc 软件是一款跨平台(Windows、Linux 与苹果操作系统都有对应版本)的语料库分析统计软件,由日本学者 Laurence Anthony 博士研发。AntConc 软件具有索引、词表生成、主题词计算、搭配和词族提取等多种功能。本研究运用 AntConc 生成词类频率排行榜、运用 AntConc 的 ngram 功能生成词块的频率排行榜。AntConc 软件运行如图 4.4 所示。

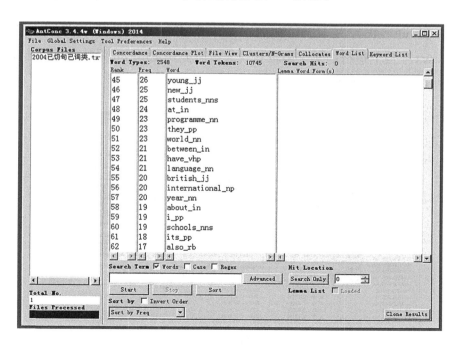

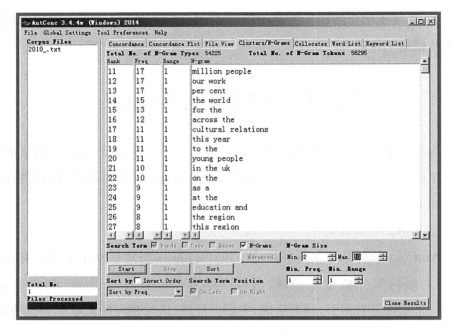

图 4.4　AntConc 软件运行示意图

2. EmEditor 工具软件

EmEditor 软件是日本江村软件公司（Emurasoft）所开发的一款在 Windows 平台上运行的文字编辑程序。本研究用 EmEditor 软件来辅助名词词组和标签的原始次数的统计。EmEditor 软件运行如图 4.5 所示。

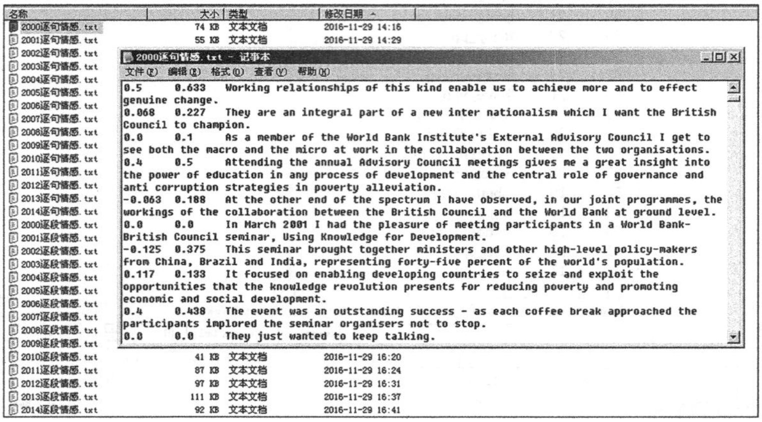

图 4.5　EmEditor 软件运行示意图

3. 情感标注

采用 Python 语言的 textblob 库来简化情感值的计算与标注,在 Python 控制台实现每次标注一个文本书件的全套段落;文件命名方式为"2012 逐段情感.txt、2012 逐句情感.txt、……"。编程源码如下:

```
# - * - coding: utf- 8 - * -
import string;
importtextblob;
file1= open("in.txt","r");
file2= open("out.txt","w");
r= " ";
while 1:
tmp_line= file1.readline();
if not tmp_line : break;
    s= textblob.TextBlob(tmp_line).sentiment
    file2.write(str(round(s[0],3)+ "\t"+ str(round(s[1],
3))+ "\t"+ tmp_line));
file1.close();
file2.close();
print "All have been done and complete!"
```

4. 自动切句器

采用美国西北大学学术技术研究中心开发的在线版切句器①。自动切句器软件运行如图 4.6 所示。

5. 词类标注器(TagAnt)

采用 TagAnt 词类标注器②,这是一款在 Tree Tagger 的基础上开发的免

---

① 　在线版自动切句器网址：http://morphadorner.northwestern.edu/morphadorner/sentencesplitter.

② 　TagAnt 词类标注器网址：http://www.laurenceanthony.net/software/tagant.

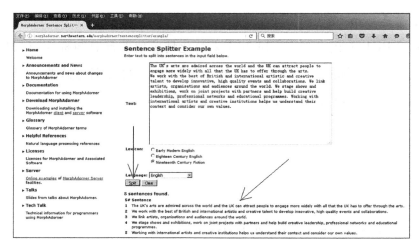

图 4.6　自动切句器软件运行示意图

安装免购买的绿色软件,直接复制文本到主界面的文本框就能标注,或者从菜单选择某个或某些文本书件也能进行词类标注。词类标注器 TagAnt 软件运行如图 4.7 所示。

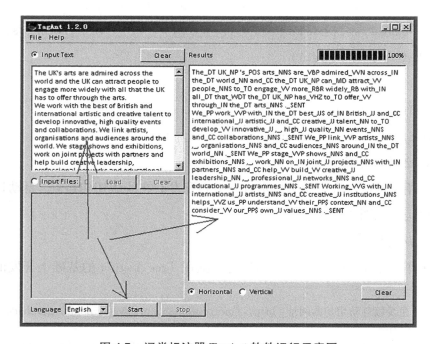

图 4.7　词类标注器 TagAnt 软件运行示意图

6. 名词词组提取器

采用在线版名词词组提取器①。这款在线版名词词组提取器可以避免使用增则表达式,只需要复制语料到网页上即可。名词词组提取器运行如图 4.8 所示。

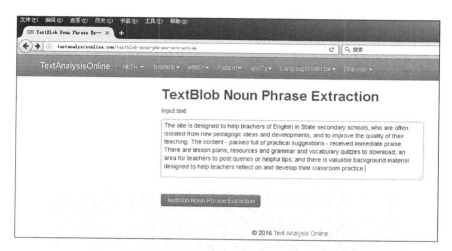

图 4.8 名词词组提取软件运行示意图

7. 共现词提取"Findstr.exe"

采用 Windows 自带程序 findstr.exe 提取含有国名及其派生词的段落。共现词提取软件运行如图 4.9 所示。

图 4.9 共现词提取软件运行示意图

---

① 在线版名词词组提取器网址: http://textanalysisonline. com/textblob-noun-phrase-extraction.

8. 剔除屈折

采用自行开发的 nlp.py 库在 python 语言程序包中进行手工操作,每次处理一个文本书件 in.txt 且产生结果到 out.txt,源代码为:

```
import nlp;

txt= open ("in.txt").read( );

txt= nlp.text2lemma(txt);

open("out.txt","w").write(txt);
```

剔除屈折之后,在进行搭配词分析或进行共现词分析时就能更精确地统计且合并词型统计,以避免词型统计时受到动词屈折与名词复数的干扰。剔除屈折运行示意图如图 4.10 所示。

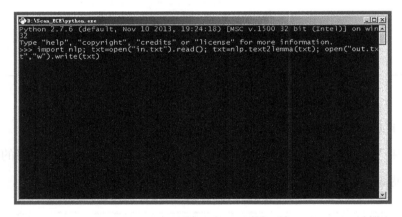

图 4.10　剔除屈折运行示意图

第五章
英语语言国际推广活动与形象建构

　　英国文化教育协会将其开展的活动划分为三个领域：英语语言教学及考试、艺术交流以及教育和社会活动。英语语言教学及考试旨在"更广泛、更优质地向全世界推广英式英语的教育、学习和评估"；艺术交流旨在"通过艺术建立英国与世界各国间沟通了解的新途径"；教育和社会活动旨在"提高英国在国际教育领域的领导地位，共享学习成果；促进英国社会的青年、公民和团体组织贡献和受益于一个包容的、开放的、繁荣的世界"（British Council Annual Report，2013－2014：36）。如图5.1所示：

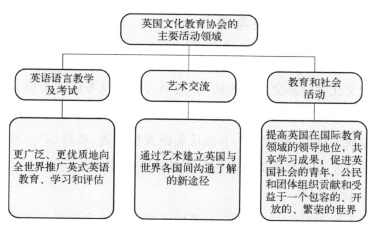

图5.1　英国文化教育协会活动领域示意图

　　其中，英国文化教育协会将英语语言教学及考试视为其工作中心，宣称"我们所有工作的基础无疑是英语语言"（British Council Annual Report，

2014-2015：17)，后两者看似并不是语言推广的内容，但是这些活动"代表了英国最伟大的文化遗产，能够吸引世界各地合作伙伴与英国建立更紧密的文化关系"(Ibid.：17)，从提高语言形象和获得民众认同度等方面促进了受众群体主动学习英语的积极性，从而更有效推动了语言推广活动的开展，是语言推广的重要隐性手段。

在实际的语言推广中，除了《年度报告》中展示的英国文化教育协会的推广活动，推广主体要赋予推广活动一定的意义以达到预期的某些特定目的。在本研究中，这些"意义"体现为推广活动所传递的英语语言形象。它们并不会自己显现出来，需要我们对文本的内容进行归纳处理。本章研究英国语言国际推广活动及其背后的语言形象建构。上文(第四章第一节)中设定的"英语推广活动标签集"和"英语语言形象标签集"的标注，为本章中英语语言推广活动的分布状况和英语语言形象的归纳提供量化依据。

第一节　英语语言教学及考试与英语交际形象建构

一、英语语言教学及考试

(一) 英语语言教学及考试概况

自英国文化教育协会成立之初，英语语言教学及考试就是协会的重点项目，目前已经发展成为协会成熟的工作领域。随着全球化时代的到来，这一领域也逐渐呈现多样化、高效化。下面从英语课程设置、教材编写、教师培训和教法研究等几个方面介绍英语语言教育及考试领域。

1. 课程设置方面

为满足不同类群学习者的需求，英国文化教育协会设置了不同的英语课程。从课程类型来看，主要分两类：第一，普通英语教学。主要是用于提供学生日常交流、学习和生活所需的英语课程，其学习者的学习动机主要是以英语作为兴趣爱好、交流工具，或者在英语国家定居、留学。第二，专门用途英语

(English for special purpose，ESP)教学。20 世纪 60 年代以后，随着留英学生的增多，一般的英语教育已不能满足外国留学生从事不同专业学习的需求，包括警务英语、商务英语、科技英语等诸多专业英语在内的专门用途英语教学迅速发展起来。从课程难度来看，针对不同年龄段的英语课程也是种类繁多。主要包括有幼儿英语、学前英语、初级水平考试(O-Level)课程、高级水平考试(A-Level)课程、衔接与预科课程(Access/Foundation Course)、职业性中学考试课程、研究生英语等等。

2. 教材编写方面

英国文化教育协会组织对外英语教学领域的专家编写一系列英语教学的配套教材，辅助语言教学、拓展语言能力和文化背景知识的介绍。第一本对外英语教科书是贝洛特编写的《日常对话》(*Familiar Dialogue*)，该书甚至提出了"情景对话"这一具有现代意义的实践范式(APR ＆ HG，2004)。20 世纪 30、40 年代，艾克斯利(C. E. Eckersley)主编的《基础英语》(*Essential English*)曾是海外英语教学的主流教材，该书词汇量丰富，以情景为中心，按主题对话的形式编著，恰好满足了"二战"爆发前流入英国的大批难民在英国谋生的需要。20 世纪 60、70 年代，亚历山大(L. A. Alexander)编写的《新概念英语》(*New Concept English*)成为享誉全球的英语学习宝典和英语学习者的必选教材，历经数十年，再版十几次，这套教材仍是中国英语学习者的必备用书。此外，英国作为世界最大的图书出口国，其语言推广类书籍在国际市场上也很具竞争力，约占世界图书出口总额三分之一的份额。英国的英语词典编著水平也首屈一指，赫恩贝(A. S Hornby)编写的《当代高级英语词典》至今仍然影响不减；中国学生现在普遍使用的《牛津现代高级英汉双解辞典》就是赫恩贝的蓝本配上汉语注释而改编成的，另一本著名的英国词典《朗文当代英语词典》也是多数英语学习者的案头必备用书。

3. 英语教师培训方面

在早期的英国殖民和英语扩张过程中，传教士、殖民者、商人、士兵都在不经意地推动着英语在海外的传播，间接扮演着海外英语教师的角色。在英国政府明确提出把海外英语推广作为其实现国家利益的战略性决策后,海外英语教师的培训和输出逐渐规范化、专业化。1932 年,伦敦大学教育研究所成立,首次开办了以对外英语教学为职业的英语教师培训班,培养包括硕士、博士研究生在内的对外英语教学专业人员。1956 年的《海外英语教学指导协会报告》提出英国大学要为从事海外英语教学的本国教师和其他国家的本地英语教师提供英语教学培训。如今,英国对外英语教师分为学历教育英语教师和非学历教育英语教师。前者来源于"英语教学法"硕士研究生和"应用语言学"硕士研究生,这类教师的英语语言学相关理论及英语教学法理论功底扎实,是英国国内以及海外英语教学的主体力量。非学历教育的英语教师通过英语语言学、教学法等一定课程学习而获得国际英语教师资格证书,此类证书主要针对非英语为母语的专业教师,是英语教师资格的全球通行证。教师通过短期培训,掌握相关英语知识和英语教学技能及一定的课堂管控能力。在英语教师培训考核方面,英国教育部成立了一个由"英国文化教育协会""获得承认的英语学校协会"以及"英国公立学院英语教师学会"共同掌控管理的"英国英语教学认证机构",可以对全球英语教学机构进行定期督查,包括教师资格的认证。

4. 教学方法研究方面

在长期的海外英语教学和培训过程中,英国文化教育协会始终致力于对教学方法的研究,形成了具有英国特色的教学理论体系。早期杰出的对外英语教学理论家和教育家哈罗德·帕尔默(Harold E. Palmer)一生从事英语教学工作,著有《科学的外语教学法》(*The Scientific Study and Teaching of Languages*)、《外语教学诸原则》(*The Principles of Language Study*)、《语言教学口授法》(*The Oral Method of Teaching Languages*)、《动感英语》(*English Through Actions*)等英国对外英语教学史上的奠基性著作。协会在进行英语教学的同时,也创办了一系列关于对外英语教学研究的杂志,例如《英语语言教学》(原名 *English Language*,现名 *English Language Journal*)、《语言教学摘要》(*Language Teaching Abstracts*,现名为 *Language*

Teaching)和《英语教育文献》(*ELT Documents*)等杂志。此外,协会还负责管理政府资助的联邦英语援助项目(Aid to Commonwealth English,ACE,1962—1972)和重要英语语言教学(Key English Teaching,KELT,1977—1989)项目。

5. 英语语言考试方面

英国文化教育协会和英国英语协会(English UK)共同执行英国英语认证计划(English in Britain Accreditation Scheme,EiBA),为英国英语教学机构的质量提供保障,最著名的英语语言测试是"雅思"考试和"博思"考试。"雅思"考试又名"国际英语测试系统"(International English Language Testing System,IELTS)是由英国文化教育协会、剑桥大学考试协会(Cambridge English for Speakers of Other Languages,ESOL)和澳大利亚国际开发署(Australian Agency for International Development,AusAID)三家机构在1989年联合推出和经营的标准化测试项目。该考试包括学术类和一般培训两种类型,学术类主要面向那些希望进入大学或其他高等教育机构的学生,评估考生的英语水平是否达到应对大学本科或者研究生学习的要求,以作为大学或研究生的录取依据。一般培训类则主要面向以获得工作经验为目的的出国人员,着重考核在广泛的社会及教育培训环境中生存的基本语言技能。雅思成绩采用"1～9分"的分段评分方式,6分和5分分别为大多数国家的留学和移民的分数线。目前,世界范围内有超过6 000所院校机构、政府部门和职业机构认可雅思成绩,并将其作为测试英语沟通能力的权威、有效的考试。每年全球有超过150万人参加雅思考试,并借此获得前往英语语言国家的机会。在中国,每年有超过20万考生参加雅思考试。[①] 雅思考试已经成为公认的权威性英语语言能力测试工具之一。

博思职业英语水平测试(Business Language Testing Service,BULATS)由剑桥大学考试协会(University of Cambridge Local Examinations Syndicate,

---

① 参见 http://www.britishcouncil.org/zh/china-exams-ielts.html.

UCLES)和欧洲语言测试协会(Association of Language Testers in Europe,ALTE)的其他三个成员(法语联盟、萨拉曼卡大学和歌德学院)共同研制,是英国文化教育协会负责总体经营的专门为雇主、应聘者和商业英语学习者设计的快速、可靠、经济的英语测试方式。考试成绩分为 5 个等级,其考试成绩与欧洲语言联合协会等级标准挂钩,可以直接与国际认可的语言资格证书进行对接。截至 2018 年末,博思已经被包括意大利、法国、德国、俄罗斯、土耳其、巴西、日本、韩国、越南和印度尼西亚等 100 多个国家和地区的政府机构和企业公司广泛采用。博思被誉为公司经理、人力资源和培训经历最可靠的评估工具。在中国,有 13 家代理机构获剑桥大学考试协会批准提供博思测试服务。包括中兴通讯、微软、阿迪达斯、联邦快递、普华永道、西门子在内的近 200 家公司已选择博思作为人员招聘、培训、选拔和晋升的考核评估工具。

除此之外,英国文化教育协会还负责管理一系列其他语言考试事务,如剑桥通用英语考试(CAE + CPE)、法律英语考试(TOLES)、剑桥国际金融英语证书考试(ICFE)等英语资格考试。协会还根据委托机构的要求,为英国国内的中学、大学招生安排入学考试,开展普通教育证书普通水平考试(GCE O Levels)、高级教育证书高级水平考试(GCE A levels)、和平国际中等教育普通水平考试(IGCSE)等中学证书类考试项目,代表上百所英国大学、学院在各国组织各科考试、入学考试、联合办学项目考试和远程教育考试等学员课程类考试。

近年来,英语语言与考试一直是英国文化教育协会工作的主要内容。如表 5.1 所示,近 5 年来,协会的英语教学与考试服务收入以及用于推广英语的支出均占总收入和总支出的一半以上。

表 5.1   2010—2015 年度英语教学与
考试服务收支情况   (单位:百万英镑)

年 度	2010—2011	2011—2012	2012—2013	2013—2014	2014—2015
收 入	345	368	398	448	490
占总收入比例	50%	50%	51%	52%	50%

续　表

年　　度	2010—2011	2011—2012	2012—2013	2013—2014	2014—2015
支　　出	301	420	426	486	489
占总支出比例	45.3%	59%	54%	50%	55%

概括来说,在英语语言教学及考试领域的相关活动,协会主要从以下几个方面进行改善:

(1) 设立英语教学中心提供面对面英语教学。从 20 世纪 60 年代开始,英国文化教育协会陆续在各国成立语言教学与学习基地,为海外学生制定并教授英语语言课程,以及与语言相关的英国文化等其他课程。截至 2015 年,协会在全球 100 多个国家建立了 126 个英语学习中心,并通过审核认证一些著名英语语言学校在世界各地开设了 75 个分校。协会负责收集管理关于语言教育的资料信息,提供关于语言教育的专业咨询服务;根据语言教学形势,为英语语言教学机构提供市场策划和宣传方案(汲立立,2014)。除此之外,协会还以这些英语学习中心和语言分校为平台,与各国政府和教育部门合作,开展有针对性的语言培训项目。如今全世界已有来自 120 个国家的 100 多万名学生毕业于协会的英语学习中心。

(2) 与当地相关部门合作,完善教学系统、支持公共教育系统的英语语言教学。英国文化教育协会与 100 多个国家的教育部门联系,组织政策对话,例如,就学校领导力和卓越教学而组织的国际论坛;合作开展项目,合作开发可持续的提高英语语言教学水平的项目;培训英语教师,协助推动英语教学改革、提高英语教学质量,例如在中国,协会的主要合作伙伴既有政府层面的英国商务部、中国教育部、中国人力资源和社会保障部,以及省市层面的当地政府,还有相关行业协会如中国物流与采购联合会和英国物流行业技能协会,以及许多中英两国的高等教育院校。

不同形势下,英国文化教育协会也会适时与当地政府展开对话合作,因地制宜开展不同的课程教学。例如,2009 年,针对法语地区的卢旺达,协会与卢旺达政府、英国国际发展中心合作,将英语带到卢旺达课堂,帮助卢旺达教育的教学语言由法语向英语过渡转换。2010 年,受委内瑞拉政府旅游部门的委托,协会在加拉加斯分部完成了 240 小时、跨越三个级别的英语课程。该课程主要提供给全国的旅游工作者,所使用的教材由协会加拉加斯教育中心的教师根据当地旅游专家提供的知识、素材,并基于委内瑞拉国情专门编写。

(3)通过多媒体推进英语自主学习。在提供面对面教学的同时,英国文化教育协会还积极推动自学平台的完善。协会在海外建立图书馆,利用专业、兴趣和阅读习惯对所关注的特定群体施加影响。协会开设的资料中心为广大英语爱好者提供全面的免费咨询服务和免费信息资源。丰富的图书和信息资源吸引了大量英语爱好者,大大提高了英语推广效果和协会的影响力。

英国文化教育协会也与出版商和媒体合作,开发视听类教学素材和软件。20 世纪 70、80 年代,电视节目深受广大观众欢迎,协会与英国广播公司(BBC)合作制作了电视教学节目《跟我学》(Follow Me),节目中生动、滑稽的表演充分体现了英国人的幽默感,加上纯正的英式发音,成为当时最为流行的视听类英语教学素材。在中国,协会除了与《21 世纪英文报》《英语周刊》等新闻出版领域的伙伴合作,吸引学生的关注外,还与北京外语广播、上海东方广播等媒体合作,吸引年轻白领阶层的关注。进入 21 世纪,网络平台开始成为人们工作、生活中的主要交流渠道。协会于 2004 年开发了第一个在线英语教学网站——"www.go4English.com"。协会还巧妙地契合当今热门的手机应用平台,例如苹果系统、安卓手机系统,将一些简单的语言学习材料或者雅思考试的考核词汇制作成手机应用软件,并以免费或付费方式,为用户提供优质英语教学资源。2010 年,协会开发了第一批适用于英语学习者的手机 App,其中部分手机 App 在 iTunes 商城的下载量达到教育板块的前三名,由于需求量巨大,这些 App 还被转载到一系列其他移动平台,2013 年这些 App 下载量达到 38 万次。协会还开发了 ipad App,在美国、新加坡、中国的 App 软件商城中都占据了显著位置。2014 年,协会同英国国内领先的社会教育平台 FutureLearn(未来学习)合作,第一次开通慕课(MOOCs),打造了更广阔的语言推广平台。仅 2014—2015 年度,协会就通过慕课向全世界 29 万人提供了免费英语学习机会,不仅扩大了协会的影响,还与大规模平台联手打造了世界范围内的英国高等教育品牌。目前,英国文化教育协会的网上英语课程已成为世界上最大规模的英语教学课程。

（4）组织英语语言考试和其他英国认证考试。随着留学服务的发展和全球化交流的日益频繁,协会组织的各项考试在近年来迅猛发展。截至 2015 年 3 月,雅思考试(IELTS)已被全世界 9 000 多个机构,其中包括 3 000 个美国机构承认。同时,协会也与时俱进,用不断更新的科技手段改革完善各种考试项目。2010 年协会在波兰的考试服务团队举行了第一届波兰剑桥英语机上考试,注册了 200 名考生,并收到了良好反馈效果。随着 2012 年开发的普思考试被越来越多的国家所接受,协会于 2013 年 10 月组织了首个教师版普思考试,2014 年 10 月,协会再次发布青少年普思考试,是专门为青少年英语学习者开设的评估系统。伴随着英语考试参与人数的不断增长,协会组织管理的考试业也在迅猛发展,这为英国带来了可观丰厚的经济利润。表 5.2 为 2010—2015 年协会组织的考试信息统计情况。

表 5.2　英国文化教育协会组织的考试信息统计表

年　度	2010—2011	2011—2012	2012—2013	2013—2014	2014—2015
考生数量(百万)	1.9	1.97	2.37	2.6	2.9
考试场数(万)	2.5	0.12	3	3	2.5
利润(百万英镑)	50	61	70	80	69

趋于标准化的语言考试以及国际承认的语言资格认证,极大地激发了英语学习者的学习热情。同时,英国语言等级标准化考试的公开性和公正性也帮助维持英国专业、严谨的国际形象,扩大协会的影响力。

（二）英语语言教学及考试变化趋势

根据词频标注结果,二级标签组成为:英语语言教学及考试——英语教学、英语考试、师资培训和教学改革（分别针对标注附录 3 中语言教学、认证、考试项目、培训、教师群体、互联网、网站等二级标签）。经统计各活动领域在每份年报中的词频，可以得到 15 份年报所反映的词频变化趋势，如图 5.2 所示。

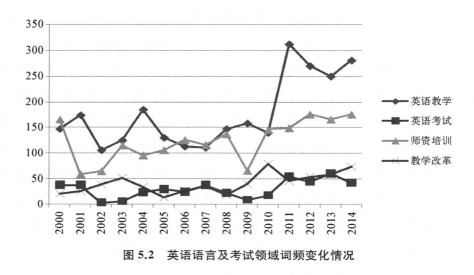

图 5.2   英语语言及考试领域词频变化情况

图 5.2 中，横轴为英国文化教育协会工作的年份，纵轴为英语语言及考试二级标签的词频总数。从图中可以看出，词频呈增加趋势，尤其是英语教学项目，分别由 2000 年的 150 次，增长到 2014 年的 298 次。这也反映出了进入 21 世纪的 15 年间英国文化教育协会的活动逐年增加。全球化背景下，英国与世界各国的文化交流和语言推广正在不断深化。2002 年和 2009 年出现了两次活动低谷。查阅 2002 年年报，"由于 SARS、伊拉克战争和恐怖袭击使得我们的工作在中东 9 个国家受到了影响。协会关闭了在中东地区的 9 个分支机构"（British Council Annual Report，2002—2003：5）。可见，全球局势的不稳定造成了 2002 年协会工作的减少。2009 年，词频曲线同时降至低点 198 次，从 2010 年开始又同时骤增，协会《年度报告 2009—2010》这样写道："为了未来的发展，我们砍掉了一些长期的、有价值的项目，同时在机构内部实施了很多艰难的改变"（British Council Annual Report，2009—2010：8）。由此，本书认

为这与协会重新调整工作区域,并依据各地域特点和各国家经济发展、开放程度,因地制宜开展相关活动有关。

英语语言及考试领域在 2011 年开始迅猛发展,位列四项活动领域之首,并一直持续至今。从英国文化委员会接受政府拨款的变化情况即可以印证这一变化趋势,2005—2015 年政府拨款额度情况变化情况如表 5.3 所示。

表 5.3　英国文化教育协会接受政府拨款情况　　（单位：百万英镑）

项目/年度	2005—2006	2006—2007	2007—2008	2008—2009	2009—2010	2010—2011	2011—2012	2012—2013	2013—2014	2014—2015
英语语言与考试	190	206	196	133	157	156	420	426	486.00	489
其他社会活动	319	340	362	490	550	510	300	360	394.00	483
总和	509	546	558	623	707	666	720	786	880	972

上述统计表明,英语语言及考试领域的政府拨款经费也在大幅度增加。这是因为,进入 21 世纪以来,各国纷纷重视语言推广的国家战略意义。特别是 2010 年后,英语语言及考试项目被定义为英国文化教育协会的首要任务。由此,英语语言及考试领域的词频和拨款经费呈现了大度增加的变化趋势。

二、英语交际形象建构

英国文化教育协会将英语语言与考试作为语言推广活动的核心工作,并将这项工作的意义总结如下:

（1）分享英语是增进相互间了解的第一步。共同使用一种语言可以帮助人们开创新的国际社区,让不同背景的人相互交流。英语连接世界各地的人们,建立人们对英国的信任。

（2）学习英语可以改善人们生活。英语可以为人口的流动和教育打开一扇门,它是分享文化和价值观的手段,并影响人们的未来生活和发展。

（3）英语是国际商务的第一语言。学习英语促进国际贸易、支持经济增长。在未来五年，英语对于发展全球经济的重要性会更迅速地增长。

（4）英语的需求程度比以往任何时候都要大。新兴力量和经济的发展依赖于人们有接触国际市场的语言技能。①

在"英语语言及考试"子语料库中，词频标注结果建构的语言交际形象情况如表 5.4 所示。

表 5.4　英语语言及考试领域词频标注结果与语言交际形象对照表

活动领域	语言交际形象	词频标注结果
English and Examination	standard language（281＋）	UK _ English（105），British _ English（48），examinations(88)，qualifications(20)，standard（20）
	tools for improving lives（550＋）	quality(82)，services(54)，materials(31)，lives（101），employment（80），job（112），economy（90）…
	language of education（470＋）	teaching（80），education（42），teachers（47），learners（31），training（69），schools（56），students（45），examinations（80），courses（20）…
	language for inter-cultural communication（447＋）	access（31），communication（85），partnership（98），website（87），interculture（79），online（67）…
	…	…

《年度报告》对英语语言教学及考试的描述中，建构了英语作为"标准英语""改善生活的语言""教育的语言""跨文化交流的语言"等的诸多语言形象，如图 5.3 所示。下面选择前四项分别进行阐释：

---

① 　参见 British Counci Annual Report 2010—2011，第 24 页。

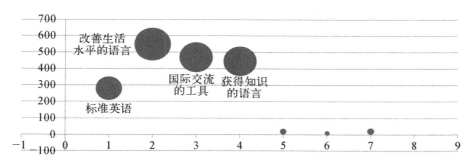

图5.3　英语语言及考试领域语言交际形象结构示意图

1. 英语作为"标准英语"

《年度报告》中没有刻意强调"英式英语是标准英语"的说法,但"UK English""British English"出现频率分别高达 105 次和 48 次,"standard" "qualification""examination"等用于衡量标准英语的关键词频率也很高。英语在世界范围内的广泛传播,造就了一批来自不同语言、社会和文化背景的英语使用者,他们既包括澳大利亚、新西兰、美国、英国和加拿大等将英语作为母语的国家,也包括印度、新加坡等将英语作为官方语言的国家。英语与不同地区的本土文化相结合,逐渐产生了相应的本土化变体,并且在学术界正在逐步得到承认,这些势必引起英国对"英语语言纯净主义"的担忧。同时,随着英语全球化进程的进一步深化,将英语作为国际通用语言来学习的国家数量也在迅速增加,"内圈"国家如美国、澳大利亚等国,也逐渐作为英语的母语者而享受英语语言推广带来的经济和文化收益,但英语语言推广带来的政治、经济和文化利益也不断引发了英国与其他英语母语者之间的竞争。因此,英国宣扬"女王英语""标准英语"的语言推广意图也开始逐渐显露。

例 1: **Promoting the UK as an English language learning destination**

As well as teaching English overseas we also promote the UK as an English language learning destination. This supports UK-based English language providers to enrol hundreds of thousands of English language students each year. Our provision of UK examinations and qualifications is worth around £60 million in export earnings for UK examination boards.

这段文字来自 2011—2012 年《年度报告》第 28 页,题目为"宣传英国作为英语学习的目的地"。"与英语教学一样,我们还宣传英国作为英语学习的目的地。这样能够帮助英式英语的教学者每年招收成千上万的英语学习者……"。可见英式英语的推广也是英国语言推广所重视的因素之一。

2. 英语作为"改善生活的工具"

《年度报告》文本中对于生活领域的高频词明显偏多,例如,"lives""job""economy""employment"等词的频率普遍超过 80 次,平均每份年报中被提及的次数均超过 5 次。英语在科技、艺术、商业等各领域的广泛使用造就了英语全球通用语的地位,这也是目前"外圈"国家和"扩展圈"国家学习英语的目的所在。《年度报告》通过对英语教学活动意义的描述,以讲述案例的方式反复强调英国文化教育协会通过向妇女、失业人员教授英语,使他们摆脱失业、参与社会,并达到改善生活的目的。例如,近年来协会在孟加拉国亦推出《英语行动》项目(English in Action,2008—2017),因为该项目可以"通过英语改善孟加拉国人民的生活,为该国经济发展做出重要贡献……该项目计划改变孟加拉国 2 500 多万人的生活"。[①] 英语使得他们获得工作、增加薪水,成为"改善生活的工具"。

例 2:**English changing lives in India and Sri Lanka**

We commissioned David Graddol to look at how the English language can help sustain the growth of the world's biggest democracy and one of the fastest growing economies.

---

① 参见 http://www.eiabd.com/eia.

English Next India tells us that from education to the economy, from employability to social mobility, the prospects for India and its people will be greatly enhanced by bringing English into every classroom, every office and every home. We are helping English to reach people regardless of income.

In India and Sri Lanka, we have continued to build ground-breaking partnerships with state governments, state boards and corporate partners, using English to transform people's lives.

We have now worked with 2,348 master trainers throughout India who themselves reached over 450,000 teachers who, in turn, taught 17 million learners.

We have developed a partnership with Tata Sky to develop a conversational English language course targeted at homemakers as part of their Active Channels offering. This has reached more than 120,000 subscribers since January 2010.

We have opened new teaching centres in our office in Chennai and in partner premises in Kolkata. Using local teachers and these partner premises, we have been able to set fees affordable to people with lower incomes. By doing this we are attracting new learners who would not have otherwise been able to access our classes.

In partnership with Microsoft India we have developed a Skills for Employability programme aimed at helping aspiring rural youth to gain a first step on the employment ladder. The online course follows the story of Ishan, a young man who leaves his village to travel to Delhi in search of a job.

We are working with the Sri Lankan government-supported by USAID and UNICEF- to manage the Training for Language Teaching Communities (TELT) project, which aims to build a more skilled and cohesive teaching community in the conflict-affected north and east provinces of Sri Lanka. Our library in Colombo is the largest in our global network，with 25,000 members.

这段文字来自 2009—2010 年《年度报告》第 18 页，题目为"英语改变印度和斯里兰卡人民生活"。讲述英国文化教育协会如何在"世界最大的民主国家和经济增长最快的国家之一"——印度，推广英语并帮助印度人们改变生活：……English Next India 项目告诉我们，通过将英语带到印度的每个教室、每间办公室和每个家庭，印度和印度人民从教育到经济、从就业率到社会稳定将会大幅度地提高。协会在不计薪酬地帮助每个人接触到英语：在印度和斯里兰卡，协会与联邦政府、州协会、企业伙伴等建立史无前例的合作关系，用英语帮助人们改善生活；协会与全印度 2 348 名资深教师联系，他们可以培训到 45 万名教师，而这些教师可以教授 1 700 万名学生；协会与塔塔天空卫视合作，开发一个针对家庭主妇的对话类的英语课程，自 2010 年 1 月到现在已经有 12 万用户……目的是为身处乡村的年轻人获得就业的第一份本领，线上课程追踪了一个叫"Ishan"的年轻人离开家乡到新德里找工作的案例。在斯里兰卡，由美国国际开发署和联合国儿童基金会资助，协会与斯里兰卡政府合作，致力于语言教学社区培训项目（Training for Language Teaching Communities project），目的是在受到冲突影响的斯里兰卡南部和东部省份建设"更专业的、更团结的语言教学社区"；协会在斯里兰卡首都科伦坡的图书馆是目前协会在全球范围内所建的最大图书馆，拥有 2.5 万名工作人员。

印度作为经济高速增长的国家，在尖端科技和研究领域的成就使其成为英国的重要合作伙伴。然而英语在印度发展交流的直接挑战是历史遗留问题和两国历史关系偏见。因此，协会抓住印度高速经济发展带来的对高等教育和职业教育需求这一关键点，推行中立的语言教学，并通过与塔塔天空（印度的卫星电视直播）、探索频道和印度音乐电视网等合作，扩大在印度的受众群体。协会通过向家庭妇女等人群教授英语，帮助这类人群获得就业技能，从提高就业率、促进社会稳定的角度，来阐明英语在印度推广可以"帮助"印度人改善生活。

3. 英语作为"教育的语言"

《年度报告》文本中英语在教育领域的核心高频词如"education""Teaching""training""examination"等数量较多，使得关于英语在教育领域地位的描述位列第二。由于英国教育的权威性受到广泛认可，留学服务为英国每年带来大量的经济收益。而英语作为前往英国留学的必备条件也是广为人知，《年度报告》中不乏很多案例，告诉人们只有英式英语的再教育领域是获得优质教育的唯一途径。

例 3：English for Rwanda's development

We are working with the government of Rwanda and the UK's Department for International Development to bring English into the classroom as the country continues on its remarkable road to recovery.

We answered a call from President Kagame in 2008 to help his country make the change from French to English as the language of instruction in schools. This decision will support the country's economic growth and provide opportunities for thousands of young Rwandans to participate in their country's development.

The Ministry of Education has to date, with our support, trained over 44,000 English teachers.

Sharon Haba, Permanent Secretary, Rwanda Ministry of Education, said："The Ministry of Education values its partnership with the British Council and looks forward to another year of collaboration on the Rwanda English Action Programme."

这段文字来自 2009—2010 年《年度报告》第 16 页，题目为"英语参与卢旺达的发展"。讲述了协会如何将英语带到卢旺达，并因此推动了卢旺达经济的发展……在卢旺达政治经济复苏的关键时期,协会与卢旺达政府和英国国际发展署合作,将英语带到卢旺达教室。2008 年协会接受卢旺达总统卡加梅的请求,帮助该国将学校的教学用语从法语转换成英语。这一决定促进了卢旺达国内经济发展,为卢旺达数以千计的年轻人投身国家发展提供了更多机会。卢旺达教育部与协会合作,培训了 4.4 万名英语教师。正如卢旺达教育部常务秘书 Sharon Haba 所说,"卢旺达教育部非常珍视与英国文化教育协会的合作,期待将来在卢旺达英语计划活动(Rwanda English Action Programme)中的再一次合作"。

2008 年前,法语一直是卢旺达政府在高等教育和重要的政治经济文化领域的教学语言和行政语言。但自 1994 年卢旺达种族大屠杀后,法语的语言地位开始逐渐弱化,英语随即成为卢旺达语和法语之外的第三种官方语言。2008 年卢旺达政府开始施行语言变革,英语取代法语成为卢旺达最主要的官方语言,同时还是所有教育阶段的唯一教学语言。2008 年语言改革后,卢旺达上至官员下至出租车司机都竭尽全力学习英语。据统计,2009 年该国英语使用者已达总人口的 15%,且其使用人数每年仍在快速增长。面对这一强大的英语需求市场,英国语言推广机构自然要大显身手。因此,自 2008 年之后的几年,协会《年度报告》中经常提及协会在卢旺达的语言推广情况,并以此展示出英语的受欢迎程度和强大的工具性功能。

4. 英语作为"跨文化交流的工具"

《年度报告》中体现跨文化交流、合作的高频词很多,例如,"communication""interculture""partnership"等,词频数高达 85 次、79 次、98 次。英语在商业、贸易、官方文件、科技等领域的使用频率已经遥遥领先于其他语言,这不仅体现在官方或工作语言的使用规定上,而且更深刻地反映在各组织的实际语言使用现状中。2012 年联合国《贸易和发展会议统计手册》(*UNCTAD Handbook of Statistics 2012*)列举了分布在五大洲的 28 个主要区域性贸易组织,其中以英语作为官方语言的达到 18 个。可见,无论是国际性组织还是区域性贸易组织所规定的官方语言或工作语言以及实际使用最多语言的现状,均可以彰显出英语目前所具有的无人企及、独一无二的国际语言地位。

例 4：ENGLISH FOR ACCESSION THE POST-COMMUNIST GOVERNMENTS OF CENTRAL EUROPE FACE A PARTICULAR DIFFICULTY IN THEIR DETAILED PLANNING AND NEGOTIATIONS FOR ACCESSION TO THE EU: LACK OF ENGLISH LANGUAGE FLUENCY AMONG THE RELEVANT OFFICIALS.

To meet this need in Poland，our Teaching Centre in Warsaw ran two series of English for Accession courses designed to improve knowledge of English. Over 120 officials took part，and we also provided one-to-one tuition for several ministers. The main selection criteria for participants were that they use English in their day-to-day work and that their work involves preparing for Poland's membership of the EU. We supplemented published EFL (English as a Foreign Language) teaching materials with tailor-made materials focusing on the central issues of EU accession. Several students went on to take EFL examinations. Some are planning to study further in the UK，while others enrolled on General English courses at the Teaching Centre.

Waclawa Krasniewska，who works in the Agriculture and Environment Division of Poland's Central Statistical Office，is typical of the officials who have benefited from the course. She regularly works in English-translating documents，preparing papers，attending meetings and corresponding with fellow statisticians abroad. The course，she reports，provided a vital boost. The teacher was excellent—always smiling but pressing us to work hard. Skills that aid me in my work were developed during lessons—for example，negotiation skills and presentation and formal writing skills—and I learned new words concerning negotiations， economy and politics. Now I am more confident during presentations and direct contact with English-speaking people.

这段文字来自 2000—2001 年《年度报告》第 24 页,题目为"英语作为'敲门砖'——中欧的前共产主义政府加入欧盟的协商和谈判中面临严峻困难:相关官员缺乏用英语流利沟通的能力"。讲述的是英语的国际交流功能在前共产主义国家波兰加入欧盟活动中的体现。

为了满足这个需求,协会在华沙的英语教学中心开设了两门英语入门课程,以提高人们的英语水平。120 多个官员参加这个课程,协会也为一些部长们开设"一对一"的教学辅导。参加人员需要用英语处理日常工作,他们的工作有助于使波兰成为欧盟组织成员。协会还以加入欧盟为中心议题组织材料,出版了两本英语作为外语的教学用书,基于加入欧盟为主题组织书中材料。很多学生参加了英语考试,有一些计划将来去英国留学,另一些报名参加教学中心的普通英语课程。波兰农业和环境部中心统计办公室的一名工作人员(Waclawa Krasniewska),是协会英语课程的典型受益者,她在日常工作中使用英语翻译文档、准备论文,并与其他国外统计员一起参加会议。她说协会的课程给她提供了很大帮助,"老师非常优秀——总是微笑,但是督促我们去努力学习"。这个课程帮助他们提高工作所需的各项技能,例如,交流技能、讲演技能、公文写作技能等。"我学习到了涉及谈判、经济和政治领域的工作技能,现在我在做讲演和直接接触英语母语者时更有信心。"

第二节　艺术、文化交流与英语文化形象建构

一、艺术、文化交流

(一) 艺术、文化交流活动概况

英国是世界著名的文化艺术大国,无论是戏剧、音乐、舞蹈、电影等表演艺

术，还是绘画与雕塑等造型艺术，都有悠久的历史和斐然的成就。大英博物馆、国家美术馆、泰特现代美术馆等世界级博物馆和美术馆更是汇集了世界一流的艺术作品，深深吸引着世界各地的游客和艺术爱好者。英国对艺术一向非常重视，艺术活动的参与度都非常高。二战后英国更加意识到文化资源的重要作用和战略意义。英国官方积极鼓励超越国界的艺术交流合作，为各种跨国文化组织搭建平台，推动文化资源和文化信息共享机制，建立网络化的国际文化交流体系。1993 年英国政府制定了国家文化交流和艺术发展的总体战略——《创造性的未来》，明确规定了英国开展艺术交流的原则：鼓励英国艺术家和艺术组织的作品走向国际空间、世界舞台，帮助英国公众更好地了解全世界的文化形式与文化活动；通过交流信息、合作生产及其他方式，扩大创作者、生产者、推销者、经纪人以及其他人士之间的国际交流接触；确保英国文化赞助者的利益在国际上被很好地体现出来(范中汇，2003)。

基于以上目的，英国文化教育协会在以下众多领域开展艺术活动：

(1) 电影类。英国文化教育协会利用全球网络将富有创新性和多样性的优秀英国电影推介到世界各地。协会一度设有专门的电影团队，在全球范围内寻找国际合作伙伴共同开发带有当代英国特色的电影项目。为了增进交流和扩大影响力，协会邀请各国电影工作者和电影专家召开主题性节日庆典、研讨会、大师班、工作坊、电影周和电影艺术节等一系列活动。例如，协会为柏林、戛纳、多伦多、圣丹斯等重要电影节提供服务，代表英国参与欧洲电影推广项目(European Film Promotion，EFP)，为 2012 年推出的英国电影短片支持计划(Short Support Scheme)提供经费支持。

(2) 文学类。英国文化教育协会与国内数百位作家和文学家一道，借助协会海外办事处合作开展艺术节、书展、研讨会和教学等一系列文学交流互动。协会与世界各地艺术家、文化机构互联互通，设计组织更多的文化活动，向世界展示英国的文学资源和财富。协会一度设有专门的文学交流团队，团队成员包括作家、出版商、制作人、翻译以及其他从事文学领域出版和教育工作的专业人员，致力于创造高品质、创造性的英国文化交流项目。规模较大的项目有爱丁堡世界作家研讨会、World Words 广播电台、"Hay"节系列活动、伦敦书展、诺维奇展览、埃尔比勒文学节、狄更斯 2012 等。

（3）音乐类。为了宣传英国艺术家和音乐团体的国际音乐形象，推广英国多样性音乐，并与海外音乐艺术家和音乐团体建立长期伙伴关系，英国文化教育协会积极建立海外音乐交流网络，管理音乐艺术资源，组织音乐人和音乐团体，合作创作有影响力的音乐项目，内容涉及电子乐、爵士乐、民间音乐、古典音乐等众多类型音乐形式。协会根据特定国家观众的审美、语言因素，对英国印象等本地文化情况设定不同风格的音乐活动。这些活动多指向 16 到 35 岁的年轻人，因为青年人群体更容易改变对一个国家的印象。协会每年会在世界各地举办大型音乐演唱会、小型演出，例如凯尔特音乐节、英国独立音乐系列活动、Incubator 音乐项目、The Selector 英伦音乐前沿国际广播节目等。

（4）视觉艺术。协会的视觉艺术类活动主要是通过组织一系列文化交流项目，包括巡回展览、工作室、研讨会等将英国顶尖艺术家介绍给全世界艺术爱好者。这类活动涵盖门类广泛，例如包括雕塑、绘画、摄影、录像、素描、版画等。截至 2018 年末协会已经拥有 8 500 件英国艺术收藏品，组织了全球范围的"英国制造"当代艺术展、"未来总动员——英国文化教育协会当代艺术珍藏展"、杰里米·戴勒大型世界巡回个人作品展、亨利·摩尔雕塑展、泰特美术馆藏绘画珍品展等。

（5）创意产业。在英国的创造性和知识性经济领域，英国文化教育协会的工作重点包括：更多地认可英国在国际教育市场上的价值；提升英国作为专业知识和技能发展来源地的声望；向国际社会介绍英国的创造性板块，并强化国际社会的积极参与；加大英国对国际合作研究和创新领域的贡献。创意产业是一个涉及多行业多领域的产业链概念，是将创意、设计、投资、生产等环节联系起来的扩散聚合体系，是将创意理念和知识产权转化为经济价值和物质财富的过程（汲立立，2014：70）。20 世纪 90 年代之前，英国已经存在与创意相关的经济和产业，但没有明确的名称定位。1998 年英国政府正式提出创意产业概念，作为布莱尔政府"新英国运动"重要组成部分，目的是在新知识经济时代，开发利用文化资源和知识产权，为国家发展寻找新的经济增长点。英国文化教育协会设立的国际青年创业奖（International Young Creative Entrepreneur Awards），为年龄在25～35岁的各国优秀青年创业者提供机会到英国进行交流。同样，高等教育卓越计划（Excellence in Higher Education）也向来自中东地区的1.5万名学生提供到英国接受高等教育和继续教育的机会，预计其中的2 000人会获得某一层次的研究学位。英国政府先后发布了《1998年英国创意产业专题报告》和《2001年创意产业专题报告》两份研究成果，表明创意产业对经济的贡献已经成为超越传统金融业的拉动力，并预测这一产业将成为世界经济发展的新增长点。英国将创意产业提到国家经济发展的战略层面，使其成为在知识经济时代提升综合国力，并获得文化影响力的重要路径。"创意产业"在英国的不俗表现不仅在其国内备受关注，"帮助英国实现了从'保守绅士'到'创意先锋'的转型，同时也在全球经济、政治、文化融合以及创意产业浪潮汹涌的大潮下，为许多谋求发展文化创意产业的国家树立了一个成功探索的典范"（柯亚沙、常禹萌，2005）。

此外，协会还举办英国古典戏剧、现代芭蕾、视觉戏剧、现代舞、现场艺术和户外表演文艺活动等戏剧舞蹈类活动，以及建筑设计与时装展示等体现英国文化的设计交流活动。文化、艺术交流充分体现了英国人对本民族文化的强烈自豪感和自信心，同时希望将英国的文化成果和结晶传播到世界各地，得到更多人士的理解和欣赏，为国际社会带来独特的影响力。

近年来，在艺术、文化交流领域，协会主要从以下几个方面进行改善：

（1）积极开展文化、艺术交流项目。英国文化教育协会的各项文化、艺术交流旨在同世界共享英国艺术，向世界各地的观众介绍英国最好的创意，为艺术家和艺术团体创造新的国际工作和交流的机会。艺术作品海外巡展是最直接的文化交流方式，也是协会进行艺术交流的重要手段。协会一方面负责不定期购买和收藏代表不同历史阶段的英国艺术发展水平的艺术品，一方面积极把自己的收藏品在世界各地展出，包括巡回展览、工作室、研讨等，或者将部分藏品在英国文化教育协会设在世界100多个国家的办公场所中陈列展示。

经过 80 多年的积累,协会的艺术珍藏已达 8 500 多件。2010 年中国世博会召开前夕,协会组织了"未来总动员——英国文化协会当代艺术珍藏展",40 位参展艺术家中有 12 位为'特纳奖'获得者,21 位曾获得'特纳奖'提名,其中包括达明安·赫斯特(Domien Hirst)、安尼诗·卡普尔(Anish Kapoor)、莫娜·哈透姆(Mona Hatoum)、史蒂夫·麦奎因(Steve McQueen)等,向中国人民展示了令人瞩目的英国艺术成就。"2012 艺术英国"是在中国举办的英国文化和艺术领域最大的艺术展览,共在 29 个城市组织 225 场活动,吸引了超过 400 万人的关注;2013 年英国文化教育协会举办了两年一度的爱丁堡艺术展。正如英国文化教育协会视觉艺术总监安德莉亚·罗斯(Andrea Rose,2010:229)所言:"这些艺术品的价值就好像劳斯莱斯般名贵,但它们又好像多用途越野车般,可以乘载着英国艺术的成就,展现到世界不同地方。视觉艺术于战后在英国发展蓬勃,世界各地对欣赏这些作品的需求异常热烈。英国文化协会艺术作品收藏可让我们以最快及最佳的途径向世界展示英国创意理念及成就。"

文学作品交流也是文化交流项目的主要内容。其中最有名的要数"永远的莎士比亚"项目。在英国,莎士比亚研究一直被当作代表英国身份的某些机构的中心。2016 年是莎士比亚逝世 400 周年,然而自 2014 年起,协会就策划并与英国广播公司、英国电影学院、英国国家剧院、皇家莎士比亚剧团、纪念莎士比亚逝世 400 周年联合会组织形式多样的文化活动,包括舞台表演、电影、参观展览、演讲、研讨会以及各种社交媒体上的互动活动,纪念莎士比亚及其作品对全世界文化、教育和社会领域所产生的深刻影响。此外,协会与格兰塔出版社合作为十年一选的英国 20 位最佳青年小说家举办作品展,并且通过文化项目将土耳其当代优秀著作带到 2013 伦敦书展等;2015 年 3 月,英国剑桥公爵在北京发布了首次双边认可的 2015 年"英国—中国"文化交流年——"英国季","英国季"见证了英国文化协会把最出色的英国文化展现给中国受众。通过各类形式的艺术品展览,英国文化大国和创意大国的新形象逐步走向世界。

（2）支持艺术人士合作和在线交流。英国文化教育协会致力于促进合作和网络形成，支持具有创意思想的人们之间的合作并体验新的理念，找到可持续的方式，致力于长期繁荣发展；文化艺术发展的纲领性文件《创造性的未来》指出，"艺术应当被视为一种地方、地区、国家和国际化的现象。为此，应促进并支持英国艺术家的作品和英国艺术组织的国际化，帮助英国的观众和社区更好地欣赏和了解全世界的艺术形式和艺术活动"（范中汇，2003：37）。政府拨款机构与英国文化教育协会等非政府公共部门合作，"重点支持英国与世界各国创作人员、制作人员、创办人员、剧场管理人员间的国际交流，交换信息，探讨共同制作及其他合作方式"（范中汇，2003：37）。2013 年协会与未来派（Future Everything）、创意技能组项目（Creative Skillset）、艺术和人文科学研究协会（Arts and Humanities Research Council）、艺术基金会（Nesta）、英国贸易投资总署（UKTI）和金斯密斯学院（Goldsmiths University）等机构合作，针对古巴、尼日利亚和印度尼西亚等国家开展计划。此外，协会利用全球网络将英国电影、英国电影制片人与国际观众联系起来，邀请各国电影工作者和电影专家召开主题性的节日庆典、研讨会、大师班、等一系列活动，代表英国参与欧洲电影推广项目（European Film Promotion，EFP），为 2012 年推出英国电影短片支持计划（Short Support Scheme）提供经费支持。

（3）通过艺术为社会服务。艺术可以为交流创造安全的空间，并构建信任，促成对话。因此英国文化教育协会积极利用文化、艺术交流应对历史和政治因素带来的抵触情绪，利用艺术呈现边缘化群体的声音，呼吁人们支持文化遗产的保护和文化身份的表达。对于如俄罗斯等意识形态差别较大的国家、印度等与英国有历史遗留情绪的国家，以及尼日利亚等开放程度不高的国家，协会主要采取艺术交流的形式，消除偏见，增进他们对英国的了解。例如，由于追随美国发动"伊拉克战争"，英国在阿拉伯国家的形象逐渐恶化，频繁遭受恐怖袭击。英国采取了一系列的艺术交流、艺术展览等活动，旨在改善英国在阿拉伯国家的印象。2014 年，协会资助了 75 位流散在欧洲、中东和北非的叙利亚艺术家，以提高其叙利亚危机意识，记录并保护叙利亚文化遗产；在所罗门群岛召开"改变剧院戏剧表演"(Stages for Change Theatre)活动,利用戏剧形式引发人们对家庭暴力和妇女参与社会问题的关注。同年 7 月,与朝鲜政府关于文化和教育交流签署了《谅解备忘录》,首次在朝鲜开展艺术文化项目——尼克·丹齐格的照片展览会,为朝鲜及其人民开启一扇文化交流之窗。

(4) 提高艺术水平、促进创意经济项目。随着"软实力"在国际事务中的影响力日益突出,英国更加认识到文化、艺术的重要意义。2007 年 3 月 6 日,布莱尔首相在参观泰特现代艺术馆时发表演讲并指出,"艺术塑造了一个积极的、富有的英国","关心艺术的国度不仅仅是一个更美好的国度,在 21 世纪,它也将会成为一个更成功的国度"(2011)。因此,提高创新、影响新受众和发展技能等方面的能力,强化世界范围内艺术部门的职能是协会文化、艺术交流领域不断努力的目标。尤其在创意产业方面,协会专门设立了创意经济部门来推动文化创意经济的发展,并日益重视应对世界文化技术带来的挑战,通过国际合作和交流促进英国文化经济的增长。2012 年 1 月 25 日,英国文化、通信与创意产业部部长埃德·维西在第 10 届牛津媒体大会上发表关于"英国创意产业的未来"的讲话,这次会议被认为设定了英国创意产业未来的发展议程。英国制定了具有前瞻性和战略性的创意产业发展政策,建立了国际一流的创意、设计、投资、生产产业链条,大力扶植创意产业的发展。同年,协会发起组织的"绿色生活行动(E-idea)"大赛在澳大利亚、中国、印度尼西亚、日本、韩国、泰国和越南 7 个国家举办并大获成功,各种能够使人们日常生活更加环保、更加经济的创意计划源源不断涌来,最终获胜的团队将获得包括技术、市场运营、资金、管理培训等在内的多方面支持,其项目有可能通过协会的多方联络在更广阔层面上获得更多的认可,实现长久成规模发展。①

(5) 促进文化政策发展。英国文化教育协会积极致力于制定文化政策,使英国和海外的文化部门共享研究成果。协会与英格兰艺术协会合作倡导"文化无国界"(No Boundaries),引领文化界人士共同思考 21 世纪社会中文

---

① 参见 http://e-idea.org/.

化的角色;在"创意经济"项目中召开一系列政策调查研讨会。2010 年的国家品牌指数调查显示,在全球 50 个国家中,英国在"音乐、电影、艺术和文学等当代文化领域"受欢迎程度排名第四①,英国文化教育协会在文化、艺术、教育等领域的卓有成效的工作功不可没。

（二）艺术、文化交流变化趋势

根据词频标注结果,二级标签组成:文化艺术交流——文学类、音乐类、视觉艺术类和创意产业类(分别针对标注附录 3 中文化交流、艺术节、展览项目、科研界、创新等二级标签)。统计各活动领域在每份年报中的词频,可以得到 15 份年报所反映的词频变化趋势,如图 5.4 所示。

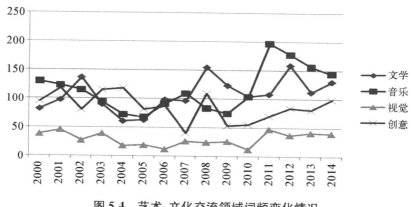

图5.4　艺术、文化交流领域词频变化情况

图 5.4 中,横轴为英国文化教育协会工作的年份,纵轴为文化艺术交流活动二级标签的词频总数。从图中可以看出,英国与世界各国的文化交流和语言推广正在不断深化,活动词频总体变化趋势逐年增加。尤其是音乐、文学类活动增幅明显。2009 年后,各项活动呈现骤然上升的趋势。"为了未来的发展,我们砍掉了一些长期的、有价值的项目,同时在机构内部实施了很多艰难的改变"②。随着新兴国家的崛起,传统大国纷纷调整各自对外战略,以美英

---

① 参见 http://nation-branding. info/2010/11/10britain-nation-brands-index-2010/2014－06－25.

② 参见 2009—2010 British Counci Annual Report,第 8 页。

为代表的发达国家与新兴国家和地区在经济领域一决高下的同时,双方在文化领域也展开了激烈的竞争。英国频繁举行文化交流活动,莎士比亚文学展、中-英文化年、英-俄文化年等各种形式的文化艺术交流迅速开展起来。

二、英语文化形象建构

协会的艺术和文化交流活动旨在通过艺术建立人们相互了解的新渠道。在"艺术、文化交流"子语料库中,词频标注结果建构的语言文化形象情况如表5.5 所示。

表5.5　艺术、文化交流领域词频标注结果与语言文化形象对照表

活动领域	语言交际形象	词频标注结果
Arts	Creativity(303＋)	UK creativity(91), designers(22), UK creative economy(63), new business(12), creative industry(84), creative ideas(31)
	historical language (64＋)	Diversity of UK culture(12), long-term(7), national culture(11), British arts(24)...
	language of classic culture(196＋)	significant(23), expertise(35), leardership(32), reinvention of Shakespeare(11), the best of UK arts(36), Uk values(15), British arts(24), birth of Benjamin Britten(9), classical forms(6), Darwin's legacy(5)...
	symbol of modernization (179＋)	scince(76), mordern(34), young(35), digital service(21), revolution(13)...
	...	...

《年度报告》对于文化、艺术交流的描述中,建构了英语"创新""经典文化""现代化""历史悠久"等诸多语言文化形象,如图5.5所示。下面选择前两项分别进行阐释:

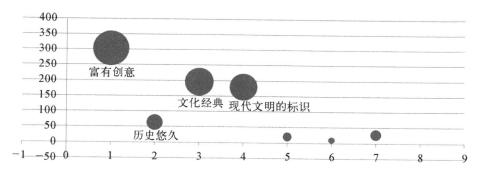

图 5.5　艺术、文化交流领域语言文化形象结构示意图

1. 英语作为"创新"的标志

《年度报告》文本中创新、创意类的高频词居于首位，其中"UK creativity"出现 91 次，"creative industry"出现 84 次。推崇英国的创意，发展创意产业一直是英国政府工作的重点。

例 5：**The UK is increasingly recognised as the country of choice for creative ideas and achievements**

From the workshop of the world to the stem-cell research laboratory of the world, the UK has always been at the forefront of creatvity and innovation. And that's where we want it to stay, both in the eyes of people in the vanguard of change in their societies and with people anywhere taking advantage of globalisation to connect with ideas.

That's why, everyday, somewhere in the world, we are putting people in touch with the UK's creativity. They could be scientists in a café scientifique in Sweden discussing nanotechnologies, designers in HongKong imagining how to recapture the soul of the city through public art, or connerned citizens debating climate change online.

By creating spices for dialogue in which trust and understanding can flourish, we bulid lasting relationships between people from every corner of the UK and 109 countries and territories worldwide who want to work together to find solutions to common problems.

例 6："Our arts work strengthens cultural connections through regional and UK-based events. In Edinburg last year we introduced nearly 30 US arts professionals to the best of new British performance. Two-thirds of US presenters who worked with UK performers reported more positive impression of UK creativity among their audiences. As part of the London 2012 Cultural Olympiad we have supported collaborations this year between theatre companies in the UK，Colombia，Mexico and the US."

以上两段文字分别来自 2004—2005 年、2011—2012 年《年度报告》第 9 页和第 32 页。例 5 从总体上描述了英国的创意思想被广泛接受以及产生的影响，例 6 描述了协会通过在美洲地区举办文化奥林匹克项目，传递英国的创意文化。

2. 英语作为"经典文化"的语言

艺术文化交流活动通过将英国的特色文化、经典文化进行展示交流，还通过举办一系列的英国特色活动纪念，展示英国的经典文化，使英语与"经典文化"产生直接的关联。例如，《年度报告》文本中"the best of UK arts""British arts"等上义词词数达到 36 次和 24 次，"reinvention of Shakespeare""birth of Benjamin Britten"等具体活动的词也在活动描述中呈现高频，分别为 11 次和 9 次。法国前总统萨科齐甚至于 2011 年宣布了要求法国三岁儿童学习英语的计划，声称他希望法国青年学习这门"莎士比亚的语言"和"女皇的英语"（Pickup，2011），可见英语的经典文化的魅力。

例 7："The British Council's long-standing association with Shakespeare's work is one of which we are proud. we have staged his plays in many different ways over our 72 years，but the version of *A Midsummer Night's Dream*，that we co-produced by the British Council in India and Dash Arts，is a startling reinvention of Shakespeare in an Indian context.

The production was crafted by Tim Supple of the Royal Shakespeare Company out of the artistic，cultural and social diversity of modern India. A Midsummer Night's Dream was a perfect vehicle for this modern across-cultural interpretation. The actors and production team were all Indian and the production grew，deliberately，out of the particular character and skill that each member has brought to his or her role. One stage this meant that the actors spoke in their own language-Bengali，Hindi，Marathi，Malayalam，Tamil，Singhalese and English.

A senior director in Kolkata predict the production would be 'a disaster' but it succeeded tremendously，and Tim Supple sees it as 'a hightlight of my working life. It was a great coming together，with all the generosity，curiosity and openness necessary for rigorous work and a great deal of laughter and exhibition'. The production then moved to the Swan Theatre in Stratford-upon-Avon where it was hailed by The Times as 'Shakespeare brilliantly reimagine：theatre to lose your heart to.'"

例 8：In partnership with Tate Britain and the National Art Museum of China we took an exhibition of Turner's masterpieces to Beijing last year.

以上两段文字分别取自 2005—2006 年、2009—2010 年《年度报告》第 61 页和第 20 页，分别讲述了"莎士比亚形象重塑"和英国画家"特纳作品展"。殖民主义时期的英国一直崇尚"文化优势论"，正如时任印度总督立法委员的麦考莱所宣称的，"印度和阿拉伯的全部文学作品加起来也比不上欧洲一所图书馆里所保存的一书架图书"，若"印度人要想从事高深研究，不能依靠方言，只能依靠其他语言"。当然这种语言最好是英语，因为英语是"想象丰富的语言、有用知识的媒介和国际交流语言"（Macaulay，1835/1999）。在"软实力"时代，英国通过对其文化经典的重读、文化经典的再现，赋予英国经典文化新的时代意义。

第三节　教育与社会活动与英语政治形象建构

一、教育与社会活动

（一）教育与社会活动概况

教育和社会领域包括高等教育、技术教育、假期教育和培训、跨文化交流，以及与气候变化、环境保护等关乎人类共同命运的社会活动。这个领域的经费来源主要有政府资助、合作基金、欧盟和英国国际发展部门与客户签订合同项目的收入。英国文化教育协会通过学校国际化、技术支持等分享英国的教育经验、建立英国教育品牌，支持英国在高等教育、技术教育和科技方面的地位；通过政策的对话、知识合作、机构网络化、信息市场战略建立英国的"思想领导者"地位。具体活动主要体现在以下几个方面：

1. 设立和管理奖学金，资助学生留英学习

英国政府从关注文化外交开始，就把吸引海外学生赴英国留学作为开展文化外交的重要手段。为此，英国政府、高等院校、科研机构以及相关国际教育组织和民间机构都纷纷设立种类各异的奖学金项目，以引导优秀学生选择英国教育。目前英国文化教育协会代表英国各界管理着 200 多个英国奖学金项目，其中影响力比较大的有：英国政府志奋领奖学金和助学金（Chevening Programme）、英联邦奖学金和助学金（Commonwealth Scholarship and Fellowship Plan），以及霍恩比教育基金会奖学金（Hornby Educational Trust Scholarships）等。

（1）志奋领奖学金和助学金。志奋领奖学金和助学金计划（以下简称志

奋领奖学金)创自 1983 年,由英国外交部及其合作伙伴共同出资,协会具体管理操作,是英国政府最具代表性的标志性奖学金项目。志奋领奖学金的对象是面向全球的、具有良好专业背景和潜在领导力、影响力的人士,将来会在相关专业领域里成为领导人或者决策者,即有领导潜力的人群。外交部提供的奖学金主要包括学费及生活费,每人每学年学费的最高资助额度为 1.2 万英镑,而生活费也足够支持申请人在英国当地的一般生活消费,同时还提供一张国际往返机票及其他相关费用。部分奖学金获得者可以获得英国外交部合作伙伴或赞助商的联合资助。

在过去的 30 多年中,志奋领奖学金资助了共计 4.3 万名志奋领学者,并形成了一个极具影响力的全球领友网络。在中国,志奋领奖学金项目的资助对象是在英国高等教育机构进行为期一年的硕士课程学习或研究的中国公民,由英国驻华使馆和在上海、广州及重庆的英国总领事馆的文化教育处负责管理。

(2) 英联邦奖学金和助学金。英联邦奖学金和助学金计划(以下简称英联邦奖学金),是在 1959 年 8 月召开的第一次英联邦教育大会上设立的。该计划资助对象是英联邦国家 25 岁以下的具有潜在影响力的优秀年轻人,为其提供研究生教育和专业教育。英联邦奖学金资金主要来自英国、加拿大、澳大利亚等英联邦中的发达国家,其中英国在该计划中一直扮演着主要的资助者角色。在英国,英联邦奖学金是一个由政府部门、准政府组织和教育机构共同合作完成的奖学金项目。英国国际发展部,商务、能源和工业战略部以及苏格兰地方政府与英国各大学合作,前者提供资助,后者提供教育,英国英联邦奖学金协会负责确定本国资助的奖学金名额,英国文化教育协会具体负责海外候选人的遴选和管理工作。目前英国英联邦奖学金协会每年为该计划提供大约 900 个名额。

(3) 霍恩比教育基金会奖学金。霍恩比教育基金会奖学金创立于 1961 年,由《牛津高阶英语词典》的编纂者、英语语言专家霍恩比教授设立。该奖学金计划专门针对对外英语教学,旨在为来自世界各地的人到英国学习英语提供资助,同时也支持各地的学校和研习班学习英语。英国文化教育协会负责管理霍恩比奖学金,其管理方式主要有两种:其一,资助来自中亚、东亚、南亚、撒哈拉以南非洲以及拉丁美洲等地的高级教师、教材编写者等与英语工作有关的人员到英国,以期回国后成为本国英语教学领域的领军人物。其二,资助学校和研习班学习英语。

除了以上几个涉及范围比较广的奖学金项目之外,协会还管理着大学贸易与文化奖学金、技术合作培训项目,以及各类就业助学金项目等,极大丰富了英国的奖学金门类,有效地激励了有意到英国留学的学生。

2. 组织社会活动,促进文明社会

英国文化教育协会社会活动重点围绕跨文化对话(International dialogue)、气候变化(Climate change)、"政府与法制"等几个问题展开。在气候变化领域,协会的工作重点包括:增加人们对处理气候变化这一问题的意识;支持国际社会为应对气候变化而采取的相关措施;加强有助于气候缓解和适应的关系和网络建设;在跨文化对话领域,协会的工作重点包括:增强英国和其他国家民众间的理解和信任;强化反对各种形式的极端主义的全球共识;提升个人和组织的能力,以推动积极的社会变革和建立公民社会;更多地把英语作为国际交流和跨文化理解的工具;协会在"政府与法制"领域的工作主要涉及:公共领域管理、司法公正与人权、公民社会与社会发展、经济发展与就业能力提升等。在此领域,协会不仅同英国国内相关机构,如英国外交部(FCO)、英国海外发展署(DFID)等,还同海外的政府机构(司法、警察、海关、律师等)和民间组织展开直接对话。此类工作主要针对发展中国家或不发达国家展开,尤其重视边缘人群或受忽视人群的权益申诉和保护,鼓励公民社会在当地的法制化民主进程中发挥其应有的作用①。协会将把10%的资源用于气候变化领域,43%的资源投向跨文化对话领域,47%的资源将投入英国的创造性和知识经济上,通过设立大项目的方式来涵盖协会诸多名目的实施项目

---

① 参见 http://www.britishcouncil.org/governance.

（British Council，2007：4）。

　　3. 筹划组织项目，扩大英国影响力

　　协会筹划和管理大型社会活动项目，扩大英国影响力。几个主要项目情况如下：

　　1）国际激励

　　国际激励（International Inspiration Programme，IIP，2007—2014），是2005年伦敦申奥成功后，英国文化教育协会负责筹划的项目。其宗旨是不分性别、年龄、国别、宗教信仰和能力，使每一个儿童和年轻人都有机会接触和体验形式多样的体育运动，并通过高质量的体育运动的力量丰富全世界，特别是发展中国家的青年人和儿童的生活，使他们做到最好的自己（Ecory，2014）。该项目的目标国主要是亚非的发展中国家，包括：阿塞拜疆、孟加拉国、巴西、埃塞俄比亚、埃及、加纳、约旦、印度、印度尼西亚、马来西亚、莫桑比克、尼日利亚、帕劳、巴基斯坦、南非、坦桑尼亚、特立尼达和多巴哥、土耳其、乌干达和赞比亚等。其组织参与者除英国文化教育协会外，还包括联合国儿童基金会、大英体育、青少年体育基金以及一些地方组织如体育联合会、体育师范学院、中小学和社区体育组织，各国的教育部、体育部和青少年部以及各国奥委会和残奥会等组织，为了扩大影响，吸引年轻人参与，英国的大卫·贝克汉姆（David Beckham）、克里斯·霍伊爵士（Sir Chris Hoy）、泰尼·格雷·汤普森（Tanni Grey-Thompson）、丹尼斯·刘易斯（Denise Lewis）、科林·杰克逊（Colin Jackson）以及南非的奥斯卡·皮斯托瑞斯（Oscar Pistorius）等众多体育明星也被邀请作为该项目的推广大使。

　　国际激励项目给年轻人提供了三个关键的学习和发展平台：教育、体育和社区。教育平台可以帮助教师规划、筹备和教授高质量的体育课程，开发课堂内项目和课后活动；体育平台为体育教练提供更高的教育资源，成为沟通校内体育运动与社区体育运动的桥梁；社区平台帮助社区领导规划、筹备和开展社区活动，通过儿童、青少年、成年人以及父母老人参与社区活动，构建互相帮助与支持的社区。

　　国际激励项目的个体参与者可分为三个层次：政府和决策者、来自学校和俱乐部的专业人士以及儿童和年轻人等参与者。每个层次的工作重点皆有不同，对于政府和决策者层次，工作重点是决策和督导，包括成立督导协会、确立伙伴关系，召开大会和专题讨论会，培训、技术指导和研究；对于学校和俱乐部的专业人士层次，工作重点是为国际激励项目的各项工作创造实施的具体条件，包括为成年人和年轻人做培训，英国和项目参加国学校之间的伙伴关系，安全的运动空间和体育设施，发展伙伴关系，社区活动和倡议活动；对于儿童和年轻人参与者层次，工作重点是具体实践国际激励项目的各项活动，包括增加体育课和课外体育活动，参加体育赛事，增加社区体育活动（Ecory，2014）。

　　自项目启动以来，协会每年都会在不同目标国培训年轻领导人，为所在地国家的学校和英国国内学校之间创建校际联通渠道。例如 2008—2009 年度，在巴西有 250 名年轻领导人接受过英国文化教育协会的培训，5 000 多名儿童受益于这些年轻领导人组织的体育活动；为 12 所巴西学校与 12 所英国学校创建校际连线；2009—2010 年度，为缅甸培训了 1.4 万名学校社区年轻领导人以及 500 名体育和教育专业人士。不仅如此，协会还与当地国家的政府部门合作，研发设计新的体育课程设置和课程教学方法，以提高当地的体育教学水平。2010—2011 年度，协会不但为 20 所孟加拉国学校和英国学校建立校际连线，以帮助这些孟加拉国学校试验新的体育教学方法，如果有效的话，将推广到孟加拉国全国，还帮助孟加拉国修订 2010—2011 年度体育教学计划，并推行到全国 1.8 万所中学。正如土耳其的一名政策制定者所言："作为国际激励项目的一部分，我们的中小学课程内容中的体育必修课和选修课由现在的每周两小时增加到每周五小时。国际激励项目特别强调游戏和体育对儿童的重要性，它促使国家课程设置发生变化。"（Ecory，2014：6）

　　国际激励早已实现了其最初的目标：在世界范围内 20 个国家（含英国则为 21 个）的 1 200 万儿童和年轻人参与和接触该项目。根据 2014 年 Ecorys 提供的最后评估报告，国际激励取得的主要成就包括全球范围内有 1 870 万名儿童和年轻人参加国际激励发起的体育运动和游戏，许多人是第一次参加这种活动；大约有 25.6 万名教师、教练和年轻领导人接受有关体育运动方面的培训；受国际激励项目的影响，19 个国家的 55 项政策、战略和立法出台或得以修改；有 273 所国际激励海外学校与英国本土的 273 所学校建立联系（Ecory，2014：4）。国际激励项目成功地把一项世界性的国际体育赛事与国家的对外文化交流结合在一起，而且具有持续性和长久性，不但惠及世界各国的年轻人，而且扩大了英国的影响，加深了参与者对英国的认同感。

2）维和英语

维和英语计划始于 1999 年。早在二战时期，英国文化教育协会就把推广语言与维护世界和平、参与国际治理很好地结合起来。二战开始后不久，协会即接到任务，为在非洲的 12 万盟军的指挥官们提供英语教师，进行英语培训。因为战争开始后，英国文化教育协会的部分职员作为志愿军参军，盟军最高总司令不得不从前线调回协会参军的英语教师补缺。协会还为涌入英国的外国难民和在苏格兰的波兰军队教授英语。冷战结束以来，基于各种原因的地区冲突频频发生，联合国与区域性组织的维和任务日益繁重。协会通过维和英语计划（Peacekeeping English Project，PEP）参与到世界和平治理。进入 21 世纪以来，国际组织对维和英语培训的需求越来越大。在英国外交部、国防部以及国际发展部的资助下，协会通过维和英语计划，为联合国、北约和欧盟的多国部队的维和人员提供维和专业英语培训。2005—2006 年度，协会在安哥拉、莫桑比克以及民主刚果实施维和英语计划；2007—2008 年度，协会在 21 个国家实施了该计划；2012—2013 年度，协会为联合国驻埃塞俄比亚维和部队 1 500 人提供了英语培训。同时，协会还积极参与冲突后国家重建工作，通过提供语言支持，帮助冲突后的国家重建信任与和平。例如，协会帮助内战后的苏丹培训警务人员和司法人员英语，通过英语把曾经敌对的人士汇集到同一个教室，使英语发挥了促进和平的作用。目前，该计划以和平为目的已在 50 多个国家提供英语培训，而且拓展到人道主义行动、打击毒品走私以及贩卖人口等与世界和平与安全相关的其他领域。

近几年来,随着中东地区的政局失序以及恐怖主义泛滥,涌向欧洲的难民越来越多,该计划还增加了为难民提供英语培训的项目,以使广大难民尽快融入所在社区。实践证明,英国文化教育协会的维和英语计划的影响和效果是显而易见的,在推广英语的同时,扩大了英国的区域影响和国际影响,树立了爱好和平的国际形象。

3) 积极公民项目

积极公民项目(Active Citizens)是英国文化教育协会开展的一个全球范围内的社会领导力培训项目,旨在通过把不同观点的人聚集到一起,进行技能和知识培训,使受培训者积极参与到社区和社会治理中来,促进文化间对话和以社区为主导的社会发展。该项目自 2009 年启动以来,截至 2016 年 10 月已有 6 232 个项目在 46 个国家启动,有 15.5 万名各国公民得到培训。①

积极公民项目的参与者为有志于给社区和社会带来积极影响和变化的人士,包括非政府组织人员、宗教领导人、政治家和社区活跃的年轻人等。通过这个项目,能够使参与者积极参与到社会治理中,给本社区带来新的积极的变化和影响。为了实施积极公民项目,协会选择能够影响社区文化并对倡导社会公正具有执行力的当地或者英国的社会组织和大学等作为合作伙伴,例如格鲁吉亚的和平与发展学院、尼泊尔的青年组织协会、英国的伯里亚洲发展协会、黎巴嫩的人与自然发展协会、巴基斯坦的企业和社区学会、埃塞俄比亚的青年联盟等等。协会每年举办大量的活动和研讨会,把来自各种文化背景的合作伙伴、项目推动者和实施者聚集到一起,使这些志同道合的人事形成人际网络,共享知识,理解文化间对话的价值。活动形式包括国际访学、构建伙伴关系网、推动者研讨会、社会行动计划等。2010 年积极公民项目在缅甸启动以来,已经有 3 000 多名社区领导人参与这个项目,全国有 30 个社区参与其中。②

---

① 参见 http://www.britishcouncil.org/actice-citizens 2016 - 10 - 15.

② 参见 https://www.britishcouncil.org/active-citizens/global-locations/east-asia/Myanmar-shaping-a-shifting-society 2016 - 10 - 12.

英国文化教育协会通过积极公民项目,直接接触到了被其界定为重点目标受众的精英人群,即年轻人、政策制定者和决策者、有领导潜力的人士。通过对这些精英人群的引导和培训,培养他们对英国的认同感。积极公民项目使英国文化教育协会更加深入地参与和影响所在国家和地区的社会变革,影响甚至引导这些国家和地区的社会变革朝着有利于英国的方向发展。

近年来,英国文化教育协会主要从以下几个方面继续完善:

1) 推广高等教育和技能培训

英国不断推出鼓励和吸引留学生的新政策。英国政府于 2007 年 5 月推出了新的"国际毕业生计划"(International Graduates Scheme,IGS),规定留学英国的学生毕业后均可在英国居留和工作一年而无须工作许可,也没有任何学习成绩限制。2008 年 6 月,英国政府又推出了一个新的"毕业工作类签证计划"(Post-Study Work),规定获得毕业工作类别签证的毕业生,可以申请最长可达两年的在英国停留时间,为更多赴英留学人员提供更为宽松的毕业留英机会。此外,苏格兰和威尔士等地也推出新的奖学金项目系列。苏格兰政府启动了"招贤纳才计划"(Fresh Talent Initiative),宣布自 2005 年夏季起,向全球提供 22 个全额奖学金名额,以资助在苏格兰攻读硕士课程的留学生。苏格兰政府希望能够吸引到更多有才华、具有企业家精神的学生到苏格兰,帮助他们提高技能、积累经验。威尔士政府则推出了"威尔士毕业生实习就业计划"(Graduate Opportunity Wales),旨在帮助毕业于威尔士的学生找到在本地就业的机会,助力威尔士的经济、产业发展。

英国文化教育协会管理下的教育英国(Education UK)网站和非凡英国(GREAT Campaign)项目可为 220 万来访者提供赴英国学习信息。同时,根据 2015—2016 年世界大学排行榜,世界排名前 8 位的大学有 4 家来自英国,分别是剑桥大学、牛津大学、伦敦大学学院、伦敦帝国学院。这些高等学校具有世界顶尖水平和知名度,也吸引了全球领先的学者与行业专业人士,巩固了英国教育品牌的声誉。英国前首相托尼·布莱尔信心十足地宣称:"在一个终身学习的世界里,接受英国的教育是人生的一张头等车票。"(徐波,2009)赴英国留学的学生人数也不断攀升,以中国为例,1973 年中国学生赴英留学只有 16 人,而 2013 年则已超过 10 万人。2014 年是中英留学开展 40 周年,时任中国国务院副总理刘延东出席了中英人文交流机制框架下的"中英留学 40 年"纪念活动并表示:"中国已成为英国最大的生源地国家。"①

2)完善科研机制、加强科研合作

英国的学术研究一直致力于加强以质量为导向的科研机制。1986 年,英国政府在全国范围内开展以质量为导向的"科研评估机制"(Research Assessment Exercise,RAE),并以此作为分配科研经费和确定院系排名的依据。2008 年评估结束后,英国政府又推出了"研究卓越框架"(Research Excellence Framework,REF),2014 年开展的新一轮科研评估将采用 REF 评价体系。在此激励下,英国在高等教育和科研领域长期保持着领先优势,确立了各类教育交流项目和青年领袖培训项目的良好声誉。根据英国商业、创新和技能部(BIS)发布的《2011 年英国学术研究现状国际比较报告》,尽管英国学者产出论文的总量并不领先,2010 年为 12.4 万篇,明显低于美国的 46.5 万篇,也低于中国的 33.1 万篇,但从被引频次和高引论文总量看,英国则仅次于美国,位居世界第二位。

英国文化教育协会汇聚来自世界各地的教育专家和政策制定者,签订了有关科研、学术合作、技术发展等的合作项目,增加了国外民众对英国科学技术领域的了解;宣传英国在科技、医学、工程、环保方面取得的最新成果;支持与科学技术相关的海外研究计划、人才资源开发和技术转让,并推动建立合作项目。2013 年英国文化教育协会开发的"科研人员链接"(Researcher Links)项目与 19 个国家发起了 100 多项双边研究合作,"全球创新计划"(Global Innovation Initiative)与全球商业创新和技能部、国际教育中心等发起 23 项多边研究合作。2014 年 4 月,英国设立英国政府科学与创新计划"牛顿基金"。协会通过该项基金,帮助英国与 13 个新兴经济体之间建立了超过 90 个研究

---

① 参见 http://news.ifeng.com/a/20140423/40006749 0.shtml.

合作项目,以支持机构发展和未来贸易联系。

3)促进学校间交流

英国文化教育协会的"课堂连线"项目(Connecting Classroom)已使世界8 600所学校参与到国家联谊,来自37个国家的3 200多位学校领导接受培训;协会的在线学校网站(Schools Online)和电子姊妹校网站(e-Twinning)推动英国与海外2.2万所学校发展国际项目,促成了英国教师与欧洲合作伙伴之间6 800多个项目。此外,英国文化教育协会通过其管理的国际大学生实习交流协会(The International Association for the Exchange of Students for Technical Experience,IAESTE)在英国的项目,达到促进技术和专业发展,提高在校学生、学术团体和企业以及更广的人类社区之间国际理解和合作意愿的目标。

4)组织社会活动和促进文明社会

在气候变化领域,2012年,英国文化教育协会组织的"绿色生活行动(E-idea)"大赛在澳大利亚、中国、印度尼西亚、日本、韩国、泰国和越南7个国家成功举办,参赛团队纷纷提出帮助日常生活更加环保、更加经济的创意计划。协会为获胜团队提供了包括技术、市场运营、资金、管理培训等在内的多方面支持,并帮助获胜团队多方联络,以实现长久发展。① 协会组织的国际气候冠军项目(International Climate Champions)从巴西、加拿大、中国等"G8+5"国家中,选择中等教育阶段的优秀学生,让他们聚在一起各自提出自己应对气候变化的对策。

在跨文化对话领域,2000年,协会同BBC合作搭建"www. footballculture. Net"全球性足球主题活动,来自世界各国的青少年在论坛上用英文热烈讨论分享自己的足球故事。这样的活动使得风靡全球的英国足球,成为全世界更多人相互交流的灵感来源。此后,协会又组织"英超技能"项目(Pemier Skills),通过足球帮助年轻人创造美好未来。协会在新世纪还发起了一个"梦想家团队"的运

---

① 参见 http://e-idea.org.

动节日,多个国家的青年人参与到这个项目中,培训了未来的领袖,这个项目帮助更多的年轻人为成为"全球公民"(Global Citizen)而做准备。

在"政府—法制"领域,协会重视边缘人群或受忽视人群的权益声张和保护。协会同英国外交部(FCO)、英国海外发展署(DFID)等英国国内相关机构合作,也同海外的政府机构和民间组织展开直接对话,在发展中国家法制化民主进程中积极发挥作用。2004 年协会在塞拉利昂开展"公正发展项目(Justice Development Program)",项目辐射经济金融发展、社会公共资源分配、艾滋病诊断与治疗、环境可持续等塞拉利昂社会发展的诸多方面。项目在对客观环境进行全面评估调研的基础上,制定方案规划,明确受益群体,识别潜在风险,并在前期、中期和后期都进行相应的效果评估,获得了很大成功。

(二) 教育与社会活动变化趋势

根据词频标注结果,二级标签组成: 教育与社会活动——留学类、教育合作、社会活动、科技类(分别针对标注附录 3 中普通教育、国际合作、民主、民生、司法、就业培训等二级标签)。统计各活动领域在每份年报中的词频,可以得到 15 份年报所反映的词频变化趋势,如图 5.6 所示。

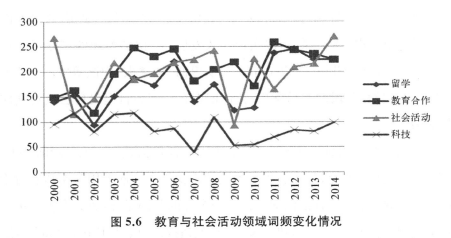

图 5.6　教育与社会活动领域词频变化情况

图 5.6 中,横轴为英国文化教育协会工作的年份,纵轴为各领域二级标签的词频总数,两条曲线分别代表普通教育和社会活动变化。从图中可以看出,活动的词频总体变化趋势是逐年增加,尤其是教育合作和留学服务增幅明显。

同图 5.4 和图 5.5 中所示，2002 年和 2009 年出现了两次活动低谷。2002 年由于 SARS、伊拉克战争和恐怖袭击使得协会的工作受到了影响，而 2009 年协会内部进行了大幅度调整，因此自 2010 年期，各项活动均呈现明显增加趋势。

普通教育领域也在 2010 年后出现了大幅增加并持续发展的趋势。大力发展教育产业，深化教育国际化进程，不仅可以给高校带来可观的经济收益，而且有利于国内经济、文化发展。在这种形势下，普通教育领域的国际交流越来越受到重视。第一个增幅出现在 2004—2005 年，布莱尔上台以后继续扩大教育市场的对外开放，并拓展跨国远程教育服务，鼓励各高校与外国大学合作办学或者进行海外办学活动。2004 年 3 月，英国政府启动了新的扩充国际学校的奖励办法，对具有创新模式的国际合作办学给予充分认可。2004 年英国政府颁布的《将世界引入世界一流教育》的战略文件中也提到跨国教育的发展，不但有助于提升合作国家的教育质量，也利于帮助英国国内外的相关机构建立起长期的战略合作关系。2006 年，第二阶段的国际教育首相计划（Prime Minister's Initiative for International Education）出台，鼓励英国国内的高等院校与海外大学合作。在继续教育领域，2008 年，英国制定了一个新的国际化战略《全球化：迎接挑战——英国继续教育国际战略》（Globalisation: Meeting the challenge: An international strategy for further education in England），以更好地为这个国际化社会做出贡献。2013 年，英国又出台了新的教育国际化政策——《国际教育：全球增长与繁荣》（International Education: Global Growth and Prosperity），更加关注教育的国际化问题。同时，由于普通教育的留学事务需要英语语言能力认证，其发展也极大地推动了英语语言及考试项目发展。

社会活动领域在这四项活动领域始终保持较高词频，尤其在 2002—2010 年，位居四项活动领域之首。"9·11"事件后，英国追随美国发动反恐战争，使得英国在阿拉伯世界的声誉严重受损，在 2003—2007 年间，多次遭受恐怖袭击。为了摆脱恐怖袭击的困扰，挽救在阿拉伯国家中逐渐下降国际形象，英国在阿拉伯世界推出一系列社会交流活动。2005 年先后主办了"展现信仰伊斯兰教的英国人"和"激进的中间道路"等多场巡讲,而后在阿富汗推行"省际重建小组"计划,以帮助重建医院、学校等基础设施。BBC 阿拉伯语电视新闻频道于 2008 年开播(李德芳,2012:59—62)。此外,由于英国在伊拉克战中支持美国,导致了"新老欧洲"的分裂。为了防止被欧盟一体化进程边缘化、弥合伊拉克战造成的裂痕,英国加强了与欧盟其他成员国在文化领域的合作与交流。2010 年协会与欧盟"合作基金和平运动(Play for Peace)"共同在以色列成功举办了"和平足球项目(Football for Peace Project)",2014 年协会与众多合作者启动了欧洲协会合同项目 17 项,总价值 980 万欧元。

二、英语政治形象建构

在"教育与社会活动"子语料库中,词频标注结果建构的语言交际形象情况如表 5.6 所示。

表 5.6　教育与社会活动领域词频标注结果与语言政治形象对照表

活动领域	语言交际形象	词频标注结果
Education and Society	Diversity(58)	diversity(28), multiethnic(7), multicultrual(8), harmony(15)…
	symbol of civilization (196)	democratic values(9), human rights(21), women at work(7), politicians(9), self-government(5), climate change(45), good governance(61), public security(22), children_dropout(17)…
	symbol of friendly (273)	friendly(51), amicable(47), trust(90), understanding(85)…
	…	…

在《年度报告》对教育与社会活动的描述中,建构了英语"包容性强""文明的标志""友好的语言"等诸多语言政治形象,如图 5.7 所示。下面分别进行阐释。

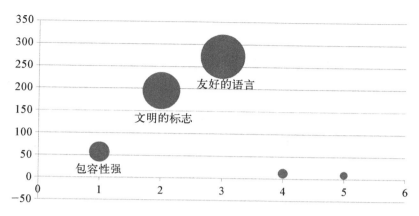

图5.7　教育与社会活动领域语言政治形象结构示意图

1. 英语作为"友好"的语言

《年度报告》中关于友好建立信任、友好、相互了解的高频词占据本领域最高。如"understanding""trust""friendly"出现的词频数分别为 85 次、90 次和 51 次。英国文化教育协会在全球范围内的工作有三个简单的衡量标准：① 协会是否促进了英国与世界人民之间的"友好认知与理解"？② 协会是否为我们工作的所在国做出了积极的贡献？③ 协会是否对英国的国际立场、繁荣和安全产生了持续的正面效应？若一个项目或一项工作未能符合以上三项要求，该项计划或工作就会被终止（夏兰·迪恩、刘玉，2016）。这也充分体现了英国文化教育协会"友好认知与理解"的目标。

例 9：In the USA we ran a series of higher education events bringing together participants from 20 of the world's top universities to discuss shared international agendas.

例 10：Despite difficulties caused by the after-effects of the SARS epidemic，we ensured that the Think UK public diplomacy campaign，which we led jointly with the Foreign and Commonwealth Office，achieved major impact in China.

2. 英语作为"包容性强"的语言

《年度报告》中关于英语文化背景的多元化的高频词如"diversity"
"harmony""multicultrual",出现的频率较高,分别为 28 次、15 次和 8 次。"从
来都不存在英语不能完全同化外来移民母语的危险,无论是路易斯安那州的
法国人、宾夕法尼亚州的德国人、明尼苏达州的斯堪的纳维亚人或者密歇根州
的斯拉夫人和意大利人,他们的第三代和第四代子孙们不可能没有听说读写
和理解英语的能力"(Potter,1979)。

3. 英语作为"文明社会的标志"

《年度报告》中通过对协会社会活动的描述,不仅隐晦地批评其他国家诸
如社会治安较差、人权问题严重等不同领域的缺点,也相应地表明英国的社会
优越性。展示英国社会民主、制度优越等词频较高,如"good governance"
"climate change""human rights"分别占 61 次、45 次和 21 次。

例 11:**CHOOSING THE UK AS A STUDY DESTINATION — A STUDENT'S PERSPECTIVE**

"Yuan Yuan first contacted the British Council at one of our Education UK exhibitions in her hometown of Shanghai. After choosing the UK for her postgraduate studies，she prepared herself for a culture and education system very different from her own by attending a British Council pre-departure briefing programme. Back in China，after successfully completing an MSc in Development Finance at the University of Manchester，Yuan Yuan now works for a UK-owned international consultancy company in Beijing. She is a regular visitor to My Education UK，our online alumni community，and has helped promoting the UK as a study destination. She says she misses many things about the UK：the beauty of the countryside，free entry to museums，British deserts and saying 'Cheers' to the driver when she gets off the bus."

　　《年度报告》文本多次出现英语改变学习者工作和生活水平的案例。"媛媛第一次接触到英国文化教育协会是在她的家乡上海的一次英国文化教育协会的教育展上。她决定选择赴英国攻读硕士学位研究生，为自己准备了与她自己完全不同的文化和教育系统，参加英国文化教育协会的留学前说明活动。后来，媛媛在曼彻斯特大学获得了发展奖学金，回国后，她在北京一家英国国际咨询公司上班。媛媛经常光顾英国文化教育协会的线上校友社区——我的英国教育经历（My Education UK），并帮助宣传让人们选择英国作为留学目的地。她说她很怀念英国：美丽的乡村、英式甜点……"

　　这段文字没有直接说明英语改变人们生活，但是讲述了一个叫媛媛的中国女孩，通过与英国文化教育协会联系，学习英语、留学英国，最后实现人生目标的故事，强调小女孩通过学习英语、获得留学英国并得到奖学金的机会，回国后还获得了在英国企业工作的机会，从此获得了美好的生活。文本在讲述案例后,继续描述媛媛在回国后推荐别人选择英国作为留学目的地,并怀念在英国的良好的社会环境、自然环境和人文环境。文本中通过对媛媛回国后的表现,继续强调媛媛选择学习英语、去英国留学是一个正确的选择,以此证明英语确实改变了媛媛的生活。

第六章
英国在不同区域的语言推广策略与价值

从英语推广活动的区域划分来看,语料库的国名信息统计数据共提及 100 个国家,其中出现频次最高的国名为"英国",累计出现 3 704 次,出现频次最低的国名为"摩尔多瓦(Moldova)",累计出现 3 次。累计出现频率排名前 10 位的国家及其人口、GDP 排名、GDP 总量、前殖民地国家身份、英语是否为官方语言等情况统计如表 6.1 所示(完整信息详见附录)。

表 6.1 出现频率排名前 10 位的国家信息简表

序号	国 名	特征串	累计频率(次)	人口(百万)	GDP排名	GDP总值(百亿)	前殖民地	英语是官方语言
1	英 国	Britain, British, UK, England	3 704	64.43	10	2.679	否	是
2	中 国	China, Chinese	295	1 373.541	1	19.39	否	否
3	印 度	India, Indian	209	1 266.883	4	7.965	是	是
4	俄罗斯	Russia	179	142.355	7	3.718	否	否
5	巴 西	Brazil	120	205.823	8	3.192	否	否
6	伊拉克	Iraq, Iraqi	118	38.146	37	0.544	是	否
7	阿联酋	Emirates	103	5.927	33	0.648	否	否
8	土耳其	Turkey, Turkish	97	80.274	18	1.589	否	否

续　表

序号	国　名	特征串	累计频率(次)	人口(百万)	GDP排名	GDP总值(百亿)	前殖民地	英语是官方语言
9	巴基斯坦	Pakistan	85	201.995	26	0.931	是	是
10	爱尔兰	Ireland	64	4.952	53	0.257	否	是
11	美　国	USA，US，United States	58	323.995	3	17.95	是	是
12	……	……	……	……	……	……	……	……

在这100个国家中,属前殖民地国家24个(占比24%),非前殖民地国家76个(占比76%);英语为官方语言的国家21个(占比21%),英语为非官方语言的国家79个(占比79%);非前殖民地且英语为非官方语言的国家70个(占比70%)。

在15份年报中,出现频次大于45次,即平均每份年报至少出现3次的国名只有16个,出现频率大于75次,即平均每份年报至少出现5次的国名只有9个(英国、中国、印度、俄罗斯、巴西、伊拉克、阿联酋、土耳其、巴基斯坦)。为此,本书分别在"内圈""外圈"和"扩展圈"中选取出现频次最高的两个国家,即美国和爱尔兰、印度和巴基斯坦、中国和俄罗斯分别作为"三圈"国家的典型代表。

第一节　英国在"内圈"的语言推广策略与价值

一、英国在"内圈"的语言推广策略

根据词频标注结果,统计各活动领域在每份年报中的词频,可以得到15份年报所反映的英语语言教育与考试、文化艺术交流、教育与社会活动三项活动在"内圈"的活动分布情况,如图6.1所示。

图6.1中横轴表示年份,纵轴表示各项活动二级标签的词频数,即各项活动的出现频率。从整体上看,英国文化教育协会在"内圈"的活动分布为:教

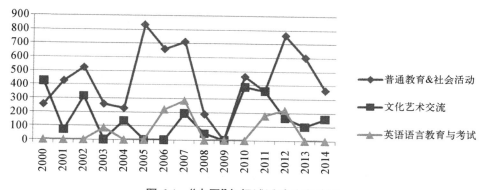

图 6.1　"内圈"各领域活动分布情况

育与社会活动＞文化、艺术交流＞英语语言教育与考试。下面分别阐释各领域活动的概况及相应的语言形象建构。

（一）英语语言教育与考试——"标准英语"

在"英语语言教育与考试"子语料库中，通过"美国"和"爱尔兰"并集的共现词标注，得出英语语言教育与考试活动在"美国"和"爱尔兰"，即"内圈"所建构的英语交际形象，如表 6.2 所示。

表 6.2　"内圈"英语语言教育与考试领域词频
标注结果与语言交际形象对照表

国　家	语言交际形象	词频标注结果
US & Ireland	standard language（221＋）	UK_English(105)，British_English(48)，examinations (36)，qualifications(15)，standard(17)
	language of education(63＋)	education（28），schools（12），examinations（14），courses(9)…
	…	…

本章选取最高词频所显示的语言交际形象加以解释。可以看出，在"内圈"国家中，英语作为"标准英语"的交际形象具有代表性。"内圈"国家是英语作为母语的国家，与英国同为英语标准的制定者。从图 6.2 中不难发现，协会在"内圈"国家的语言教育与考试活动很多年都呈现为"0"。其中，2003 年、

2007 年、2012 年的活动词频出现高峰。2003 年《年度报告》针对雅思考试的相关描述为：雅思考试持续快速发展，2000—2001 年度举办了 10.6 万场考试，较上一年度增长了 2/3。这项考试在美国越来越受到认可，2005—2006 年、2006—2007 年《年度报告》的相关描述为：协会举办了 10 万场雅思考试，使得英联邦考试成为最受中国和其他海外学习者认可的考试，成功取代了美国的托福考试。2012—2013 年《年度报告》的相关描述为：协会与剑桥测试中心和澳大利亚教育国际开发署合作，确保雅思考试保持世界领先的英语考试地位。协会增加考试的安全性、开发线上服务，同时，扩大在其他市场的认可度。目前，美国已经有 3 000 多个机构承认雅思考试成绩。

由此可见，协会在"内圈"国家直接针对英语的语言推广活动主要体现在英联邦主办的雅思考试。由英联邦主办的雅思考试和由美国主办的托福考试分别代表英式英语和美式英语的标准，而雅思考试的发展和领先，是英式英语作为标准英语的胜利。文本描述中多次出现了诸如"UK English""British English""qualification"等词语，强调了英国在"内圈"国家中强调英式英语作为"标准英语"的语言态度。

（二）文化、艺术交流——"历史悠久""创意的语言"

在"文化、艺术交流"子语料库中，通过"美国"和"爱尔兰"并集的共现词标注，得出英语语言教育与考试活动在"美国"和"爱尔兰"，即"内圈"所建构的英语文化形象，如表 6.3 所示。

表 6.3　"内圈"文化、艺术交流领域词频标注结果与语言文化形象对照表

国家	语言文化形象	共现词频标注结果
US & Ireland	Creativity(76+)	UK creativity(18)，designers(14)，new business(6)，creative industry(23)，creative ideas(15)
	historical language (36+)	Diversity of UK culture(10)，long-term (7)，national culture(9)，British arts (12) …
	…	…

本章选取最高词频所显示的语言文化形象加以解释。可以看出在"内圈"国家中,英语作为"历史悠久""创意的语言"的文化形象具有代表性。"内圈"国家与英国同使用英语作为母语,认同度相似。从图 6.3 中不难看出,文化艺术交流在"内圈"的活动呈逐渐增多的趋势,在 2010 年达到高峰后,持续保持偏高。

"创新"的语言形象在各区域的活动描述中都居首位,在英国具有国家战略高度。"创意"的理念是 20 世纪 90 年代被提出的,当时英国经济发展长期处于停滞状态,政府亟须找到新的经济增长点,因此英国政府决定将新的经济增长点确定为创意产业。

此外,英国文化教育协会在"内圈"国家的英语文化形象,通过一系列活动,如 2011 年,英国邀请 30 多位美国艺术家参加英国在爱丁堡组织的英国最新活动,使英国的"创意思想"和"历史"受到了一致好评;作为 2012 伦敦文化奥林匹克的一部分,协会积极促进英国和美国、哥伦比亚、墨西哥的影视公司合作。通过合作作品展示英国的悠久历史;通过一系列的音乐节、作品展等活动,协会从民族习惯、文化艺术等方面展现英语背后的浓厚艺术气息、悠久文化以及创新感,建构思路如图 6.2 所示。

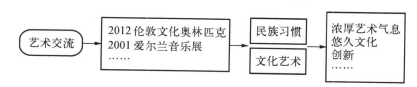

图 6.2　"内圈"文化、艺术交流领域语言形象建构示意图

（三）教育与社会活动——"包容性强"

在"教育与社会活动"子语料库中,通过"美国"和"爱尔兰"并集的共现词标注,得出英语语言教育与考试活动在"美国"和"爱尔兰",即"内圈"所建构的英语政治形象,如表 6.4 所示。

表 6.4 "内圈"教育与社会活动领域词频标注
结果与语言政治形象对照表

国家	语言政治形象	词频标注结果
US & Ireland	Diversity(58)	diversity（28），multiethnic（7），multicultrual（8），harmony(15)…
	symbol of friendly(273)	partner(47)，trust(90)，understanding（85）…
	…	…

本章选取最高词频所显示的语言交际形象加以解释。可以看出在"内圈"国家中，英语作为"包容性强"的政治形象具有代表性。"内圈"国家与英国有很多共同的利益，追求持续合作是教育与社会活动的最终目标。从图 6.4 中可以看出，教育与社会活动总体说是英国文化教育协会在"内圈"的首要活动。

英国外交部在 2003 年 1 月首次召开的全体驻外使节会议上，阐述了英国未来外交工作的指导原则，其中第一条就是继续保持同美国最亲密的盟友关系。2007 年，英国文化教育协会推出全球改变计划，与世界经济论坛以及联合国等其他国际组织合作，为年轻人提供一个全球网络平台，使其可以分享经验，并且利用平台的资源改变自己的社区、国家或地区，使年轻人可以成为社会积极变革的力量。针对美国，英国在该计划框架下出台了跨大西洋网络2020 计划，旨在建立大西洋两岸的下一代领导人间的联系，即为来自商业、艺术、学术、民间团体、传媒、科技和政治各个领域的北美和英国年轻人建立良好的合作关系，寻找创造性的解决方案，来共同解决 21 世纪可能限制年轻人发展的全球性挑战。他们在华盛顿讨论"信仰与科技"、在伦敦学习如何"预示未来"。2011 年 5 月，美国总统奥巴马拜访英国首相卡梅伦时，双方重申在尖端实验室、大学、科学领域、智库、政府机构人才发展等方面进行合作。卡梅伦首相和奥巴马总统同时希望"高等教育论坛"等活动可以鼓励高等教育机构间进一步合作，可以使英美两国学生有更好的技能本领，以适应未来经济社会发展。

在教育与社会活动领域,协会在"内圈"国家举办一系列活动,例如,2012 年协会在美国举办高等教育活动讨论国际事务,2013 年在美国、哥伦比亚、墨西哥、巴西等国举办教育展,2011 年与微软公司合作教育联合项目等活动,这些活动的目的是改变"对英国科学技术能力的评价",提高"对英国科技的预期"。由此展现了英国在教育和科技领域的优势形象,我们将其概括为"热爱科学、创新性强"。同时,协会调查发现,对其他国家的文化和价值观的欣赏也可以引起他国对英国好感的提升,因此英国极力展现其社会的文化包容性。通过音乐展、文化展、教育合作、科研合作等项目,英国在"内圈"国家建构了其在民族习惯、文化艺术、教育和科技领域的优势形象,可以概括为:历史悠久、文艺气息浓厚、热爱科学、创新、文化包容性强。建构思路如图 6.3 所示。

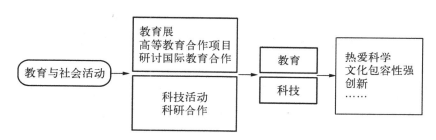

图 6.3 "内圈"教育与社会活动领域语言形象建构示意图

二、英国在"内圈"的语言推广价值

(一)"内圈"国家语言国情、语言态度和语言需求

"内圈"国家是指英语为母语的国家,他们是英语标准的制定者。美式英语起源于 17、18 世纪的英式英语。1620 年,第一批清教徒乘船抵达现马萨诸塞州东南部的普利茅斯,建立殖民地的同时将英语带到了北美大陆,这便是美式英语的起源。在历经了"北美英语"(English in North America)或"殖民地英语"(Colonial English)、"美利坚合众国英语"(English in the USA)、"美国英语"(American English)之后,美式英语的地位也随之被逐步认可。多年来,

由于语言推广的巨大经济价值和隐性的文化价值、政治价值等，英美两国对英语的竞争与合作一直是相伴相生。

在文化方面，鉴于英美两国在经济、科技、文化等领域一直存在广泛合作，英国对美国的文化外交重点除了发展两国间在教育、科学、技术领域的交流，还着力改善英国在英语世界民众中"缺乏亲和魅力的祖父式的老古董"形象，推崇英国"充满活力和具有创造性的形象"（李德芳，2012：59）。英国对美国进行文化外交最大的优势在于英语以及相近的文化背景和价值观念，两者交流非常便利，更容易建立理解和信任，产生认同感。但同时，英国对美国的文化外交也存在挑战。面对美国文化在全球范围内的影响力，英国只能强调用其长期沉淀的文化内涵，并通过与时俱进的发展变化来影响美国的"流行文化"，不但在美国国内提升英国的国家形象和影响力，而且通过与美国的合作，提升英国的世界影响力。英国也希望通过与美国合作，进一步加强自身教育、科技、创新能力，吸纳美国的最新科技，发展自己的科技文化。

在政治方面，美国作为"冷战"后唯一超级大国，在当今国际舞台上拥有举足轻重的地位和前所未有的影响力。英国意识到只有借助美国的影响力，才可以抬高自身价值体量，提升其在国际事务中的影响力。布莱尔曾明确表示："与美国的关系一直是英国最重要的私人关系及资源，它将有助于实现我们的许多目标，尤其在安全方面。"英美都属发达国家，又有共同的文化价值观和亲密的外交伙伴关系，英美两国的未来领导者有机会建立一种联系和友谊，有助于他们在日后具体问题达成共识，更好合作。英国选择与美国合作，一方面能节约文化输出的资金、共享资源、提高效率；另一方面可以形成一个统一的阵营，避免竞争，形成一股强大的文化风暴，对英国来说更可以借助美国的文化影响力扩大英国文化外交的效果。2012年5月，英美两国设立了"英美联合战略委员会"（Joint Strategy Board），对未来合作中出现的问题进行讨论，分析即将遇见的挑战如何影响英美未来的选择，并共同寻求解决方案。英美联合战略委员会由美国国家安全人员和英国国家安全秘书处联合主持，英美外交部、国防部，以及美国国家情报主任办公室、联合情报组织在英美联合战略委员会都有代表，同时，英美联合战略委员会所有的工作都要向英美国家安全顾问汇报。

（二）语言推广在"内圈"的隐性价值

通过"美国"和"爱尔兰"并集的共现词标注，"美国"和"爱尔兰"共现的"隐性价值"标签的高频词和短语，即"内圈"语言推广的隐性价值，如表6.5所示。

表 6.5　"内圈"词频标注结果与隐形价值对照表

国家	语言推广隐性价值	共现词频标注结果
US & Ireland	mutual identity(278+)	lasting relationships（91），strengthen bilateral relationship（63），develop network（23），build trust（84），inter-ethnic harmony(17) …
	promote English image（138+）	creative exchange(74)，focus on the British fashion（22），positive long-term impressions（42）…
	…	…

由表 6.5 可以看到，英国语言推广在"内圈"最显著的价值是增强"内圈"国家对英国的认同，促进积极的英国形象。由此，基于"内圈"国家对英语"竞争"的语言态度，"标准英语"的标签潜移默化地辅助英国推广强化"英式英语"标准性。鉴于"内圈"国家与英国有共同语言、文化认同感多，英国和"内圈"国家对英语的文化价值都呈现出"忠诚"的态度，同时面对美国文化的"流行文化"席卷全球的现实，英国对美国的文化外交只能强调其长期沉淀的文化内涵，"历史悠久"的标签有助于唤起"内圈"与英国的共鸣、增加"内圈"好感、增进了解，达到提高认同度的隐性价值。基于"内圈"与英国在政治、社会活动等多方面存在合作的现实，英国希望通过与美国的合作，加强自身的教育、科技、创新能力，发展自身科技文化。"包容性强"的标签标明英国文化的多元性、包容性，适合作为合作对象，促进了英语文化认

同度的增加。

第二节 英国在"外圈"的语言
推广策略与价值

一、英国在"外圈"的语言推广策略

根据词频标注结果,统计各活动领域在每份年报中的词频,可以得到15份年报所反映的英语语言教育与考试、文化艺术交流、教育与社会活动三项活动在"外圈"的活动分布情况,如图6.4所示。

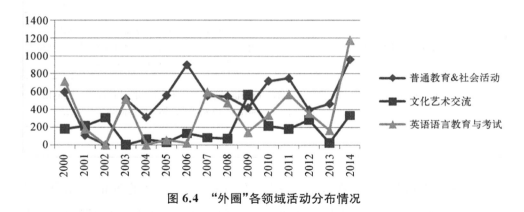

图 6.4 "外圈"各领域活动分布情况

图 6.4 为英语语言教育与考试、文化艺术交流、教育与社会活动三项活动在"外圈"的活动分布图。图中横轴表示年份,纵轴表示各项活动二级标签的词频数,即各项活动的出现频率。从整体来看,协会在"外圈"的活动分布比较均衡。下面分别阐释各领域活动的概况及相应的语言形象建构。

(一)英语语言教育与考试——"改善生活水平的工具"

在"英语语言教育与考试"子语料库中,通过"印度"和"巴基斯坦"并集的共现词标注,得出英语语言教育与考试活动在"印度"和"巴基斯坦",即"外圈"所建构的英语交际形象,如表6.6所示。

表 6.6　"外圈"英语语言教育与考试领域词频
标注结果与语言交际形象对照表

国家	语言交际形象	共现词频标注结果
India & Pakistan	lives(258+)	quality(36)，services(22)，materials(20)，lives(51)，employment(61)，job(53)，economy(15)…
	education(193+)	teaching(28)，education(15)，teachers(29)，learners(12)，training(36)，schools(22)，students(20)，examinations(19)，courses(12)…
	communicaion(164)	website(72)，interculture(56)，online(36)…
	…	…

本章选取最高词频所显示的语言交际形象加以解释。从表 6.6 中可以看出在"外圈"国家中,英语作为"改善人们生活水平的语言"的交际形象具有代表性。"外圈"国家是英语作为官方语言的国家,多数为前殖民地国家。从图 6.4 中可见,自 2006 年起,"英语语言教育与考试"活动在"外圈"国家中呈逐渐增多的趋势。在英国对巴基斯坦的 29 项优势项目中,教育合作、英语培训、师资培训等与英语语言推广相关的项目有 17 项,占比 58.6%;在对印度的 35 项优势项目中,与英语语言推广相关的项目有 19 项,占比 54.3%由,远高于"内圈"国家、"扩展圈"国家。"外圈"国家的民族主义兴起致使其对英语的语言态度逐渐恶化,从 2006 年开始,印度政府加大外交力度,推动印地语成为联合国的工作语言之一(古埃,2006)。

文本中与"印度"和"巴基斯坦"并集的共现词还包括"digital""training""internet""online"等,由此可以推测协会在"外圈"的英语推广重点是加强教师培训,借助互联网、广播、电视、智能移动终端等信息化平台开展远程在线英语教学活动。如:

例 1："Our priority in English is to extend access to quality English learning. In India about 4.4 million learners used innovative digital and print products，and in partnership with state governments 840,000 teachers have benefited from our training with the ..."摘自 2013 年《年度报告》："我们英语语言教学及考试活动主要是试图提供优质的英语学习。在印度有 440 万的学习者使用数字化设备和打印材料，通过与印度政府合作，有 84 万名教师受益于我们的培训。"

例 2："In Pakistan over **1,400 trainers and teachers received English medium instruction training** through the Punjab Education and English Language Initiative."摘自 2013 年《年度报告》："在巴基斯坦，有 1 400 多名培训师和教师通过旁遮普教育和英语计划接受英语作为教学用语的培训课程。"

印度只有 25％的职业技术学校毕业生和 10％左右的大学毕业生的英语水平可以满足就业需要。英国文化教育协会与 2007 年推出英语计划，致力于解决这些问题，其手段包括英语教育改革以及提供高质量的英语教育。"改善人们生活水平"作为这项活动的口号，为英语在印度提高了美誉度。

（二）文化、艺术交流——"经典文化的语言"

在"文化艺术交流"子语料库中，通过"印度"和"巴基斯坦"并集的共现词标注，得出英语语言教育与考试活动在"印度"和"巴基斯坦"，即"外圈"所建构的英语文化形象，如表 6.7 所示。

表 6.7 "外圈"文化、艺术交流领域词频标注结果与语言文化形象对照表

国家	语言文化形象	词频标注结果
India & Pakistan	Creativity(88＋)	UK creativity（26），designers（9），UK creative economy（11），new business（8），creative industry（15），creative ideas（19）

续　表

国家	语言文化形象	词频标注结果
India & Pakistan	language of classic culture(162+)	significant(13)，expertise(25)，leardership(32)，reinvention of Shakespeare(11)，the best of UK arts(30)，Uk values(9)，British arts(24)，birth of Benjamin Britten(9)，classical forms(4)，Darwin's legacy(5)…
	symbol of modernization (42+)	scince(19)，mordern(9)，young(8)，digital service (11)，revolution(6)…
	…	…

本章选取最高词频所显示的语言文化形象作以解释。可以看出在"外圈"国家中,英语作为"经典文化的语言""创意的语言"的文化形象具有代表性。"外圈"国家是前殖民地国家。从图 6.4 中不难看出,文化艺术交流在"外圈"的活动呈逐渐增多的趋势,但在 2010 年达到高峰后,始终处于低位。

2010 年,英国文化教育协会与印度文化部、丽申画廊合作,在德里和孟买展出了安尼诗·卡普尔(Anish Kappor)等最蜚声国际的英国特纳奖得主和被提名艺术家的作品,向印度人民展示英国艺术。英国首相卡梅伦 2010 年与印度签订了文化条约,是英国和印度之间首次文化合作,被英国媒体称为"开天辟地"的展览,并认为该展览"提升了印度的艺术档次"。

在艺术交流领域,协会在外圈国家举办一系列艺术展、文化节、博物馆项目、图书馆项目等,如"莎士比亚形象重塑""祖国主题现代艺术展""非凡英国项目""卡拉奇文学节"等,这些活动的目的在于重建英国在印度的形象、重建英国与印度间的文化关系、展现英国的现代化、英国文化经典的重新解读、展示英国设计理念等。通过以上活动,英国在文学艺术领域和科技领域建立了英国的优势形象。我们将其概括为:现代化、设计感强、经典。建构思路如图 6.5 所示。

图 6.5　"外圈"艺术、文化交流领域语言形象建构示意图

（三）教育与社会活动——"友好的语言"

在"教育与社会活动"子语料库中，通过"印度"和"巴基斯坦"并集的共现词标注，得出英语语言教育与考试活动在"印度"和"巴基斯坦"，即"外圈"所建构的英语政治形象，如表 6.8 所示。

表 6.8　"外圈"教育与社会活动领域词频标注
结果与语言政治形象对照表

国家	语言政治形象	词频标注结果
India & Pakistan	Diversity(58)	diversity(28)，multiethnic(7)，multicultrual(8)，harmony(15) …
	symbol of civilization (196)	democratic values(9)，human rights(21)，women at work(7)，politicians(9)，self-government(5)，climate change (45)，good governance (61)，public security(22)，children_dropout(17) …
	symbol of friendly (273)	friendly(51)，amicable(47)，trust(90)，understanding (85) …
	…	…

本章选取最高词频所显示的语言文化形象加以解释。可以看出在"外圈"国家中，英语作为"包容性强的语言"的文化形象具有代表性。

在巴基斯坦，2008 年英国举办的就业能力技巧项目与国家职业技术教育委员会密切合作，和捷豹路虎这样的公司一起帮助发展就业所需的相关课程以及工作基础方面的培训。教育技能项目的中心目标是应对全球化经济发展对技能的需求，强调在竞争日益激烈的劳动力市场中专门技能的重要性,使教育和培训体系能更好地应对劳动力市场的需求和学习者的需要。

在教育与社会活动领域,协会在外圈举办教育合作、就业培训、科研合作、政策对话等,这些活动旨在为落后地区扩大视野,处理英国与该地区之间的历史偏见,促进外圈国家的高等教育发展,促进教育创新研究,帮助该地区的失学儿童重返校园等。通过以上活动,英国在教育、科技、民生等领域建立了英国的优质形象,我们将其概括为:现代化、创新、权威的、发展的、友好的。建构思路如图 6.6 所示。

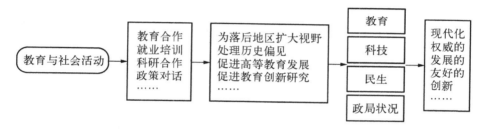

图 6.6　"外圈"教育与社会活动领域语言形象建构示意图

而英国的优质形象的建立,正是基于协会对外圈国家劣势形象的描述。

例 3:"We have also continued to support the UK's development agenda in South Asia, including in **Pakistan and Afghanistan where major security challenges remain**."(2012,p.42)

例 4:"The report explored **the identity dilemmas of young people and their lack of confidence in the institutions** of Pakistan"(2009,p.8)

例 5:"It is estimated that **only 25 percent of technical graduates and ten to 15 percent of general college graduates** in India **are suitable for immediate employment**."(2008,p.50)

我们将文本中"外圈"国家的劣势形象加以归纳,如图 6.7 所示。

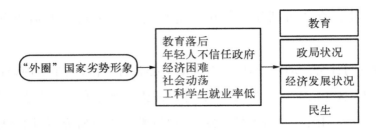

图 6.7　"外圈"国家劣势形象建构示意图

由此可见,除了艺术和科技两个领域,文本中建立的英国的优势形象与"外圈"国家的劣势形象完全对应。据文本描述,艺术交流活动的目的是增进双方的深度了解、重塑英国的形象。而在科技领域,印度的科研能力远胜于英的情况下,文本中不断强调的词语是"collaborations""partnershp"等建立伙伴关系、建立合作关系等平等关系。同时,根据统计,整个文本中英国相对于"外圈"国家的优质形象有 10 项,分别为占据国际合作、国际教育、教育改革、教育合作、就业培训、师资培训等不同领域,而"外圈"国家的优质形象描述只有 1 项:印度的经济发展迅速,这是英国在印度重点开展活动不可避免的客观因素。由此,英国的优质形象是建立在外圈国家的劣势形象之上的。

二、英国在"外圈"的语言推广价值

(一)"外圈"的语言国情、语言需求和语言态度

印度是前英属殖民地,作为印度的官方语言,英语在印度的使用人口仅 3%,但印度庞大的人口基数,使得印度成为世界上使用英语人口最多的国家之一(Baldridge J,2002)。在印度,说英语的人都是双语者或多语者,其使用英语既是工作需要,也是为了与语言不通的其他印度人进行交流。在对具研究生学历的大学英语教师的一项调查报告中显示,每天有机会与英语本族语者交流的人仅有 5.12%,偶尔有机会交流的为 65.64%(Baldridge J,2002)。在印度,英语一直为接受过高等教育的精英阶层所掌握,这个群体虽然数量少,但其在印度的政治、经济、科技等方面却具有主导作用。印度独立前,英语是高等教育的唯一教学语言;独立后,为便于向全体国民提供公平均等的教育机会,高等教育开始将印度的民族语言纳为教学语言,但英语在大学教育特别是研究生教育阶段仍然是主要教学语言,在科学技术专业领域则是唯一的教学语言。经济全球化大潮促使很多印度人改变了对英语的认知。在信息技术领域,英语为印度创造了丰厚的市场价值,具备良好的英语能力开始被看作获得优越工作职位的一把钥匙。中产阶级和上层社会的家长们也都希望自己的子女通过英语得到最好的教育机会,普通百姓也竞相效仿这种行为模式。为了提高社会和经济地位,印度年轻一代放弃学习使用自己的母语而努力掌握英语这一社会主流语言已经成为一种时尚和趋势。

为此,印度独立后就致力于语言主权的本地化,发展印地语、保持语言的多元化特性是印度基本的语言政策。从 2006 年开始,印度政府加大外交力度,旨在推动印地语成为联合国的工作语言之一(古埃,2006)。与此同时,大多数印度人对英语在印度的强势状态并不欣赏,抵制英语的事件时有发生(Baldridge J,2002)。一些有识之士开始倡议政府采取相关举措,取消英语在印度的官方语言地位,使印地语真正成为代表印度各民族的唯一官方语言(Dhanuka D R.,2006)。

巴基斯坦是前英属印度殖民地的一部分,1956 年获得独立。巴基斯坦的国语是乌尔都语,官方语言是英语。表象上看,每年有数以千计的东亚和中东国家学生赴伊斯兰堡学习英语;在伊斯兰堡大街上,英语广告、路标随处可见;政府首脑官邸等主要国家机关都配备英语标牌;在外交部新闻发布会上,英语也是唯一的交流语言。但是如果走进巴基斯坦社会和国民生活,实际情况却大相径庭。在巴基斯坦仅 5% 左右人口粗通英语,仅 1% 左右人口能流利使用英语。一些省长和高级军官的英语水平也很有限,在工作生活中,必须使用乌尔都语或当地语言。在乡村和中小城市的中小学,一般都用乌尔都语或民族语言进行教学,每个省也都有自己的民族语言。即使在多数大中城市的小学,仍然用乌尔都语;而中学则要取决于学校档次,越是贵族学校,英语教学越严格,一些学生的英语水平甚至高于母语。一些贵族学校的英语教学发达,乌尔都语只作为其中一科,一些普通学校和宗教学校,教学语言是乌尔都语,英语则是外国语。要想进入上流社会,英语口语必须娴熟、流利。在大城市,说英语的人口比例较高,政府机关、科研院所、媒体单位、商业组织、高新技术企业的英语普及,而宗教团体、乡村和城市普通劳工群体中,懂英语的人就相对匮乏。总体来看,巴基斯坦欠发达的语言教育,在一定程度上影响其与国际社会接轨。因此巴基斯坦政府和教育部门面临着两大难题:普及英语教育,尽快走向国际化和保护民族语言生存,发展乌尔都语教育。

(二) 语言推广在"外圈"的隐性价值

通过对"印度"和"巴基斯坦"并集的共现词标注,"印度"和"巴基斯坦"共现的"隐性价值"标签的高频词和短语,即"外圈"语言推广的隐性价值,如表6.9所示。

表 6.9　"外圈"词频标注结果与隐形价值对照表

国家	语言推广隐性价值	共现词频标注结果
India & Pakistan	build on UK's reputation(224＋)	encourage repsect base on UK's experience(54), UK values(63), growing degree of familarity(23), significant impact(84) ...
	promote English image (170＋)	Outmoded stereotypes of UK abroad(74), share a fresh image(52), positive long-term impressions(42) ...
	...	...

由表6.9可以看到,英国语言推广在"外圈"最显著的隐性价值是消除历史偏见、维持英国已有的权威形象。基于"外圈"国家对英语"排斥"与"需求"并存的语言态度,"改善人们生活水平的语言""经典文化的语言""友好的语言"的语言形象,能够为语言推广提供消除历史偏见、维持英国已有的权威形象的隐性价值。

第三节　英国在"扩展圈"的语言推广策略与价值

在艺术交流领域和社会活动领域,"扩展圈"总体来讲均居于首位。"扩展圈"国家以前主要是非英属殖民地国家。例如俄罗斯,与英国长期处于冷战对立的角色。此时,艺术交流、社会公益活动等是增进了解、加强联系、增加好感和信任度的最好方式。尤其是布莱尔上台之后,实行"道德外交",提升了西方价值观念在英国外交中的战略地位,并把人权问题确定为外交重点,对第三世界和转型发展中的国家频频展开"人权攻势"。因此,社会活动和艺术交流活动也随之不断增加。

一、英国在"扩展圈"的语言推广策略

根据词频标注结果,统计各活动领域在每份年报中的词频,可以得到15份年报所反映的英语语言教育与考试、文化艺术交流、教育与社会活动三项活动在"扩展圈"的活动分布情况,如图6.8所示。

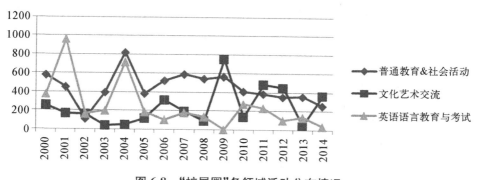

图6.8　"扩展圈"各领域活动分布情况

图6.8为英语语言教育与考试、文化艺术交流、教育与社会活动三项活动在"外圈"的活动分布图。图中横轴表示年份,纵轴表示各项活动二级标签的词频数,即各项活动的出现频率。从整体来看,协会在"扩展圈"的活动分布比

较均衡。下面分别阐释各领域活动的概况及相应的语言形象建构。

（一）英语语言教育与考试——"跨文化交际的工具"

在"英语语言教育与考试"子语料库中，通过"中国"和"俄罗斯"并集的共现词标注，得出英语语言教育与考试活动在"中国"和"俄罗斯"，即"扩展圈"所建构的英语交际形象，如表 6.10 所示。

表 6.10　"扩展圈"英语语言教育与考试领域词频
标注结果与语言交际形象对照表

国家	语言交际形象	共现词频标注结果
China & Russia	Communication (286＋)	access(38)， communication(54)， partnership(61)，website(52)， interculture(48)， online(33) …
	lives(185＋)	quality(26)， services(33)， materials(11)， lives(25)，employment(22)， job(10)， economy(58) …
	education(144＋)	education(19)， teachers(22)， learners(15)， schools(19)， students(36)， examinations(22)， courses(11) …
	…	…

本章选取最高词频所显示的语言交际形象加以解释。从表 6.10 中可以看出在"扩展圈"国家中，英语作为"跨文化交际的工具"的交际形象具有代表性。"扩展圈"国家是将英语作为外语学习的国家。从图 6.8 中可见，协会在"扩展圈"的语言推广力度始终较大，但 2005 年后却出现降低的情况。与图 6.4 对比不难看出，协会自 2005 年后，将英语语言教育与考试活动的工作重心由"扩展圈"转移至"外圈"。

英国文化教育协会与 2010 年 10 月开启了"英语学习广播"项目。该项目于 2011 年进入中国，与上海和南京的资深电台建立了合作关系，通过中方合作伙伴的电台以日播和周播的方式为中国听众带来新鲜、有趣、地道的英语资源。

（二）文化、艺术交流——"现代化的标志"

在"文化、艺术交流"子语料库中，通过"中国"和"俄罗斯"并集的共现词标注,得出文化、艺术交流活动在"中国"和"俄罗斯",即"扩展圈"所建构的英语交际形象,如表 6.11 所示。

表 6.11 "扩展圈"文化、艺术交流领域词频
标注结果与语言文化形象对照表

国家	语言文化形象	词频标注结果
China & Russia	Creativity(110+)	UK creativity(32), designers(8), UK creative economy(16), new business(6), creative industry(23), creative ideas(25)
	symbol of modernization (113+)	science(46), mordern(24), young(15), digital service(18), revolution(10)…
	…	…

2008 年英国文化教育协会出台了"英国文化教育协会未来项目中的艺术内容"(Arts Content in Future Council Programmes)报告,特意强调要加大对艺术展览的资助力度,建议经过文化教育协会每年至少投入 3 000 万英镑用于英国艺术的海外宣传(Graham Devlin,2008)。

2010 年上海世博会,英国文化教育协会在上海民生现代美术馆举办了"未来总动员:英国文化教育协会当代艺术珍藏展"。参展作品中创作时间最近的一幅,是丽贝卡·沃伦的《P/D》(2009)钢板装置艺术,这件体现当代精神的作品可以让观众体验到英国当代艺术的最新面貌。上海世博会期间的 6 个月,英国共安排了 2 007 场演出。除了向接近 800 万名英国馆参观者展现英国艺术文化外,还与很多艺术机构建立了长期的文化艺术合作关系。时任英国驻沪总领事艾琳表示:"英国在上海世博会上的展示将颠覆人们对英国的传统印象。"

2003—2004 年,英国文化教育协会耗资 500 万人民币,在北京、上海、广州、重庆四大城市举办了"中英共创未来"的创意英国宣传活动。

在艺术交流领域,协会在"拓展圈"国家举办一系列艺术展、文化节、博物馆项目、图书馆项目等,如"英-俄文化年""多文化课堂""非凡英国项目"等,这些活动的目的在于重建英国在俄罗斯的信任、重建英国与俄罗斯的文化联系、提高英国设计的国际声誉等。通过以上活动,英国在文学艺术领域、价值思想和科技领域建立了英国的优势形象。我们将其概括为:现代化、数字化、值得信任、创意。建构思路如图 6.9 所示。

图 6.9　"扩展圈"艺术、文化交流活动领域语言形象建构示意图

（三）教育与社会活动——"文明社会的标志"

在"教育与社会活动"子语料库中,通过"中国"和"俄罗斯"并集的共现词标注,得出文化、艺术交流活动在"中国"和"俄罗斯",即"扩展圈"所建构的英语交际形象,如表 6.12 所示。

表 6.12　"扩展圈"教育与社会活动领域词频
标注结果与语言政治形象对照表

国家	语言政治形象	词频标注结果
China & Russia	Diversity(58)	diversity(28), multiethnic(7), multicultrual(8), harmony(15)…
	symbol of civilization (196)	democratic values(9), human rights(21), women at work(7), politicians(9), self-government(5), climate change(45), good governance(61), public security(22), children_dropout(17)…
	symbol of friendly (273)	friendly(51), amicable(47), trust(90), understanding(85)…
	…	…

2008年7月,英国文化教育协会在中国和东亚开展"社会企业家技能"项目,这一项目为致力于改变社区的人提供社会企业的培训,旨在推广企业家社会责任意识。这个项目使很多参与者意识到企业家的社会责任感,发生了从商业企业家到社会企业家的身份转变。这一项目表明英国文化教育协会强调社会责任感,将项目与社会发展相结合,支持草根阶层参与其项目实现自身梦想,同时提升社会责任感。

在教育与社会活动领域,协会在外圈举办教育合作、就业培训、科研合作、政策对话等,这些活动旨在用数字化增加受教育机会、提高人们的防艾滋病意识、使公众接触到政府和法律信息、提供英国信息、提高公众的民主意识、用英国的专业性帮助提高法律技能等。通过以上活动,英国在教育、科技、民生、民生、政府职能领域建立了英国的优质形象,我们将其概括为:文明、民主、环保、爱心、合作、现代化。建构思路如图6.10所示。

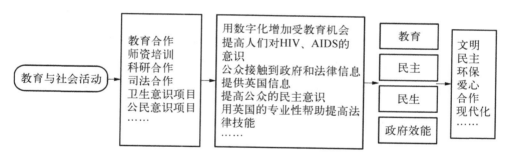

图6.10 "扩展圈"教育与社会活动领域语言形象建构示意图

而英国的优质形象的建立,正式基于协会对扩展圈国家不同形象的描述。

例6:**Political, economic and social turbulence** continues across this region. **Relationships between Russia and the West**, and between Russia and other countries in its neighbourhood,including Ukraine,**remain challenging**.(2014,p.40)

例7:In Uzbekistan every school teacher of English will be receiving training from British Council trained trainers in the next five years,and in Russia，where **opportunities for face-to-face teacher training are limited**，we reached 87,000 teachers digitally.（2010，p.66）

二、英国在"扩展圈"的语言推广价值

（一）"扩展圈"的语言国情、语言需求和语言态度

中国和俄罗斯是把英语当作外语学习的国家。英语在中国的发展历史较早，新中国成立后，我国很快开展了外语教学。经过30年的发展，中国英语教育体系逐步趋于完整化、正规化，英语听、说、读、写、译等方面的教学质量也不断得到保证，这就大幅推动了高校英语专业学生的入学层次提高，学生已不仅仅满足于能够掌握英语使用的基本技能，人才培养向高级专业化、人文素养与综合能力扩展等方面发展。随着各个非英语专业学生英语水平的大幅度提高，单纯以英语技能为基础的英语专业人才的需求量大幅度下降，社会更倾向于既有较高英语水平，又掌握一门或多门其他专业能力的人才。英语的相关能力倾向于与其他专业知识和能力融合为一体。随着国际合作交流成为常态，要求人人都具备跨文化、跨语言的交际能力，能够自如地与不同种族、不同文化背景的各个国家人员进行畅通交流，而英语则是实现上述目标应具备的基本能力。

英语在俄罗斯，早期阶段主要是西方科技与文化认同的标志，在文化上不如法语和德语更有影响，当时人们学英语的规模也不大，可以说学习英语的融合动机和工具动机都不强。到了苏联时期，俄罗斯人将英语视为西方的标识，具有意识形态的特征，学习的动机也不强，特别是美苏争霸期间，英语还具有同俄语争夺文化影响力的形象。冷战结束后，俄罗斯全面学习西方，对英语的认同突破了以往局限，将英语视为先进文化的标志，此时大致相当于18至19世纪对法语和德语的认同，即代表了最先进的经济、科技和文化。同时，英语的意识形态色彩开始淡化，英语的传播、学习和使用超越以往任何时期的规模向前推进，俄罗斯多个阶层都具有强烈的英语学习动机，精英阶层需要与欧美

沟通交流甚至开始热衷移民西方，民间人士拥有了同西方进行经济、文化和旅游交流的自由渠道，学习英语具有了融合动机和工具动机。此外，英语在俄罗斯还具有提升社会地位的功能，在就业、科技、文化、教育等各方面精通英语也会有更大的优势。当然英语在俄罗斯的地位变化也引发了一部分俄罗斯知识分子的不安，认为英语对俄罗斯语言制造了不平等。但这种观点并未走向极端化，在俄罗斯的英语传播大潮已变得势不可挡。时任俄罗斯副总理舒瓦洛夫认为："全球化水平要求俄罗斯人通晓英语，英语应当作为第二门语言来学，因为全球化要求我们和其他国家顺畅地交流。"而在俄罗斯因乌克兰问题被欧美制裁孤立并同欧美形成对立的背景之下，对于俄罗斯国立石油天然气大学学生提出的"在现有情况下学英语是否值得"的问题，俄罗斯总理梅德韦杰夫做出了这样的回答："没有任何一种制裁会波及语言，无论谁对什么宣布制裁，人们依然会相互交流和沟通。"梅德韦杰夫补充说，英语是国际交流语言，并且不是特别难。由此，俄罗斯精英对英语的态度可见一斑。

由此可见，"扩展圈"国家对于英语"实用主义"动机更大。

（二）语言推广在"扩展圈"的隐性价值

通过"中国"和"俄罗斯"并集的共现词标注，"中国"和"俄罗斯"共现的"隐性价值"标签的高频词和短语，即"扩展圈"语言推广的隐性价值，如表 6.13 所示。

表 6.13　"扩展圈"词频标注结果与隐形价值对照表

国家	语言推广隐性价值	共现词频标注结果
China & Russia	mutual identity（241＋）	lasting relationships（81），strengthen bilateral relationship（73），develop network（23），build trust（64），…
	promote English image（170＋）	Outmoded stereotypes of UK abroad（74），share a fresh image（52），positive long-term impressions（42），…
	…	…

由表 6.12 可以看到,英国语言推广在"扩展圈"最显著的价值是增强对英国的认同,促进积极的英国形象。协会将中国划分为高速增长经济体。中国拥有世界最多的人口,年经济增长率达到 10%,与日俱增的国际影响力使得中国对协会的活动至关重要。在中国,由于中产阶级的迅速增长,协会将英语、教育、创新生活项目视为与中国合作发展的主要方向。协会通过与出版商、网站建设者、移动运营商等一系列商家合作,接触到 2 000 万英语学习者;课堂连线项目(Connecting Classrooms)在两国之间覆盖了 1 000 多所合作学校。在教育方面,英国吸引中国留学生的数量一直名列前茅;除了提供权威的英语认证,协会还增加了其他英国认证,尤其是金融和管理认证,支持英国和中国的企业合作。此外,协会还注重与中国的艺术交流,加强青年科学家之间的交流,增进科技合作,并加强气候变化等社会话题的相互理解。

当今世界,俄罗斯在能源与环境开发等相关领域始终是重要领导者,是英国高度重视的国家。俄罗斯与英国相关机构合作,双方互利互惠、共同发展,意义重大。协会在俄罗斯的总体策略即是建立英国和俄罗斯之间相互信任的平台,在两国共同关注的区域发展合作和交流,主要集中在组建多文化课堂、促进俄罗斯—英国科技合作、学习英国的创意经济三个领域。协会也利用机会发展更多领域的教育合作,增加俄罗斯艺术学生在英国和其他盟国学习的人数。全球英语项目(Global English)为该地区提供更经济便捷的英语学习方式,帮助 13.5 万父母资助孩子的英语学习。通过与地区教育部签订课堂连线项目,协会把国际化的视野带到他们的课堂。通过创意城市(Creative Cities)项目,协会提供专业人士的交流,提高人们的生存环境。

第七章
语言国际推广的"软实力"效果

第五章和第六章分别探讨了英国文化教育协会的语言推广策略及其"软实力"功能的发挥。本章将结合以上内容,站在"软实力"的角度,从语言国际推广全局层面讨论这些语言推广策略的效果。策略连接了语言国际推广与"软实力",使之形成闭合的良性循环。英语的全球化地位确定了英语全球语境中的等级地位。语言形象与民间话语、官方话语的互文形成共识,使得这些语言形象与人们的语言需求产生直接关联。语言的"软实力"由此产生,在语言推广过程中发挥着"渗透力"和"吸引力"作用,促进后续的英语传播由"推力"转变为"拉力"。此外,策略促进了"软实力"与语言国际推广之间的循环。语言的国际推广与"软实力"之间存在相互促进、相互依存的共生关系。具体表现为:语言的国际推广通过其隐性价值和显性价值,服务于"软实力"的提升;而"软实力"的增强通过"语言形象"的提升促进语言推广。

第一节　英国语言国际推广策略的"软实力"内涵

一、英国语言国际推广策略的"权力"生成

卡齐鲁(Kachru,1986)提出了语言权力产生的几个象征:语言等级制度的产生、语言使用等级的产生、使用者对语言的态度和各领域语言使用的控制。英国学者戴维·赫尔德(2001)也持类似观点,认为英语不仅处于全球语

言体系的核心,而且已经在自我强化的过程中,与权力的运用直接联系在一起,他曾在其专著中明确指出:"英语是现代两个霸权国家英国和美国的母语,更重要的是,这种权力已经在人类生活的所有领域发挥作用——经济、政治和军事,当然还有文化领域。"在"软实力"时代,英语语言国际推广策略正是加速了以上因素的形成,促进了英语推广与"软实力"的良性互动。

（一）英语全球化地位的确立

全球化极大推动着英语再扩张的进程,主要表现为:① 跨国公司。跨国公司是目前世界经济中的优势力量,以美国为首的发达国家将出口和投资重点越来越多地转移到发展中国家,尤其是新兴的工业化国家。无论是跨国企业的运营,还是产品的全球化销售,都极大地推动了英语在世界各地,尤其是第三世界国家的使用广度与深度。② 金融全球化。以美国为首的西方国家依靠在二战后建立起来的金融体系,将其金融操作规则在全世界推行,英语也成为金融体系操作规则中的通用语言,并不断提升和扩展。③ 技术全球化。信息产业、电子技术和互联网为主的技术全球化是以英语为基础的。④ 劳动力全球化。经济国际化使得劳动力结构日益呈现全球性态势,目前世界上约有 1.05 亿人在国外工作。由于传播方式的变革,这一轮英语在全球的扩张更迅速、更有效、更易被人接受。

目前,英语已成为国际品牌形象的重要组成部分。品牌英语化是商业运行机制的英语化在商品中的反映,由于商品的品牌名称,甚至是简短的广告语需要使用固定的语言符号,才能更好地与品牌相关联,这使得国际性品牌很难使用不同语言在不同国家做宣传,而依赖于某一种语言,使得今天的国际品牌与英语紧密相连。代表全球快餐饮食文化的麦当劳、风靡全球的可口可乐、改变全球生活与工作方式的微软,无疑是美国品牌文化在全球推广的成功典范,"McDonald's""Cocacola""Microsoft"等,早已成为世界各地家喻户晓、妇孺皆知的品牌和英语单词。目前,世界各地越来越多的商品走品牌化道路,它们也不得不选择英语,或在本族语广告中夹杂大量英语单词,甚至是久负盛名的法国香水、意大利时装、日本电器产品。"在埃及两个非宗教频道的阿拉伯语节目中,经常出现英文广告,通常是为外国公司做广告,如百事、可口可乐、Cadbury's,或立顿茶。即使在阿拉伯语的广告中也经常夹杂着英语,像不粘锅广告中的'no-stick',七喜广告中的'cool',还有奇多薯片广告中的'crunch'"(Schaub M,2000);根据巴基斯坦一位语言学者的调查,巴基斯坦广告中产品名称70%使用英语,9%使用乌尔都语,剩下21%混合使用英语与乌尔都语(Meraj S,1993)。在我国,大量的国内品牌为了走入国际市场使用英语翻译并注册,如联想电脑使用英文"Lenovo",科龙电器使用"Keloon",小天鹅洗衣机使用"Little Swan",海信电子信息产业集团使用"Hisense"等等。

在国际政治领域,英语早已是诸如联合国、世界贸易组织、国际货币基金组织、世界银行等世界性国际组织的官方语言(或官方语言之一),是绝大多数地方性国际组织(如非统组织、欧盟、阿拉伯国家联盟、东盟等)的语言选择,以及国际法与国际法庭、国际航海、航空与旅游的通用语。克里斯特(Crystal D,1997)统计发现,85%的国际组织使用英语作为工作语言之一,法语占49%,西班牙语、德语和阿拉伯语各占不到10%;更为引人注目的是,在这85%的国际组织中,1/3只使用英语一种语言处理事务;在欧洲,99%的欧洲组织使用英语作为工作语言之一,63%使用法语,40%使用德语;在亚洲和太平洋地区,90%的国际组织完全使用英语。在国际会议上,英语是与会者使用最多的语言。(康威·汉得森,2004)

在世界宗教领域,英语的地位正如瓦尔拉夫(Wallraff B,2000)所述:"当教皇保罗二世上个月到中东去朝拜基督的圣迹,向基督徒、穆斯林和犹太人讲话时,说得不是拉丁语,不是阿拉伯语,也不是希伯来语,更不是他的母语波兰语,而是英语。"

在科技领域,英语已成为世界知识论坛的语言,凡涉及知识的产生、再生和传播的领域都主要使用英语。科学引用指数(SCI)的创始者尤金·加菲尔德(Eugene G,2000)教授对全世界主要科学期刊调查发现,1997年全球共发表的925 000篇科学论文中,95%用英语撰写,而这些论文中仅有半数是由来自英语国家的作者撰写的,也就是说有一半的论文是非英语国家的作者用英语撰写的。

在教育领域,英语成为众多非英语国家除母语外影响力最大的教学语言,世界各国的双语教学都是"本国语言＋英语",这亦使英语成了教育国际化的隐形翅膀。同时,英语的流通优势和国际地位促进了英语国家发达的留学教育。英语国家已成为最大的留学生吸收体,英语国家的高校在世界三大高等教育排名系统——英国《泰晤士报高等教育增刊》(THEs)、英国QS(Quacquarelli Symonds)和《美国新闻与世界报道》(U.S. News)关于世界大学排行前200名榜单中拥有近75%的名额。胡克(Gus Hooke)曾提出过:当经济发展到人均收入 3 000 美元时,对高等教育的需求就会超出国家所能提供的教育能力。这一点在发展中国家非常明显,结果导致越来越多的发展中国家学生去发达国家留学。胡克还预测:到 2025 年,英语作为外语,对不同类型专业性英语的需求量将增长 5 倍,而提供这些课程的国家主要为美国、英国和澳大利亚(Graddol D,1997)。英语的这种平台作用,使英语国家在教育"走出去"理念、体制、运作及教育成果方面交互形成了利益共同体,促成了教育国际化的"集团化作战"。

在新兴行业标准和"智慧地球"领域,英语更是一枝独秀。例如,国际标准、软件编程、操作系统、大数据运算、物联网等均以英语为基础;在硬件层面,计算机键盘主宰着通向未来世界的钥匙,而这个小小的键盘也是以英语的 26 个字母为基础建立起来的。因特网在 20 世纪末的巨大发展,使英语成为互联网上的主要语言。1999 年联合国的一份报告显示,尽管世界上讲英语的人不超过 10%,但是超过 80% 的网站使用英语(图 7.1);2000 年 1 月,EXCITE 公司对全球 6.4 亿左右的互联网用户进行语言认证,结果是英语信息占 71%(孙晶,2004)。随着信息技术

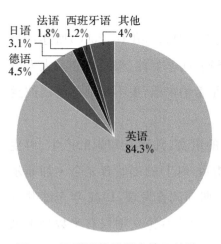

图 7.1　互联网使用语言情况统计

的发展,尽管诸如汉语、阿拉伯语等非拉丁字母语言也能够在互联网上运用,但是由于绝大部分搜索引擎的最佳使用环境都是英语环境,所以非拉丁字母的信息还是难以在万维网上被查找获取。截至 2014 年,30%～35.8%的网民使用的语言依然是英语(同上)。从某种意义上说,掌握英语的程度与科技领先的程度存在较强的正相关性,这种科技领域的"马太效应"将会愈发明显。加之,英美等国不断强化英语自身的"走出去",使得英语不但拥有了势能,还被赋予了更多动能。

总体来说,近年世界上有 60 多个国家把英语作为官方语言,有 85%的国际组织(如联合国、欧盟等)把英语列为通用语言。联合国框架内各种场合使用的语言中 95%是英语,国际经贸活动中几乎 100%使用英语,现在互联网上的信息 85%是用英语表述传播。佩尤研究中心(Pew Research Centre)数据显示(见表 7.1),世界主要非英语国家国民对英语的认同度极高,中国国民对英语的认同度达到 92%,与洪都拉斯、菲律宾认同度相同,超过法国、日本、韩国等国家,仅低于越南、德国、黎巴嫩、印度(孙晶,2004)。

表 7.1 主要非英语国家的英语认同情况统计表

国　别	认同度(%)	国　别	认同度(%)	国　别	认同度(%)
阿根廷	75	印　度	93	秘　鲁	88
巴　西	86	意大利	86	菲律宾	92
中　国	92	日　本	91	俄罗斯	84
埃　及	88	肯尼亚	75	韩　国	91
法　国	90	黎巴嫩	94	土耳其	89
德　国	95	墨西哥	90	乌克兰	90
洪都拉斯	92	巴基斯坦	83	越　南	98

由此可见,英语的强势地位已经无可比拟。国务院原新闻发言人曾说:"我国 29.7%的非英语专业的大学生,将在校期间的大部分时间都花在了英语

学习上。一种语言形成霸权后，以这种语言为母语的国家和民族将很容易拥有信息霸权和文化霸权，就会影响政治话语权"（龙德芳，2006）。

（二）英语优势语言地位的社会共识

在英语成为全球通用语的同时，英语霸权随着产生。而"最重要的权力就是'意识形态的改变'，这种改变是英语语言知识和'外圈''扩展圈'的文化共同带来的"（Kachru，1986）。通过民间话语、官方话语的传播和应用，英语在推广过程中所建构的这些交际形象、文化形象、政治形象已经被社会所接受，成为英语学习的工具性动机的主要组成部分。

英国文化教育协会的网站上登载了一篇报道《为什么英语教学对巴西的发展至关重要》，报道关于如何走向 2014 全球计划，采访了巴西坎皮纳斯大学应用物理西副教授和莱安德罗·泰斯莱教授。莱安德罗副教授认为由于十年前，巴西很少有人能上大学，18～24 岁的青年人中只有 16％能接受到高等教育，很少有人能讲英语，所以巴西国际化的巨大瓶颈就是缺乏英语知识。马特·莱特教授发表的报告《英语被越来越多地作为教学用语》（*The growing use of English as a medium of instruction*，2016）称越来越多的非英语母语国家将英语作为教学语言，而不是使用他们的母语。2009 年名为"全球英语热"的演讲即是全球风靡的"英语魔力论"话语的典型代表。在谈到为什么学习英语时，演讲人答道："用一个词来回答：机会。一个获得更好生活、工作的机会；一个可以上得起学、可以吃更好的食物的机会。"英孚教育 2011 年发布针对全球 72 个国家和地区的《英语熟练度指标》（*EF English proficiency index*，2011），报告首页即明确宣称："英语无论对于国家还是个人而言都是其谋求经济富裕的关键要素。拥有更高的英语能力与更高的收入、更大的出口额、更轻松的商业环境和更多的创新形成正相关关系。"2013 年的《英孚英语熟练度指标》（*EF English proficiency index*，2013）还指出，在有着中等以上英语水平的国家，英语能力越好，该国的出口总值也越高，英语能力与国家人均收入值似乎形成了一种正相关。正是英语与全球化、经济发展和国家强盛之间存在必然关系这一全球盛行的"英语魔力论"，使得多数发展中国家纷

纷实行"更多学英语、更早学英语"的语言教育政策。(Hamid，2010)

英国文化教育协会发布的报告《英语的影响》(*The English Effect*，2016)中引用尼日利亚一名女子的口述，讲述英语如何改变她的生活。英语对于外部世界的日常交流是必不可少的，不论是在职场生涯还是在个人生活中。通过英语可以收集到来自全世界的，包括中国和日本的专业知识。进而讲述人们选择英语不仅是用来丰富自己的第二语言，还因为学习英语是一项有回报的"娱乐"。人们学习英语，因为英语为他们提供出路。英语可以让巴基斯坦的年轻女性与美国的教授交流，让加纳的农民通过手机了解国际气候预报和商品价格……2016 年 9 月，英国文化教育协会的中东北非地区顾问马丁·罗斯发布了《在北非说英语》(English-speaking North Africa)的报告。报告指出，"阿拉伯之春"后，传统的法语区北非对英语的需求大量增加。马丁认为，在国际化的世界，无论是在伦敦、华盛顿、拉各斯、布鲁塞尔，英语都是成功所必需的。英语已经成为世界全球化的重要枢纽，英语可以提供就业技能和社会流动性。小镇的语言学校校长告诉 BBC，导致对英语的需求迅速增长的原因是：英语是每个人、所有社会背景的人的语言，而法语被认为是精英的语言。英国文化教育协会英语项目经理萨拉·罗尔夫 2018 年 5 月发布报告《新的证据证明，英国退欧以后英语仍旧是全球通用语》(*New evidence suggests that English will continue to be the lingua franca in the EU after Brexit*)。报告基于英语对于跨境交易、国际赛事等各方面的重要地位，以及英国文化教育协会对 2025 年欧洲对英语需求、市场份额、市场类型的判断，断定"脱欧"以后英语仍然会是全球通用语。

在文化和政治形象方面，2002 年，英国政府为了解中国人对英国的印象，在中国开展了一项民意调查，但结果显示：中国人对英国形象的认知仍处于负面印象中。对英国形象的描述还仅是"经典的""传统的""有礼貌的"等词语，这些印象反映了中国民众对英国形象的认识还比较滞后。2004 年，英国爱丁堡以"文学之都"的称号，成为第一个加入"联合国全球创意城市联盟"的城市。2010 年的国家品牌指数调查显示，全球 50 个国家中，英国在"音乐、电影、艺术和文学等当代文化领域"受欢迎程度排名第四。① 2012 年 11 月 18 日，《单镜片》杂志(Monocle)公布了世界上软实力国家排行榜，这份杂志对 50 项不同指标(包括文化、体育、教育、经济甚至包括一国的事物和建筑质量)进行综合评定后得出国家排名。英国出人意料地击败美国成为"软实力"榜单上的第一名。同时，瑞士、英国和瑞典在由世界知识产权组织、美国康奈尔大学和欧洲工商管理学院联合发表的题为《2014 年全球国家创新能力排名》报告中位列国家创新能力前三名。不仅如此，英国成功实现了产业升级和转型，树立了创意大国的新形象，伦敦也由此享有世界"创意之都"的美誉。

英国著名的民调机构 YouGov 曾经在中国开展关于"英国文化教育协会的活动对中国年轻人的影响"的调查研究，报告显示：英国文化教育协会活动的中国参与者与其对英国的信任度呈正相关关系，即参加活动的中国年轻人对英国的信任程度要比没有参加过活动的年轻人高 10%～20%，并且这种信任度随着参加活动数量的增多而增加。2005 年 12 月出台的《卡转报告》(Lord Carter of Coles: Public Diplomacy Review)评估了正在进行的英国公共外交战略后，明确规定了英国的公共外交战略的战略目标②："理解国际社会对于英国的认知，并提升国际公众对于英国的认知，塑造英国现代化的、多样的、有创造力的成功且有影响力(relevant)的国家形象，塑造英国民众充满活力、包容、开放而友好的人民形象。在此基础上巩固英国的政治和文化影响力，促进商业竞争力，提升对游客、留学生、投资者和人才的吸引力。"2015 年英国文化教育协会在中国举办"艺术英国"(UK Now)等主题宣传活动，努力向世界刻画了一个"创新、多元包容、自由开放"的新英国形象，这一系列密集的推介活动收到了预期的效果。

(三) 英语霸权的产生

英语在语言体系中的"中心"地位日渐明显。例如，在国际学术界，英语是

_____

① 参见 http://nation-branding.info/2010/11/10/britain-nation-brands-index-2010/ 2014－06－25.

② 参见 Lord Carter of Cole: Public Diplomacy Review. 2005－10，第 64—65 页。

学者向国际性杂志投稿是否能被采用的一个筛选工具,正如《科学》杂志的编辑所说:"如果你看到投稿人的稿件中出现很多拼写、语法结构、语义上的错误,你就会怀疑他们的科研成果是否会像他们的英语一样,犯很多不经意的错误。"(Gibbs W,1995)在教育领域,在"中心地区"求学、出口图书和其他读物、组织国际标准的统一语言考试、联系高等教育、资助教育项目等,都可保证"中心地区"主导语言的传播。例如,在埃及,一个计算机大公司的经理说:"我们公司请不起英文流利的外国人,只好试着吸引毕业于外语学校或开罗的美国大学的毕业生。这不是爱不爱国的问题,是为了适应高度竞争的现代社会。"(Nour M,1992)

英语媒介教育改变了社会特权的模式,甚至会导致更大的社会改变。随着信息技术革命和以美国化为主导的全球化的进展,英语的熟练程度直接决定着能否获得财富和信息,由此英语已经被看作与权力、成功和名誉相关联的语言。如果说英语能够带来财富,那么就意味着不掌握英语就会导致贫困。英语在很多国家,已同地域、阶层、性别、种族等一样,成为贫穷诱因之一,"它加大了城市与乡村、发展国家与发达国家、精英与大众之间的差别,使得接受更好教育的机会局限在极少数人中"(Pattanayak D P,1996)。由此更加速和扩大了英语作为第二语言的使用范围,表 7.2 表明了英语地位由外语发展为第二语言的主要国家。

表 7.2 英语地位由 EFL 向 L2 转变的国家

洲 名 称	国家或地区名称
欧 洲	丹麦、比利时、荷兰、挪威、瑞典、瑞士
亚 洲	黎巴嫩、缅甸、尼泊尔、沙特阿拉伯联合酋长国
非 洲	埃塞俄比亚、索马里、苏丹
拉丁美洲	阿根廷、哥斯达黎加、洪都拉斯、尼加拉瓜、巴拿马、苏里南

学者班博斯(Bamgbos,2003)将英语这一发展现象喻为一个无法终止的

"循环小数"。非英语国家自主地推行尊英语的语言教育政策，主动要求和扩张英语在其国内交际领域的使用。德·斯旺（Swaan，2001）提出了"语言星系"，从全球语言秩序的角度揭示了当今英语引发的语言秩序不平等。英美国家的英语正处于整个"语言星系"的中心，其他语言凭借自身在国际交往领域中的地位依次向外围展开，语言学习者同样整体上呈向中心流动的态势，也就是学习位于中心的、这些最具有资本性的语言。尽管全球范围内对美国中心地位的质疑与抵制还广泛存在，而且有愈发强烈之势，但英语文化的思维、运作和成功模式却早已渗透到世界各国主流精英的骨髓里，这些几乎被公认为各类国际交流的可靠标准似乎已不容许任何改变。为此可以说，英语"内圈"国家凭借其在国际政治经济体系中的地位，形成了不平等的、以"中心—外围"为格局的全球语言秩序。无论其他语言是否自愿加入这种国际语言体系，都被自动纳入了这一以英语为顶端的全球语言等级秩序。位于低层级的语言不可避免地受制于位于高层级的语言，高层级语言的不断传播也将悄然挤压和侵蚀低层级语言原有的使用域和市场。

二、英国语言国际推广策略的"软实力"功能

卡齐鲁（1986）曾总结了权力的四种策略——劝说、规定、引诱和强迫，并且他认为"这四种策略在英语的传播当中都有应用"。"软实力"依赖于知识、信息、制度等无形资源，这就决定了"软实力"不可能是对抗性、强迫性的，而是一种通过吸引力获得理想结果的能力。本章将英国语言推广策略的"软实力"功能概括为渗透力和吸引力。（李海娟，2004）

（一）英国语言国际推广策略的渗透力

在讨论语言国际推广策略的渗透力时，不可避免谈到语言国际推广的隐蔽性。第一次世界大战之后，英国国力逐步走向衰落。政治上，战后殖民地人民的民族意识开始增强，主动争取更多自主权，自治领也要求获得与英国平等的地位，大英帝国内部开始向英联邦过渡；经济上，战争使英国丧失了 250 万劳动力，损失了 1/3 的国民财富，减少了一半的出口贸易，从债权国变成了美

国的债务国；军事上，1922 年华盛顿会议签署的《五国海军协定》使其第一海军强国地位土崩瓦解。尽管英帝国在政治、经济、军事领域呈现颓势，但英国政府向国外传播英语语言与文化的积极态度却始终没有改变，并将其作为英国继续维持大国地位、保持大国影响的战略手段。因此，英语的推广方式逐步由原来的诉诸武力转变为文化交流、援助等更为温和、间接和隐性的方式。这种以和平友好、合作交流和商业开发等形式开展的语言国际传播模式就是我们所说的隐性语言推广方式。在这种情况下，专门成立了负责英语隐性语言推广政策制定和执行的专门机构——英国文化教育协会。可以说，英国文化教育协会成立的具体背景可以概括如下：第一，英国政府需要建立文化机构以维系英联邦统治。第二，英国政府需要借助文化推广以保持国际影响力。第三，英国政府与世界大国在文化推广领域的竞争博弈。

在隐性语言推广产生和发展过程中，有 4 份报告和 2 次大会起了重要推动作用，其内容也清晰表明了英国语言国际推广的目的所在。

1.《德罗赫达报告》

《德罗赫达报告》(Drogheda Report Summary)亦称为《海外情报服务机构调查独立协会报告》(Report of the Independent Committee of the Requiry into the Overseas Information Service)，是以德罗赫达勋爵为主席的海外情报服务机构调查独立协会于 1954 年向英国政府提交的一份专题报告。该报告是在对英国驻外使馆、英国广播公司以及英国文化教育协会的海外英语推广情况进行调查后完成的，是英国推广英语史上最重要的一份文件，决定了英国文化教育协会后来发展走向，是历史上使英语成为国际通用语的一个政策分水岭。

首先，《报告》对文化教育协会英语海外推广工作的目标进行了规划：① 支持本国外交政策；② 维护并加强英联邦和大英帝国；③ 促进本国贸易并保护英国在海外的投资。《报告》指出"英国文化教育协会是有着鲜明的国家立场的。正如同样受资助的大学和博物馆不仅仅是作为公共指导和休闲的所在，资助他们本身也是现实对艺术和学习的重视一样，文化教育协会在海外也充当了向其他国家人民解释我们国家的未来生活,让世界上的人们了解英国对繁荣世界知识、推进人类福祉多做出的贡献的重要纽带"。《报告》明确指出:"情报机构的目的必须是在长期里取得某种确定的政治或商业结果。海外的宣传机构的目的必须是在长期里取得某种确定的政治或商业结果。海外的宣传机构达到了一种要求而没有为英国创造某些最终的政治或商业利益,就是意味着浪费了如此多的公众金钱。"(Donaldson,1984)

其次,《报告》深入阐释了英语教学的重要性,确定英语语言是各项工作的中心。"掌握了英语这门语言,就会反过来希望阅读英文书籍,同英国人交谈,了解英国的生活方式或其他领域。事实上,英语知识在今天已经是学习各门科学和技术分支学科的关键,是学习英国文学、历史和政治体制的关键,英国文化委员在各地开设的分支机构或者派出的人员,同那些在大学、政府部门以及其他社会机构中受过良好教育的人进行直接的接触,来自英国的电影、书籍、杂志、戏剧也不断地被送到他们的跟前,这些活动有利于国外人士更好地了解英国。"[①]

此外,《报告》还对现实规划提出了建议。在发展区域上,《报告》建议文化教育协会将工作重点转向发展中国家,特别是那些正处于上升态势的地区。随着亚洲经济日益繁荣,所谓"新兴工业化国家"(如新加坡、印度尼西亚、泰国、马来西亚等)迅速崛起,而这些国家以前又多是英国的殖民地,英国政府敏锐觉察到在亚洲存在巨大的贸易机会,因此,英国文化教育协会的工作重点随之转向亚洲。《报告》认为,文化教育协会首要的任务是在印度次大陆建立工作基地,与当地大学建立合作关系;在印度尼西亚、泰国等地扩大规模;在中东地区发展苏丹、比利时等国;缩小欧洲基地的投入等。在发展方向上,《报告》建议文化教育协会的英语教学工作更多地集中在成人教育领域,鼓励他们研究本地的问题以推动当地的社会和文化生活。《报告》还建议政府加大对语言

----

① 参见 The Report of the Independent Committee of Enquiry into the overseas Information Services. 1954,第11—13页。

推广机构的资助,认为"比起各自地区的需要,协会提供的奖学金数量是相当不够的"①。

《德罗赫达报告》从战略上肯定了英国在海外从事文化、语言推广并以此影响海外舆论、获取海外利益工作的意义,是确定海外语言推广战略的标志性文件,它的通过表明了英国政府公开、正式地将英语推广纳入国家战略框架。

2.《海外英语教学指导协会报告》

《海外英语教学指导协会报告》(*Official Committee on the Teaching of English Overseas*)是英国对外英语推广工作走向成功的又一纲领性文件。1954 年辛克尔爵士(Sir Paul Sinker)出任英国文化教育协会总会长,他建议教育部任命了一个政府部门间的协会——海外英语教学指导协会,以对海外英语教学情况进行调查。海外英语教学指导协会的成员来自外交部、苏格兰部、联邦关系部、殖民地事务部、贸易协会、教育部、大学拨款协会,并包括文化教育协会。1956 年 3 月,海外英语教学指导协会向政府提交了他们的报告。这份报告着重预测了英语语言的未来,强调了语言推广的利益所在。

这份报告提出了英语海外推广的努力方向:"毫无疑问,我们有机会在大多数非英语国家推广英语作为第一外语。"②

《报告》还提出了具体措施:加强师资建设以符合英语海外教学的需要,加大对海外的教科书输出与奖学金资助,以及促进各海外英语推广部门之间的合作与协调。"要在英国为海外英语教师提供培训,英国大学相应地要为英国教师和这些海外教师提供培训课程,同时应该加强英国广播公司(BBC)的业务工作和活动范围"③。《报告》还提出了各项措施的具体解决办法,如援用文化教育协会资助国外学校的办法资助海外从事英语教学的教师、加大对来

---

① 参见 The Report of the Independent Committee of Enquiry into the overseas Information Services. 1954,第 63 页。

② 参见 The Report of the official Committee on the Teaching of English Overseas. 1956,第 3 页。

③ 参见 The Report of the official Committee on the Teaching of English Overseas. 1956,第 3 页。

自海外的英语教师在英国本土的培训力度等。这份报告还提出了英语推广的商业意义，以及文化和政治价值。《报告》指出"应该把英语看作一个有价值的、受到各方窥视的重要出口商品"①，同时强调，"每一位派往国外的教师，每一本售往国外的书籍和杂志，每一部放映的电影和电视节目，都是一个潜在的英语商品宣传物"②。

此后，英国开始对海外推广英语提供大量资金支持，采取一系列措施推动英语推广计划实施，主要有：在各地大学设立英语教学培训部门以及研究机构，为英籍英语及其他课程教师提供优越的海外服务条件；培训国外优秀英语教师；加强与出版界的合作，支持英国书籍在海外出版销售；扩展英国广播公司的英语节目；等等。

该《报告》的通过表明英国政府在英语推广上又迈出了关键一步，《报告》也成为英国对外英语推广走向成功的纲领性文件，英国开始在世界各地全面实施其英语国际化的推广战略。

3. 对外英语教学规划大会

除了上述两份报告外，英国分别于 1960 年和 1961 年召开了两次重要的对外英语教学规划大会，其发布的正式报告同样具有语言政策和语言教育法规属性。

1960 年 12 月，由英国文化教育协会主办的以"英语作为第二或外语的教学的大学培训和研究"(*University Training and Reasearch in the Teaching of English as a Second/Foreign Language*)为主题的高层研讨会在伦敦诺特福德(Nutford House)召开。出席大会的都是英国语言教学界的权威人士：时任英国文化教育协会会长辛克尔爵士、伦敦学派创始人福斯教授(J. R. Firth)、文化教育协会教育处审计官亚瑟·金(A. H. King)博士、爱丁堡大学

①　参见 The Report of the official Committee on the Teaching of English Overseas. 1956，第 10 页。

②　参见 The Report of the official Committee on the Teaching of English Overseas. 1956，第 11 页。

英语和普通语言学系主任麦金托什（A. McIntosh）教授等人。该次大会明确提出了对外英语教学的具体政策和专业规划。

1961 年，英联邦内 23 个国家的代表参与的"英语作为第二语言教学的英联邦大会"（*Conference on Teaching English as a Second Language*）在乌干达的马凯雷雷学院（Makerere College）召开，出席大会的同样都是英语教育界的权威人士：爱丁堡大学应用语言学学院的主任卡特福德（J. C. Catford）、伦敦大学教育学院负责英语教学的教授布鲁斯·帕特森（Bruce Pattison）、英国文化教育协会负责英语教学项目的主任亚瑟·金（Arthur King）等。大会明确了英语教学的一些具体原则，同时提出了一份关于语言教学的社会意义的学术声明。声明中强调教学应该"出于受援国家的经济、社会和人类发展需要，提供相应的语言和教育服务"，建议"通过援助国和受援国的紧密合作，以增进受援国在英语教学方面的自力更生能力"（Phillips，1996）。这次大会是英语教学快速扩张期的"最重要里程碑"。

4.《布洛克报告》和《京口报告》

1972 年，英国教育部对语言教育提出质疑，认为应该进行检讨。这件事情缘起于 1968 年至 1972 年间发表的几份阅读能力调查报告，这些报告的结论是：全国语文水平呈下降趋势。为此，作为主席的历史学家布洛克在进行了缜密调查研究之后，针对跨学科的语文教学、师资和语文教学咨询服务等三个方面提出了 17 条建议，即《布洛克报告》。该报告的公布引起极大反响，社会公众普遍表示接受。

京口协会成立于 1987 年初，于 1988 年 3 月正式公布，主席为京口，另有18 名委员。《京口报告》的主要内容为继承《布洛克报告》精神，强调语文教育，提出语言模式分成四个部分，对孩子朗读、阅读及写作方面提出明确要求。

总之，《布洛克报告》是对语言教育的全面检讨，而《京口报告》是强调教师应该具备语言知识，懂得内部规律。这两个报告都为语言发展做出了贡献。

由此可以看出，以英语推广为目的的英国文化教育协会成立之初就是辅助英国权力渗透的工具。奈（Nye，2005）所提出的"软实力"是非强制性、非物质性的,它不是行为体"单方面"控制、改变对方的一种能力,而是通过双方互动所形成的一种社会权力关系。这与英国著名学者斯特兰奇(Susan Strange,1992)所提出的"结构性权力"观点不谋而合。斯特兰奇的"结构性权力"主要包括四个方面:安全结构、生产结构、金融结构以及知识结构。他认为能够对人们的安全、生产、知识、信仰等进行控制的一方,就能够获权力,但这种权力是隐性的、间接的,"权力拥有者能够改变其他人面临的选择范围,又不明显地直接向他们施加压力,要他们做出某个决定和选择,而不做出别的决定和选择。这种权力是不大'看得出的'"(斯特兰奇,1992)。斯特兰奇进一步指出,在知识结构方面权力的"隐蔽性"表现得尤为明显,人们使用的语言就是权力或"权威"的来源。"知识结构所衍生的权力多半是经过同意,而不大采用强制的手段得来的,权威的授予是自愿的"(斯特兰奇,1992)。可见,语言作为一种结构性权力或者说"软实力",对人们乃至整个国家信仰、思想体系的制约力是隐蔽的、逐渐渗透的。

(二)英国语言国际推广策略的吸引力

前文中构建的英语语言形象,在英语的全球化传播中,通过与民间话语、官方话语等的互文形成社会共识,完成了语言形象"权力"的生成。这种权力通过吸引力而非威逼或利诱达到目的(Nye,2005)。而语言形象的最终目标,就是形成了英语语言的"象征性权力"。"象征性权力"是名副其实的软实力。它以默许为基础,用于说明无意识社会支配行为。"象征性权力"的特点是被权力支配的一方无意识地接受自身视角的转换,反而将这种转换认为是合法且公正的。这种权力并不依赖于语言内在属性,而是由特定历史时期的政治、经济力量所决定(Chumbow,2009:38)①。

"在英语的扩张当中,殖民者为英语寻找并赋予了各种不同的权力,英语被认为是这些权力的象征"(Kachru,1986),卡齐鲁将这些英语的"象征性权

---

①　参见 Chumbow,B. S. Linguistic Diversity,Pluralism and National Development in Afica. African Development XXXIV (2). 2009,第21—45页。

力"概括为：宗教意识的启蒙、文明进程的标志、与本族劣势文化的距离、各种知识的获得、走向现实成功的渠道、现代化的标志等等。这些"形象"在殖民主义时期乃至之后，直接构成了前殖民地国家学习英语的吸引力。《年度报告》中构建的英语的交际形象、文化形象和政治形象，分别从不同方面形成了英语的"象征性权力"，及英语的吸引力。这些吸引力，也是推广对象学习英语的动机所在。

《年度报告》中所建构的英语的交际形象"跨文化交流的工具""改善人们生活的语言"等主要强调语言的"工具性"。这种"工具性"强调，只要英语能够给其使用者带来经济利益和财富，那这种语言绝对是有用的；只要这种语言是有用的，学习英语所付出的资本就会产生丰厚的利润回报，英语也就自然会成为民众语言选择的对象。这种思维模式成为世界各国的固化思维，英语"有用论"的世界风靡即是其重要的佐证。正因为如此，英语才被看作象征权力、成功和名望的语言，英语的熟练程度才会被视为与能否获得财富和信息息息相关。简而言之，说英语能够带来财富，不掌握英语就会导致贫困。仅以南非为例说明新自由主义意识形态对塑造主体语言态度的巨大成效。德·威特(De Wet，2002)通过语言态度问卷调查了175名南非教育工作者和教育专业学生对英语和南非本土语言的态度，发现虽然多数受试者(72.6%)肯定母语教育的优越性和有效性，但他们在小学四年级之后都普遍愿意选择英语为教学语，因为他们认为英语是南非政治、商贸、科技和教育领域中最为有用的语言。

《年度报告》中建构了"历史悠久""文化经典""现代文明的象征"等英语的文化形象，以及"友好""包容""诚信"等展现亲和力的政治形象，这些形象也是英国文化话语和政治话语体系的一部分，是英国为了达到其某些目的而设定的隐含话语。这些话语产生的效果是不可估量的，"一个国家的文化、价值体系有吸引力，那么其他国家就会追随；一个国家能够用自己的文化和价值体制塑造世界秩序，它的行为在其他国家眼里就更具有合法性，它也可以通过自己的价值和制度力量来规范世界秩序，而不需要诉诸武力和经济制裁"(于元竹，2006)。英国前外交大臣威廉·黑格(William Hague)强调"英国文化教育协会工作的重要性就在于为我们向海外展示英国的吸引力以及共享我们的价值观搭建一个不可替代的平台"(British Council Annual Report，2010—2011)。

第二节　语言国际推广与"软实力"的互动

语言作为一种资源，近年来学界关于其价值的相关论述不胜枚举，包括政治、经济、文化等(如陈章太，2008；李宇明，2011；2012；崔希亮 2012；范俊军、肖自辉，2008)。由此，本书将语言推广的价值分为显性价值和隐性价值。前者指语言推广可以带来直观的经济收益，后者指语言推广在文化、政治等领域内产生的影响。

而"软实力"是一个国家由文化、政治观念和政策等方面的吸引力在国际社会产生的感染效果，是一个国家通过非强制手段来获得认同与实现目的的能力(奈，2005)。前文(第三章第一节)归纳了"软实力"在国家层面的内涵，即文化吸引力、政治价值观吸引力、外交政策的实现与塑造国际规则和决定政治议题的能力。

一、语言国际推广服务于"软实力"

语言国际推广是国家提升"软实力"的重要途径。

语言国际推广通过语言将国家思维方式、价值观等意识形态渗透给推广对象，增加对本国价值观念的认同，提升国家"软实力"。

从语言与思维的关系上看，"语言和思维是不可分割的，语言是思维的工具、内容和形式"(Robin R，1967)，"语言的不同，引起对客观世界的理解和解释的不同"(洪堡特·W，2001)。也就是说，在一定意义上，讲不同语言的人们生活在不同的世界之中，具有不同的思维体系。"萨丕尔-伍尔夫"假说将这一观点发挥到极致，认为"语言的组织方式决定人们的世界观，语言为人们思考世界提供现存的概念或范畴体系，语言决定思维。"(转自 Yule G，2000)。

虽然这种"决定论"的语言世界观被很多学者认为过于绝对化,但语言对思维的能动作用是不可否认的。

从语言与文化的关系上看,语言学家格莱斯顿(Gladstone,1972)认为"语言与文化紧密地交织在一起,语言既是整个文化的产物或结果,又是形成并沟通文化其他成分的媒介"。语言作为文化的载体,也是民族和国家的认同和象征(Alma Rubal,1996)。更有研究者提出,"一切文化活动与文化创造都离不开语言","所有的文化积累可以说都是保存在语言信息系统之中的",因此"语言是文化的凝聚体"(转自杜道明,2008)。美国当代人类学家古迪纳夫(H. Goodenough,2010)指出,作为文化的组成部分,语言的特殊性表现在"它是学习文化的主要工具,人在学习和运用语言的过程中获得整个文化"。基于此,蔡永良、王克非(2013)提出语言具有"团结统一国家""同化异族"和"消解异族文化"的功能。

因此,通过语言达到传达意识形态的行为历来有之。1847年,非洲殖民事务局提交的一份方案中,把掌握英语语言知识看作"教化属地内有色人种的最重要方式"。这种方式被认为是对殖民地的"间接统治",即通过语言推广,将英国的行为准则、思维方式、文化价值观等"意识形态"灌输给殖民地,进而强化殖民地统治的合法化,稳固统治权力的基础。英语凭借英国强权疯狂扩张的同时,以政治、经济、文化等多方面影响力成为当时的"国际性语言"。此后美国充分发挥了语言"软实力"功能,主导着国际政治、经济和贸易体系的规则制定;把美国的文化元素、价值观以及生活方式等灌输给其他国家。美国利用英语的强势地位提升了美国的软实力。如今,世界各国都意识到语言的推广带来异质文化间的交流、政治价值观的传播、社会制度的辐射力以及外交政策的实现等政治和文化价值。正如亚历山大·伍温(2009)指出的,语言教学、文化活动、媒体推广等都被视为提升"软实力"的手段,虽然不直接构成"软实力",但可以通过促进理解、树立正面的形象而达到提升"软实力"的目的。的确,"软实力"的核心是文化的影响力和由此而衍生的价值观念上的认同。语言文化的传播是一个缓慢而持久的动态过程,其传播方式可以归纳为迁移、扩散和渗透(陈文青,2013)。正是认识到英国文化教育协会对提升国家"软实力"的重要作用,英国于 2015 年 11 月出台了《战略防御与安全审查报告》(*Strategic Defense and Security Review*),报告阐明政府对其国际政策和软实力的战略和资助承诺,并保证给予英国文化教育协会 7 亿英镑的资助,用于发展与新兴经济体国家的关系、应对全球极端主义,以及支持善治。报告还申明,通过世界一流的外交服务、海外发展承诺以及诸如英国文化教育协会和BBC 国际频道等组织,英国政府将提高英国的"软实力"地位。①

此外,语言国际推广具有显性的经济价值。目前,语言服务,尤其是语言培训服务已经有较高的市场化程度,不断更新的数据正表明了其不断显现出的经济价值。美国财政收入重要来源之一是依附语言的文化商品,早在 1996年,依附语言的文化商品(如影视节目、书籍、软件等)在美国出口产品中占据的份额就已经超过了所有传统工业(如汽车、电子、国防等)。根据英国高等教育政策中心的最新统计,包括留学在内的"英语产业"每年为英国带来超过100 亿英镑的收入。同时,语言推广所产生的文化效益乃至对经济的繁殖功能更是不可估量的。维基百科显示,自电影产生之初到 2014 年,世界具有最高票房收入的 50 部电影都是由美国电影公司出品的英语电影。据 2007 年发布的《加拿大语言产业经济评估报告》,2004 年加拿大语言产业对国内生产总值贡献保守估计为 27 亿加元。其中,语言学校的经济活动的贡献约为 5 亿加元;由于语言学校吸引了大量的留学生来加留学,带来额外 10 亿加元的消费;如果将这部分资金归属于语言培训部门,2004 年加拿大语言学校共产生约 15亿加元的国民生产总值(刘国辉、张卫国,2013)。

经济收益直接带来"硬实力"的提升。国家汉语国际推广领导小组的段奕(2008)提出"硬实力—权力"的杠杆原理即:国家综合国力和国际竞争力＝硬实力×软实力,为"硬实力"与"软实力"相互转化奠定基础。由此可见,无论是其文化价值、政治价值等隐性价值,还是作为经济价值的显性价值,语言推广

---

① 参见 2016—2020 British Council Corporate Plan,第 24 页。

最终能够促成"软实力"的提升。

二、语言国际推广依赖于"软实力"

语言的国际推广又依赖于国家的"软实力"。语言的国际推广曾一度依赖强权。法国社会学家皮埃尔·布迪厄(Pierre Bourdieu)曾提出"任何语言都是国家体制所担保的某种权力符号的结果"(转自孙万菊,2005)。例如,法语在法国大革命后上升为官方语言就是通过对其他地方性语言的排斥来实现的,是社会政治权力运作的结果。历史上很多语言的成功推广都曾依靠军事征服:如阿拉米语在古代中东的传播,拉丁语在罗马帝国的扩散,玛雅语在中美洲的应用,阿拉伯语在伊斯兰教地区的蔓延,西班牙语在新大陆的扩展,法语在非洲、亚洲和太平洋岛国的推广。英语也不例外,其通用语地位离不开殖民统治时期的语言强化。社会学家费什曼(Fishman,1996)曾专注研究过20个前英美殖民地国家的语言使用情况,目前这些国家的高等教育仍保持很高的英语化,甚至有5个国家的小学教育仍使用英语;在整体使用上,半数的国家把英语作为官方语言或从法律上认可英语的地位。

暴力之外的语言推广,其动因在于语言价值和语言形象。前者取决于语言领有者的政治、经济、社会地位,而后者取决于语言推广对象的语言需求和语言态度。英语的全球通用语地位确立了英语的交际价值和文化价值,使得英语成为对于接纳者最有价值的语言。而美国强大的"软实力"又促进提升英语的语言形象,以隐性方式影响着个体的语言选择,最终将英语传播推向高潮。阿尔玛·鲁博尔-洛佩兹(Alma Rubal-Lopez,1996)对117个国家的语言使用情况进行了分析,发现在1977—1996年的20年间,到英语国家留学的外国学生数量不断攀升,拥有英语报纸的国家越来越多,英文报纸的发行量越来越大……数不胜数的英语学习者及未来学习者并非受迫或听从指令而学习英语。学习者的巨大数目源于社会个体越来越认为掌握英语有利于个人的发展,毕竟英语在全球化的进程中已成为有助于实现社会升迁的语言。由此,就形成了格拉姆西(Gramscian)意义上的经典霸权局势:不会讲英语的人由于都讲英语而处于不利境况；倘若他们拒绝学英语，原本是可以剥夺英语本族语者的优势、打破不均衡的。可是，他们觉察到采取这种单边行动将带来一些严重的后果，他们将游离在世界网络体系的边缘，从而失去政治优势，错失职业回报或赚取经济利润的良机，因而，他们将不会做那样的选择。

　　因此，语言推广与国家权力间相互依托、相互促进的关系使其形成了一个循环往复的连续统。这一本质逐渐明朗之时，语言推广便成为塑造国家形象、增进国际交流、提升国家"软实力"有效工具，并构成国家语言战略的一部分。

第八章
结　语

基于前文的研究发现，本章归纳概括了本研究的研究结论、创新点和不足之处，并在此基础上，分析了本研究对我国汉语语言推广的启示借鉴，以及对进一步研究的展望。

第一节　研究发现

一、主要研究发现

伴随着全球化引发的国际竞争焦点向"软实力"转化，语言推广业已成为世界各国竞相奉行的国家战略，我国汉语语言与文化"走出去"也逐步上升到国家发展战略高度，相关诉求日益强烈。鉴于英国将英语国际推广与实现国家"软实力"进行有机结合的成功案例，以及学术界对语言推广策略深入探究的研究空白，本书以"软实力"为研究视角，以英国文化教育协会的语言推广活动（英语语言教育与考试、艺术和文化交流、教育与社会活动）为横向维度，以卡齐鲁关于世界英语分布的"三个同心圆"理论（即英语作为母语的"内圈"，英语作为官方语言或半官方语言的"外圈"，英语作为外语学习和使用的"扩展圈"）为纵向维度展开分析。主要研究发现如下：

1. 语言形象

（1）基于语言交际价值，英国文化教育协会设置了英语语言教学及考试活动，主要包括英语教学、英语考试、师资培训和教学改革等，旨在"更广泛、更优质地向全世界推广英式英语的教学和评估"①。《年度报告》文本在此类语言推广活动的描述中建构了英语"标准英语""改善人们生活水平的语言""国际交流的工具""获得知识的语言"等交际形象,这些形象基于英语作为"全球通用语"的"工具性"属性,以中立的色彩讲述英语在经济、生活、教育、交流等方面的重要地位,同时强调了英式英语的权威性。

(2)基于语言文化价值,协会设置了艺术、文化交流活动,主要包括文学类、音乐类、视觉艺术类和创意产业等,旨在"通过艺术建立英国与世界各国间沟通了解的新途径"②。《年度报告》文本在此类语言推广活动的描述中建构了英语"历史悠久""文化经典""现代文明的标志""富有创意"等文化形象,这些形象直指英语背后的文化积淀深厚、经典又富有活力,涵盖了所有英语学习的文化动机。

(3)基于语言政治价值,协会设置了教育与社会活动,主要包括留学类、教育合作类、社会活动类、科技类等,旨在"提高英国在国际教育领域的地位,发动公民和团体组织共同致力于文明社会的建设"③。《年度报告》文本在此类语言推广活动的描述中建构了英语"包容""友好""诚信""合作"等政治形象,这些形象向人们展示了英国社会的亲和力。

2. 隐性价值

语言形象是语言推广背后的隐含话语,通过语言推广活动来传达,并形成了相应的权力,在语言国际推广过程中,表现为"渗透力"和"吸引力",促进了语言推广的文化价值、政治价值等隐性价值的产生。主要表现为:

在英语作为母语使用国家的"内圈",本书选取《年度报告》中出现频率最高的两个"内圈"国家——美国和爱尔兰——作为代表。英语是"内圈"国家认同的标志,但由于语言推广的巨大经济价值及隐性价值,"内圈"其他国家与英国在语言推广方面存在竞争;由于共同文化渊源和文化价值观,"内圈"国家之

① 参见 British Council Annual Report。

② 参见 British Council Annual Report。

③ 参见 British Council Annual Report。

间容易产生更多的认同感；由于亲密的外交伙伴关系，英国更倾向于与"内圈"国家共同解决社会问题。这些语言状况和语言需求形成了"内圈"国家对英语"竞争""忠诚""合作"的语言态度。协会在"内圈"国家的社会活动较多，创意产业和艺术展览次之，同时，"标准英语""历史悠久""包容"的英语语言形象，促进了语言推广增进对共同文化渊源的认同，强化了"英式英语"标准性的隐性价值。

在英语作为官方语言使用的"外圈"，本书选取《年度报告》中出现频率最高的两个"外圈"国家——印度和巴基斯坦——作为代表。"外圈"国家多为前英属殖民地。由于长期的殖民统治，英语在"外圈"国家的高等教育、经济、科技等领域占有重要地位。但由于独立以后"外圈"国家民族情绪的高涨，对殖民主义者留下的英语呈现出"排斥"的语言态度。然而，由于英语对"外圈"国家的经济、社会、文化等多方面价值，"外圈"国家对英语还存在依赖和需求。基于"外圈"国家对英语"排斥"与"需求"并存的状况，协会在"外圈"国家的教育合作和社会活动最多，以援助的方式展示英语"友好"的语言形象，促进语言推广消除历史偏见的隐性价值；英语教学和师资培训也持续升温，"改善人们生活水平的语言"的语言形象以强调英语的"工具性"、削弱英语的"文化性"的策略，维持英语在"外圈"国家的地位；艺术交流活动以"文化经典"的语言形象，促进语言推广增进对英国经典和权威的认同。

在英语作为外语来学习的"扩展圈"国家，本书选取《年度报告》出现频率最高的两个"外圈"国家——俄罗斯和中国——作为代表。俄罗斯和中国都被英国列为高速发展经济体，英国与两国的教育与社会活动受到重视，其中合作项目居于首位。然而，两国与英国又属于不同阵营，有着不同的文化价值观。"现代文明的标志""诚信"的语言形象，为语言推广提供宣传国家形象、增进国际交流的隐性价值。由于英语国际通用语地位，使得"扩展圈"很多国家迫切需要英语来实现顺畅的国际交流，这种需求的增长导致英语语言教学活动呈增长趋势，而"国际交流的工具"的语言形象则迎合了"扩展圈"国家"实用主义"的语言态度，促进英语推广在"扩展圈"逐渐由"推力"转变为"拉力"。

3. 软实力

英国语言国际推广策略具有"软实力"属性。语言形象通过与民间话语、官方话语的互文形成共识,与人们的语言需求产生直接关联,在语言推广活动中发挥其"渗透力"和"吸引力"功能,促进后续的英语传播由"推力"转变为"拉力"。同时,英国语言国际推广策略促进了语言国际推广与"软实力"之间的良性循环。除了显性的经济价值外,语言国际推广通过语言将国家思维方式、价值观等有针对性地渗透给不同推广对象,实现其隐性价值,从而促进国家"软实力"的提升。而"软实力"决定了语言领有者的政治、经济、社会地位,以及推广对象的语言需求和语言态度,是语言价值和语言形象的重要依据。这一本质决定了语言国际推广在"软实力"时代的国家战略地位。

由此可见,英国文化教育协会的语言推广策略在于顺应推广对象的语言态度、语言需求以提高英语语言形象,以达到语言推广的增值效应,从而促进语言推广与国家"软实力"之间的良性循环。本书的研究选题与研究视角弥补了目前学术界从语言学角度深入探究语言推广策略的研究空白;从理论层面建构了语言推广的运行模型,并厘清了语言推广、语言价值、语言形象、"软实力"等概念之间的逻辑关系,进一步阐明了全球化背景下语言推广对国家发展的重要价值和战略意义;书中的研究发现也为我国"一带一路"背景下的汉语语言国际传播提供了有价值的启示与借鉴。

二、主要创新之处

本书的主要创新点可以概括为:

(1) 研究思路新。目前国内外的语言政策研究多停留在宏观描述和分析层面,本书从语言学角度,针对具体机构和可控语料(《英国文化教育协会年度报告》),基于对具体文本的分析,进一步深化该领域研究。

(2) 研究视角新。语言是"软实力"资源的重要组成要素,语言推广是当今社会公认的实现国家"软实力"提升的重要途径。然而,目前国内外的语言推广策略研究,鲜少从"软实力"视角出发,分析语言推广机构如何利用"软实力"功能,"说服"推广对象主动选择学习英语,将语言推广的"推力"转变为"拉力"。

（3）研究方法新。本书将大规模的语料组成自用的、小型的语料库,并设计了"手工质性标注""半自动语料挖掘"和"自动语义测算"相结合的实证方案,深度融合了定性分析与定量分析的优势。

三、研究不足之处

鉴于目前掌握的文献资料、研究对象及时间因素等条件局限,本书研究成果还存在一些不足和缺憾,在后续研究工作中,需进一步系统研究完善,主要体现在以下两个方面:

第一,英国文化教育协会成立至今已经80多年,历经世界政治经济局势变迁,活动影响深远,各类各领域有影响力的权威报告纷繁庞杂、不计其数,但由于获取渠道、时间精力所限,本书仅选取2000—2014年的英国文化教育协会《工作报告》作为研究对象。同时,伴随全球化进程逐步深化,英国隐性语言推广的策略也是逐渐调整和演进的,增加研究文本数量、扩大研究时间跨度将会使全球化英国隐性语言推广的策略更加客观、具体,这也将是今后研究的思路方向。

第二,本书对当前国际政治经济局势、秩序的分析研究还有待于进一步深化,从而对研究结果形成有力支撑。因笔者专业知识结构所限,还缺乏政治经济学的学科基础,以及从事国际政治经济领域相关研究的经验积累,在后续研究中,自身需要补充相关领域的专业理论和知识储备,以确保研究与社会发展的契合度,贴近国际时局变迁实际,提升研究成果的实效性和指导性。

第二节　启示借鉴

英语的全球化已成为一个不可逆的事实,英语处于全球语言等级秩序的顶端,这也是我国汉语国际传播必须要面对的客观现实。因此,在当前英语作为任何语言都无法企及的全球语言的宏观背景下,探讨汉语语言国际推广策略措施既有现实的迫切性,也具有重大的理论价值和现实意义。本书对当今局势下英语推广策略的研究发现,无论在理论上还是实践上,都可以为我们提供"他山之石"。

一、汉语语言国际推广的现状及发展定位

汉语在国际上推广和传播由来已久。学者张西平(2008)认为,汉语和汉字在域外的传播始于商末周初。2002年国家汉语国际推广领导小组办公室(简称"国家汉办")的成立标志着我国真正有规划的开展汉语国际推广。随后,一系列致力于汉语国际传播的相关组织和项目陆续建立起来。2003年国家汉办推出"汉语桥"工程;2004年中国第一所海外孔子学院在韩国首尔挂牌,拉开了全球孔子学院计划的序幕;2005年国家汉办举办了第一届世界汉语大会,来自五大洲66个国家的300多位代表出席了这次汉语国际推广的首次动员大会;2006年国家汉办召开了首届孔子学院大会;2007年成立孔子学院总部,并开通了广播孔子学院;2008年开始试运行网络孔子学院,还同时在国内倡建多个汉语国际推广基地和汉语国际推广中小学基地。

瑞士社会学家乔治·韦伯(George Weber)于1997年根据相关标准提出了一个语言评价体系,并对世界语言的国际地位进行排名,产生了较大影响(Weber,1997)。根据乔治·韦伯的调查分析,在世界语言中,按母语人口数量排名为:① 汉语(占世界总人口20.7%);② 英语(6.2%);③ 西班牙语(5.6%);④ 印地、乌尔都语(4.7%);⑤ 阿拉伯语(3.8%);⑥ 孟加拉语(3.5%);⑦ 葡萄牙语(3.0%);⑧ 俄语(3.0%);⑨ 日语(2.3%);⑩ 德语(1.8%)。按第二语言使用人数排名为:① 法语(约1亿8000万);② 英语(约1亿5000万);③ 俄语(约1亿2000万);④ 葡萄牙语(约3000万);⑤ 阿拉伯语(约2400万);⑥ 西班牙语(约2200万);⑦ 汉语(约2100万);⑧ 德语(约2000万);⑨ 日语(约1000万);⑩ 印地语(约900万)。(周璐铭,2015)

根据乔治·韦伯的评价体系,20世纪90年代世界语言使用排在前三名

的分别为：英语、法语和西班牙语,而汉语排名仅为第六位。联合国《2005年世界主要语种、分布和应用力调查报告》显示,汉语已经上升为仅次于英语的世界第二大语言,排名前十位的语言分别是英语、汉语、德语、法语、俄语、西班牙语、日语、阿拉伯语、韩语和葡萄牙语。这份关于世界主要语言的报告,肯定了中国作为新兴大国的国际地位,显示了作为中国官方语言的汉语与中国国际地位相匹配的现实,同时还申明了联合国的汉字体系标准与大陆简体汉字保持一致,对外发布的汉字正式文本以简体汉字为准。2008年后联合国将不再同时发行繁简两种汉字文本的官方文件,仅保留简体文本。(周璐铭,2015)

为测试母语非汉语者(包括外国人、华侨和中国少数民族考生)的汉语水平,我国由北京语言大学汉语水平考试中心研制设计了汉语水平考试(即HSK),每年定期在中国国内和海外举行HSK考试,凡考试成绩达到规定标准者,可获得相应等级的汉语水平证书。表8.1为2000年以来海外参加汉语考试人数及考点数量统计情况。

表 8.1 海外参加汉语考试情况统计表

年份	参考人数（万人）	考点数量
2000	0.832 7	47
2001	1.282 9	55
2002	1.852 8	63
2003	2.684 6	81
2004	3.242 5	91
2005	3.863 9	102
2006	7.292 4	106
2007	13.644 6	116
2008	31	128
2009	54.8	161

续　表

年份	参考人数（万人）	考点数量
2010	68.9	204
2011	201	488
2012	352	640
2013	502	837

由表 8.1 可以看出，21 世纪以来，汉语在世界语言中的地位和影响力显著提升，这既是我国对外文化传播的阶段成果，也为我国今后有效实施对外文化发展战略提供了必要基础。

从目前来看，其他任何国际语言似乎都不具备挑战当前英语全球语言地位的实力和潜能。英语的全球通用语地位强烈冲击了其他语言与文化，甚至导致了弱小语言与文化的消亡，罗伯特·菲利普森（Robert Phillipson）等学者将这一现象称为英语语言领域的帝国主义。（张天宇、周桂君，2016）在语言推广竞争日趋激烈的当今国际社会，英语全球化是我国汉语语言推广必须面对的客观现实。正视这一事实，并因势利导做好汉语与英语的语言地位规划，既有利于避免汉语受到英语的过度冲击，也有利于巩固提升汉语国际推广成效。改革开放以来，我国大力普及英语教学，使得国民英语水平大幅提升，在一定程度上促进了国际交流合作，推动了经济文化发展，也让世界更加了解中国国情、接受中国文化，也为汉语国际推广提供了外部基础。科学制定语言规划，既有利于语言生态和谐，又利于汉语国际推广向纵深展开。为此，由国务院牵头，教育部（国际司、政法司、国家汉办、国家语委）与外交部、文化部、商务部、财政部等协同制订的《国家语言战略规划》，明确了汉语国际化的宗旨、愿景、目标和路线图。（张天雪、孙不凡，2017）

首先，从国家语言战略的宗旨上看，世界上母语使用人数最多的是汉语，其国际化既是全球化的必然趋势，也是我国国家发展战略的重要支撑。以英国为例,在其"黄金时代",英国就已将英语作为一项"全球性战略语言"并在下议院进行辩论,同时,世界各国"汉语热"也对我国国家语言战略提出了更高的"宗旨性"诉求。因此,我们要将汉语作为一种全球性战略资源,搭乘对外开放的时代列车,与国家"走出去"战略相契合,形成汉语语言势能。"尽管孔子学院不是为'一带一路'而生,但客观上为沿线国家的民心相通做了铺垫"(王义桅,2015)。2015 年 9 月,孔子学院总部在保加利亚召开欧洲部分孔子学院联席会议,与会中外校长和院长大部分来自"一带一路"沿线国家,大会认为,孔子学院对于"一带一路"沿线国家的贡献和作用会随着时间推移而愈显重要。

其次,语言是开启文化内核的钥匙,是一种能够保持国家和民族身份的核心符号,具有强烈的象征性、凝聚力。通过推广汉语提高中国文化影响力,进而提升民族文化自豪感,是增强国家"软实力"的一项核心内容。面对西方文化长期强势输出,最有效的应对方式就是加快提升对我国传统文化的自信心和自觉性。孔子学院开启了"东学西渐"的风气,借此启发世界对中国文化的需求,以促进文化的自觉维护;通过提高本土文化的地位和影响力来增强文化自信心,促进中华民族对自身文化的热爱与传承。(于淼,2010)

再次,汉语语言对外输出不是要取代英语的国际地位,而是要丰富人类语言生态的多元性;不是要进行文化渗透,而是要进行文化融合,为发展中国家共享中国崛起的红利提供互联互通的语言文化工具;不是单纯的汉语语言学习,而是伴随着中国优秀文化中的普世性价值推广而潜移默化、水到渠成;不是单纯教学工作,而是一种融教育、文化、外交和经贸于一体的"软实力"培塑。以我国著名教育家"孔子"命名,直观表达出我国希望加强与世界各国合作,在教育、文化等领域广泛深入交流,在传播汉语语言的基础上,将中国悠久的传统文化推介给对方(董学峰,2016)。

二、对汉语言推广的启示借鉴

(一) 强化语言的工具属性,弱化语言的文化属性

首先,行为主体之所以做出某一种语言选择,归根结底在于其形成了一定

的语言态度。在当前的国际语境中,全球化日益深化的同时,与之相对立的另一种力量——本土化,也处于不断强化之中。在语言教育方面,对于个人和国家而言,这一矛盾体现为:一方面需要学习国际语言,以谋求更大程度参与国际合作交流,另一方面又需要强化母语学习和教育,以维护其本土的身份认同。就汉语的国际传播来说,一方面汉语需要伴随着中华民族的伟大复兴而走向世界,另一方面汉语的有效传播又离不开与当地本土语言文化环境的融合。这一对矛盾的相互作用形成了"全球本土化"概念,就语言传播而言,是指任何国际语言只有有效融入当地的本土环境中才能真正站稳脚跟,实现最大化的传播。为此,美国和英国并不排斥英语与当地语言融合的本土化过程,并推行以维护语言文化多样性为目标、将语言作为一种中立性工具的传播范式,尽可能使受众形成一种积极肯定的语言态度。与之相比照的法国,因其历史和政治原因,在很长时间内推行法语"单语制"和法语的文化认同意识,但目前也逐渐开始转向,即在推广法语的同时,也支持各国本土语言的"多语制"政策,而且也在强调法语文化价值的同时,缓慢融入语言工具论的理念,以适应全球化时代的要求。在以美国为主导、以新自由主义意识形态为样板典型的全球化语境中,我国的汉语国际传播应当借鉴英语和法语国际传播的成功策略,汲取二者的经验教训,加快推进符合时代需要的汉语国际传播进程。目前国内学界和舆论界还尚未形成汉语作为一种有用工具的普遍化宣传意识,仍在更多强调汉语背后的文化属性,过于宣传汉语是有着五千年丰富文化的语言。虽然文化吸引力必不可少,但这样的宣传话语容易给接受者造成文化上的距离感和强迫感,这也是西方世界将孔子学院遍地开花视为文化侵略的一个重要原因。为此,我们应统一汉语国际传播的宣传口径,将之统一到语言多样性和语言工具论上来。具体而言,在对外宣传上,我们应该以"汉语是有用的工具"为关键语,弱化语言传播的文化渗透意识。此外,在海外传播汉语的同时,也适当强调当地本土语言的重要性,以实际行动响应维护语言多样性的全球主题。事实上,语言作为文化的载体,汉语教学必然会同时伴随着一定的文化教育,但成功的文化教育不应给人以任何强加之感,而应该是耳濡目染、潜移默化的。无论是在国际宣传话语中还是在国内舆论领域，我们应该更多地宣传汉语语言的实用性和工具性，构建像"汉语是一种有用的工具""汉语会越来越有用""学习汉语能够获得更大的竞争优势""越来越多的成功人士在学汉语"和"只要保证时间，汉语并不难学"等正面主流话语。这种肯定的舆论话语有利于促使潜在的汉语学习者产生积极的汉语语言态度，从而引导其做出选择汉语的语言选择。

其次，从推广机构方面，要强化民间色彩，淡化政府色彩。美国的查理德·克罗德曼说过："好的宣传就是要做到不想宣传。"（桑德斯，2002，曹大鹏译）如何做到不想宣传，就必须淡化其政治目的。在这方面，英国文化教育协会值得学习借鉴。孔子学院的话语表达方式是系统而独特的，主要体现在基于物理存在于传播时间的话语表达，基于文本呈现于内涵诠释的话语表达，以及基于价值生成于影响扩散的话语表达（宁继明，2016）。2014 年 9 月，《人民日报》刊登了一篇海外汉语教师撰写的文章，题目是《孔子学院，为世界碰触"中国读本"》，作者提出"孔子学院已不再是单一的语言文化推广机构，而是成为传播中华文化的文明使者，成为'讲述每个国家每个民族的历史传统、文化积淀、基本国情'的平台"。（周长鲜，2014）孔子学院的话语生产方式，不是存在于报纸、广播等宣传媒介中，不是存在于经济贸易等产业链条中，更不是存在于军事斗争和地区冲突的暴力中，而是存在于日用而不知的日常交流的中国接触中。遍布于世界 130 多个国家和地区的 500 余所孔子学院，以及 1 000 多个孔子课堂就是提供中国接触的平台和真实的物理空间。（宁继明，2016）

（二）发挥"软实力"功能，提升语言价值认同

"认同"是当代社会科学普遍关注的问题之一。弗洛伊德（Sigmund Freud）指出，认同是"个体或群体在感情上、心理上趋同的过程"。（车文博，1988：375）哈贝马斯（Jürgen Habermas）则认为："认同归于相互理解、共享知识、彼此信任、两相符合的主体之间的相互依存。认同以对可理解性、真理性、正当性、真诚性这些相应的有效性要求的认可为基础。"（哈贝马斯，张博树译，1989：3）所谓价值认同，是指价值主体在社会实践中通过交往、对话

和互动,不断调适自身的价值结构以适应、接受和遵循社会价值规范的过程。它标志着人们在社会实践中能够以社会共同的价值要求作为标准来规范自己的活动,并使之"内化"为自觉行为的价值取向。价值认同是凝聚人心、达成共识,整合观念与维持秩序的最佳途径。(冯留建,2013)一种语言能够实现多大程度的传播主要取决于人们的语言需求,以及它在特定社会语境中所享有的语言价值。结合当前我国汉语国际传播的现状,应着力强化国际社会对汉语的需求认识,提升汉语在国际主要交往领域中的语言价值,也有学者将其称为"语言声望"。语言声望是语言价值的外在表现,除经济因素外,文化、历史、传统等因素也对语言声望起决定作用。当一门语言所处的社团具有卓越的哲学、文学、科学、技术时,来自其他社区、渴望获取这种知识的人就会自愿学习该社团的语言。这是语言声望在某一领域内影响了个体的语言选择。至今,希腊语在科学领域、拉丁语在神学领域、阿拉伯语在宗教领域都保持着很高的语言声望。汉语由于其悠久的文化,曾经在历史上享有很高的声望,尤其唐朝时期,周边国家纷纷学习汉语、借鉴汉字、演绎汉字来创制本民族的文字。汉文化的影响始终是汉语声望的重要保障,因此,汉语传播应该坚持与中国文化密切融合,推进文化交流和语言推广的共赢。(张天宇、周桂君,2016)

目前汉语教学的起点还比较低,孔子学院的教学方法和教材使用多数还围绕基础汉语和日常生活展开,对中国传统文化的核心理念和思想内涵触及不深、涉及不多。举办文艺活动和文化展览,还仅适用于文化推广的初级阶段,对于西方国家将茶、中医、武术等作为中国文化的刻板印象并没有明显改善。为此,我们应注重挖掘传统文化的内涵,开发出更多具有"中国元素"的文化产品,实现文化消费的多元化,并逐步形成具有广泛影响力的品牌;应借鉴美国在文化输出方面的经验做法,以品牌价值引领、以文化传播推动,促进文化产业整体进步。(于淼,2010)

首先,深化汉语需求认识,提升汉语价值。需求是语言传播的动力源泉,要想吸引更多的人学习汉语,就必须尽可能通过各种方式促使汉语的语言价值外显,使国际社会的汉语潜在群体认识到汉语的需求程度,以及汉语能够满足其需求的重要价值。因此,我国有必要积极关注、推动和提升汉语在国际组织、国际会议以及我国对外经贸交往活动中的使用地位和频率。

在国际组织和国际会议领域,我们一方面要努力争取将汉语确立为其官方语言或工作语言,另一方面还要在汉语已经获得相应地位的国际组织和会议中切实巩固提升汉语的使用地位。目前,除联合国及其下属的部分机构将汉语列为工作语言之一外,世界上只有"上合组织"这一总部设在上海的区域性组织将汉语确立为工作语言(另一种是俄语)。而亚洲的五大主要经贸组织都将英语作为主要工作语言,汉语被完全排斥在外。在国际会议上,汉语的使用地位也被大肆践踏。此外,在我国对外经贸活动中,汉语也未曾获得应有的使用地位,相反,包括我国在内的各国商业人士往往会主动倒向英语作为交际语言。例如,在对韩国蔚山地区汉语教育情况进行实地调查后发现,虽然该地区有许多与中国密切合作的大型企业,但是汉语在当地企业中的使用并不多见,汉语在该地的传播也未广泛深入。

英语推广初期,面对德语、法语、俄语等强势语言,美国总统托马斯·伍德罗·威尔逊(Thomas Woodrow Wilson)和英国首相大卫·劳合·乔治(David Lloyd George)联合要求改变此前欧洲各国只用法文签订条约的惯例,提议用英文和法文两种语言书写《凡尔赛条约》。这是英美两国第一次联合推广英语,其成果是英语成为国际公文正式通用语之一。此后,取代法语成为第一国际语言成了英语传播的首要目标。正如美国福特基金会一位代表所说:"美国应用语言学中心与英国文化教育协会合作的一个主要任务是世界第二语言调查,目的是要同法语争夺世界第一外语的地位和增加国际间的交流合作。"(赵杨,2003)

学者陆俭明(2013:4)指出,"一旦我们国家能在世界各国进行投资开设工厂或企业,所招聘的员工要求必须会汉语;一旦各个国家要发展自己的科学技术必须派学生到中国来留学;一旦在某些科学领域特别是自然科学领域,非得参考由汉语撰写的学术论文不可;一旦各国青年都想着要到中国来留学或工作;那时各国青少年就自然地把汉语作为首选外语了。"我国上至国家领导人、下至对外经贸商业人士都有必要增强其在国际交往中的汉语使用意识:争取在更多的境内国际会议和以华人为主体的国际会议中使汉语成为会议的工作语言(或之一),并逐步争取让汉语成为各种境外国际会议的工作语言之一;争取在更多的国际商贸活动中让汉语成为重要的工作语言;不断增大虚拟空间中汉语资源的所占比重;同时利用奥运会、世博会和"国际汉语周"等国际活动,营造经贸、旅游、留学、外交和国际会议等领域中迫切需要汉语的国际舆论和氛围。(贺阳,2008)

在经济方面,海外推广机构应加强与当地商务组织的互联互通,吸收国内外企业投资,构建起企业与语言文化推广机构的合作模式,提高汉语学习者的就业率。(贾涵,2016)因为企业与学校双方注资,所以会更加重视学院的社会效益与经济效益,会按照市场需求及自身优势积极拓展市场。投资企业职工在孔子学院学习会享受优惠政策,借助员工宣传可以提高市场影响进而实现规模化经营,并走上良性互动、盈利办学的道路。

"语言的强弱与语言所属社团的强弱盛衰呈正相关"(李宇明,2004),一国国力及其国际政治经济影响力的提升是其语言能够实现国际传播的必要条件和主要前提。目前我国已成为世界第二大经济体,国际地位显著提高,世界银行副行长林毅夫指出,高速发展的中国正吸引着越来越多的关注目光,这些都为加速汉语的国际传播创造了有利的客观条件。我国应该把握这一历史机遇期,充分利用当前经济发展为汉语传播提供的可能空间,大力推动汉语国际传播快速健康发展。只有我国政府充分把握当前汉语发展的历史机遇,充分利用我国经济发展和国际地位提升为汉语国际传播所带来的有利契机,才能逐步为汉语在国际上争取更大的使用空间,更重要的是,才能为潜在的汉语学习者创造最终选择汉语的有利国际语境。

其次,加强国家话语体系和话语权建设。福柯提出一切事务都可以归结为两样东西——权力和话语。话语就是人们斗争的手段和目的,话语对权力具有构建作用。而有效话语则是话语权的实质和核心,是指通过语言有效地运用和体现权力,重在最终的传播实效。有效话语权的实现包括传达有效、理解有效和支持有效三个方面。

在这个以语言和文化的信息攻势与传播攻略为要义的时代,话语和话语权已经获得了与国家战略和民族利益比肩的地位。掌握了国际话语权,就可以影响和引导国际舆论走向,影响国际主流社会和主流媒体。有效宣传是一种柔性的、没有意识到的宣传。长期以来,某些西方国家借助媒体影响多次在国际事务中误解中国形象,尽管我国对此给予坚决回应,但这种长期的负面影响和信息交流的不对称,已经形成刻板印象。伴随着中国崛起,迫切需要重新树立与中国现实状态相符合的国家形象,孔子学院立足于中国传统文化沃土,通过提升世界对中国文化的兴趣,加深了解、化解偏见,以文化特有的共享性、扩散性,通过文化这一柔性方式塑造完善中国形象。

话语以特有方式构成社会实践,它意味着在场、身份和立场。孔子学院以文化传播为渠道,配合国家战略,开展文化外交,其价值主要体现在掌握话语的主导权。作为中国官方语言,提高汉语在国际交流中的地位是中国掌握话语权的重要前提。孔子学院扩大了汉语传播范围、传播方式和传播途径,通过让更多人掌握汉语来改善中国的外交局面。同时,中国声望和地位也伴随着汉语语言与文化的传播而不断提升。在经济全球化、政治多极化、文化多元化的背景下,孔子学院作为中国回应西方社会对中国的"他者言说"有力手段,以在场的方式,把握有利话语,积极进行自我表达。

"国际话语权已成为主导国际关系的战略制高点""话语权不是指一国的语言的魅力,而是指通过话语所包含的概念内涵、论证逻辑、价值理念、意识形态等因素所产生的影响力""国际话语权作为国家软实力,并不是国家所自然享有或先天富裕的,而是通过主动塑造和国际竞争而获得,其决定着对国际舆论的影响力,决定着一国主导国际事务的权利"(赵庆寺,2016)。每个民族和国家都在思考全球化背景下自身的定位与发展问题、自身的外部形象塑造问题,特别是新的话语建构问题,如在国际社会交往中,如何开展自己的话语表达并形成自身的话语生产框架与机制等问题。作为任何一个价值主体，总要面临自我形象建构的问题，总要面临言说与实践并驾齐驱的问题，总要面对自身话语表达的问题。特别是现今这个高度开放、深度融合的时代，"你中有我""我中有你"，任何国家和民族都不可能孤立存在。中国是世界中的一个存在，"'世界中的'是中国这一存在的本质特征，解读它则总是需要和这个世界联系在一起，这个世界必然包括了围绕中国的话语和表达"。①

中国在世界上的形象主要以一种"他者塑造"的模式演进着，无论是《马可·波罗游记》对古老神秘中国的介绍，还是外国传教士对中国的地理标记，对中国古代思想和科技成果的推介，或是西班牙门多萨《中华大地国志》对中国生活方式的描绘，国际上在很大程度上是通过这些话语和文本间接感知和了解中国。随着近年中国经济的飞速发展，以及在国际社会中逐渐显现出来的大国责任、义务和贡献，"中国威胁论""中国机遇论"，以及"黄祸论""垮台论""博弈论""崛起论"等各种声音相机而来，时而高亢、时而低缓、时而友善、时而尖锐。我们尚且缺乏与今日中国的大国形象和大国责任相匹配的话语表达，缺乏在当代语境下呈现自我、塑造自我的话语体系。

汉语曾一度被官方广泛使用，这能充分体现相关部门要把汉语推向世界的主动性、积极性和美好愿景，但也会随之带来"文化侵略"之嫌的负面效应。同样在政治经济领域，前外交部部长李肇星也曾感慨道，"老说什么中国崛起，可能就是招来骂声的一个原因"，因为"'崛起'似乎暗含着突然性，而且还会损害别人利益、损人利己"。他指出，中国事实上只是在"和平发展"。从这些关键字眼的权衡中可以看出，我国不仅需要有文化自觉意识和自信心，更需要无论是在实现汉语的国际传播还是在提升我国国际地位的过程中都注重策略，不能操之过急、急于求成，以免产生不必要的反作用，适

---

① 中共中央关于全面深化改革若干重大问题的决定，2013-11-12。

得其反。鉴于国家意识形态和文化价值观的巨大差异，我国更有必要恰当定位汉语国际传播，积极构建良好温和的汉语语言形象，为汉语国际传播创造有利的国际环境。正如国家汉办的发展定位所言，汉语国际传播只是"力求最大限度地满足海外汉语学习者的需求，为携手发展多元文化，共同建设和谐世界做贡献。"孔子学院的宗旨也是"增进世界人民对中国语言和文化的了解，发展中国与外国的友好关系，促进世界多元文化发展，为构建和谐世界贡献力量。"这些话语都充分表明中国传播汉语并非要称霸，而只是在谋求汉语的正当发展。事实上，汉语也不可能称霸，整个世界也不可能有任何一种语言能够享有像英语在20世纪一样所拥有的霸主地位。更何况，目前汉语尽管被列为联合国的六种工作语言之一，但其实际使用频率非常低。如今我国日渐成为维护世界和平与稳定的重要力量，在国际政治经济文化等领域发挥着越来越重要的角色。让世界全面客观了解中国，既是我国谋求更大发展的现实需要，也是整个世界和平发展的客观要求，可以说，汉语国际传播恰好为其提供了一个相互沟通了解的机会。强化汉语在国际主要交往领域中的使用地位，推动汉语成为一种名副其实的国际语言，是当前我国发展进程中的正当合理需要。因此，我国在对外宣传中应该始终表明汉语国际传播的目标只是力图促使汉语真正成为国际广泛应用的语言之一，以此作为我国汉语国际传播宣传话语的主基调。正如陆俭明（2013）所强调的，我国的汉语国际传播必须树立一种"汉语国际传播观"，要用世界眼光来看待汉语国际传播。在当今"软实力"竞争的全球化时代，世界各国都竞相在国际上传播各自语言，这是各国维护和巩固国家利益的一致诉求，也无可厚非。如今，我国汉语国际传播也正在蓬勃发展，也取得了初步可喜成绩，但同时也招致了西方世界新一轮"中国威胁论"的大肆诋毁，这对汉语国际传播造成了不可回避的负面影响。首先必须承认的是"中国威胁论"等言论是西方世界及其媒体破坏中国国际形象的一贯伎俩，也是其有意识设立的第一道防线——意识形态屏障。"反中主义"是美国意识形态的核心内容之一，美国也始终视中国为西方价值观的一种威胁。汉语要想走向世界，就必然会遇到这一意识形态屏障的羁绊阻挠。2008年1月27日美国国务院发布关于持有签证的孔子学院中国教师必须离境的公告即是这一防线的典型措施。美国声称,"孔子学院必须申请美国的认证……才能在其所在大学开展教学",是为了确保教育符合美国的相关既定标准。但矛盾的是,孔子学院的汉语课程本身不计学分,不授学位,而且同样作为传播机构的德国歌德学院和法国法语联盟等在美的文化交流机构都无须得到美国认证。可见,美国这一公告只是针对孔子学院的有意发难。同时,这一"威胁论"的兴起也反映出我国汉语国际传播过程中所存在的过于显山露水、缺乏策略意识等问题弊端。中国传播机构的一系列动作也极易让外国人感到中国的强势:一些孔子学院毫不掩饰介绍中国文化的独特性与试图灌输中国文化理念的做法,以及国内有些大学和机构抢滩掠地般地争办孔子学院的现象,都呈现出中国文化海外扩张似有咄咄逼人之势。正如孙强(2012:98—101)一针见血所指出的:"当今汉语国际传播存在急功近利的倾向。"

汉语国际传播观的关键即在于,我国必须在具备强烈的文化自觉意识和自信心的基础上,着眼宏观国际语境,注重中国价值体系和中国话语的独特之处与世界共同价值的融合。在新中国70多年的外交实践中,我们有过许多成功的话语表达案例,如"和平共处五项原则"的提出,既体现了中国特色,又表达了世界广大发展中国家的心声,受到广泛的好评,为新中国外交事业的开展奠定了良好开端,至今仍然具有长久的生命力。(周璐铭,2015)如今,我们更应该明晰汉语国际推广的基本定位,在国际上树立起良好的语言形象。这既利于我国最大限度实现汉语的国际传播,又能在语言上为我国构建积极的国家形象做出应有贡献。

(三) 有效整合国外资源,形成内外联动"华语圈"

在国际语言竞争日益激烈的当今世界,一种语言的国际传播需要发动所有可能的资源力量,形成具有广泛影响力的"语言文化圈",努力建构出一个由多重多个主体同时对外传播汉语的宏观网络。这是英语和法语乃至其他主要国际语言已经采纳且还在继续强化的惯例做法。正如第六章所述,"英语圈"

不但集合了包括美国、英国、澳大利亚、加拿大和新西兰在内的"内圈"国家,还积极发动了"外圈"和"扩展圈"的非英语母语国家,以及国际性和区域性组织充当了在当地传播英语的主体。可以说,无论是占据战略地位的国家或地区,还是重要的国际或区域性经贸组织,都巧妙演变成了以"内圈"国家为核心的"英语圈"的成员。法语亦是如此,法国不但号召国内各界人士投入法语传播行动中,还通过法语国家国际组织与非洲等地的法语国家形成密切联动,为法语国际传播建构了一个关系尤为密切的"法语圈"。西班牙语、葡萄牙语、阿拉伯语、德国和俄语等主要国际语言也均是凭借其长期的殖民历史和现在的政策举措形成了广泛的"语言文化圈",有效联合圈内外各界力量实现自身语言的对外传播。与之形成鲜明对比,中国目前还尚未建立起任何实质意义上的"汉语文化圈"。

国际语言之所以要建构相应的"语言文化圈",不仅在于广泛的语言文化圈能融合圈内所有可能力量,以多主体同时传播的方式实现该语言的快速传播,更在于语言文化圈能够为该语言的国际传播巧设一个无形却强大的保护屏障,通过圈内国家积极使用和传播该语言的行为来保护该语言,使其能够避免和抵御其他大语种对该语言市场的攻击和侵蚀。这也正是法语国家国际组织始终对法语国际地位所发挥出的最重要的作用之一。可以想象的是,如果没有法语国家国际组织,法语当前所拥有的广泛的语言文化圈或许将变得支离破碎,其数量庞大的非洲法语国家或许也不会像现在这般,在面对英语的巨大诱惑时,对抉择英语还是法语表现出犹豫和纠结。

李宇明(2011)根据汉语使用的人群和地区将当前的汉语分布划分为三个战略区域:海外华人社区圈、传统的汉字文化圈(朝鲜、韩国、日本、越南等)和辐射圈(世界上其他国家或地区)。对于"华语圈"的建设而言,我国一方面应该以文化为主要途径与汉字文化圈结成语言文化同盟,作为汉语在世界上实现广泛传播的大后方;另一方面应该积极利用海外的华人华侨社会,将之纳入"华语圈"的同时促使其成为汉语国际传播的先锋队伍。为此,我国应积极与有着深厚汉字传统的国际社会展开战略合作,调动和鼓励社会各界和港澳台、海外华人、华侨、留学人员捐资或投资汉语教学事业,形成国内外联动发展的"华语文化圈"。只有如此,汉语才有可能在世界各大语言圈的激烈竞争态势中成功突围,进而成为"华语文化圈"主要第二语言或外语,并进一步向其外圈形成辐射,从而扎实有效地实现汉语在国际上的广泛传播。

附 录

附录 1　英国文化教育协会分支
机构增减统计表

年　份	增　　加	减　　少
2001—2002	亚美尼亚 Yerevan 孟加拉国 Rajshahi，Sythey 俄罗斯 Tomsk 阿拉伯联合酋长国 Ras Al Khaimah 科威特 Kuwai City 巴林 Manama 南非 Pretoria 摩洛哥 Casablanca	捷克共和国 Ceske Budejovice，Olomaouc，Ostrava Pardubice，Usti Nad Labem 厄瓜多尔 Ouito 德国 Cologne，Hamburg，Leipzig，Munich 印度 Patna，Lucknow 莱索托 Maseru 意大利 Turin 尼日利亚 Enugu，Ibadan，Kaduna 斯威士兰 Mabane
2002—2003	孟加拉国 Brahmanpara	孟加拉国 Rajshahi 保加利亚 Stara Zagora，VelikoTurnovo 东耶路撒冷 Hebran 日本 Fukuoka
2003—2004	阿富汗 伊拉克 Baghdad 马来西亚 Jaya，Subang 巴基斯坦 Faisalabad，Quetta 俄罗斯 Rostov-on-Don 西班牙 Palma de Mallorca，Segovia	孟加拉国 Brahmanpara，Sylhet 玻利维亚 La Paz 法国 Bordeaux 布鲁塞尔 Belgium and Luxembourg

续　表

年　份	增　　加	减　　少
2004—2005	澳大利亚 Perth 孟加拉国 Sylhet 埃及 Heliopolis 伊拉克 Basra 哈萨克斯坦 Astana 巴勒斯坦领土 Hebrn，Khan Younis 沙特阿拉伯 Al Khobar 西班牙 Alcala de Henares，Alcobendas，LasRozas，Pozuelo，Villaviciosa de Odon 阿富汗 Kabul 新加坡 Singapore 泰国 Pattani	文莱 Bandar Seri Begawan 捷克共和国 Plzen 印度尼西亚 Surbaya 意大利 Bolohna 日本 Nagoya，Osaka 肯尼亚 Kisumu 马来西亚 Jaya，Subang 新西兰 Auckland 罗马尼亚 Brasov，Constanta，Sibiu 沙特阿拉伯 Dammam 塞尔维亚和黑山 Pristina 阿拉伯联合酋长国 Ras Al Khaimah
2005—2006	无	喀麦隆 Bamenda 南非 Pretoria
2006—2007	注：2005 年的塞尔维亚和黑山共和国在 2006 年分成塞尔维亚和黑山共和国两个国家，英委会在秘鲁的分支在 2006 年 9 月关闭。	保加利亚 Uarna 秘鲁 Lima 罗马尼亚 Timisoara 俄罗斯 Tomsk，Yarosiav，Yuzhno-Sakhalinsk 斯洛伐克 Banska，Bystrica，Kosice 泰国 Pattani
2007—2008	澳大利亚 Melnbourne 伊拉克 Erbil 美国 Los Angeles	澳大利亚 Perth 印度 Bhopal，Thiruvananthapuram 俄罗斯 St Petersburg，Ekaterinburg，Irkutsk，Krasnpyarsk，Nizhny，Novgorod，Novosibirsk，Omsk，Rostov-on-Don，Samara，Sochi，Volgograd
2008—2009	马拉维 Blantyre 尼日利亚 Enugu，Jos 新西兰 Auckland	新西兰 Wellington 巴基斯坦 Quetta 土耳其 Izmir 乌克兰 Kharkiv 伊朗 Tehran 新加坡 Singapore

续　表

年　份	增　加	减　少
2009—2010	美国 NewYork	巴基斯坦 Peshawar 尼日利亚 Enugu，Jos
2010—2011	无	喀麦隆 Yaounde 加纳 Kumasi 日本 Osaka 南非 Durban
2011—2012	加纳 Kumasi 黎巴嫩 Tripoli 葡萄牙 Miraflores，Parece 卢旺达 Kigali 南苏丹 Juba 泰国 Chaengwattana，Ladprao，Pinklao	澳大利亚 Melbourne 喀麦隆 Douala 厄立特里亚 Asmara 肯尼亚 Mombasa 叙利亚 Aleppo 巴勒斯坦 Khan Yunis
2012—2013	加拿大 Toronto 法国 Lyon，Marseille 沙特阿拉伯 Al-Khobar	加拿大 Ottawa 埃及 Heliopolis 沙特阿拉伯 Eastern province 泰国 Chaengwattana，Ladprao，Pinklao
2013—2014	埃及 Heliopolis 斯里兰卡 Jaffna	巴西 Brasilia 以色列 West Jerusalem 西班牙 Alcala de Henares，Alcobendas，Las Rozas，Palma de Mallorca，Pozuelo，Villaviciosa de Odon 叙利亚 Damasous
2014—2015	哥伦比亚 Medellin 秘鲁 Lima 西班牙 Guadalajara，Palma de Mallorca 乌拉圭 Montevideo	丹麦 Copenhagen 芬兰 Helsinki 挪威 Oslo 瑞典 Stockholm 乌克兰 Donetsk

附录 2　年报中提及的 100 个国家（地区）情况一览表

序号	国名/地区名	特 征 串	累计频率(次)	人口(百万)	GDP排名	GDP总值(百亿)	是否前殖民地	英语为官方语言
1	英国	Britain，British，UK，England	3 704	64.43	10	2.679	否	是
2	中国	China，Chinese	295	1 373.541	1	19.39	否	否
3	印度	India，Indian	209	1 266.883	4	7.965	是	是
4	俄罗斯	Russia	179	142.355	7	3.718	否	否
5	巴西	Brazil	120	205.823	8	3.192	否	否
6	伊拉克	Iraq，Iraqi	118	38.146	37	0.544	是	否
7	阿联酋	Emirates	103	5.927	33	0.648	否	否
8	土耳其	Turkey，Turkish	97	80.274	18	1.589	否	否
9	巴基斯坦	Pakistan	85	201.995	26	0.931	是	是
10	爱尔兰	Ireland	64	4.952	53	0.257	否	是
11	美国	USA，US，United States	58	323.995	3	17.95	是	是
12	墨西哥	Mexico	54	123.166	12	2.227	否	否
13	印度尼西亚	Indonesia	54	258.316	9	2.842	否	否
14	阿富汗	Afghan	49	33.332	104	0.062	否	否
15	埃及	Egypt	46	94.666	24	1.048	否	否
16	伊朗	Iran	45	82.801	19	1.371	否	否
17	沙特	Saudi	41	28.16	15	1.683	否	否

序号	国名/地区名	特 征 串	累计频率(次)	人口(百万)	GDP排名	GDP 总值(百亿)	是否前殖民地	英语为官方语言
18	波兰	Poland，Polish	37	38.523	25	1.005	否	否
19	日本	Japan，Japanese	37	126.702	5	4.83	否	否
20	乌克兰	Ukraine	36	42.209	50	0.339	否	否
21	卡塔尔	Qatar	32	2.258	52	0.319	否	否
22	利比亚	Libya	32	6.542	84	0.096 21	否	否
23	泰国	Thai，Thailand	32	68.201	21	1.108	否	否
24	越南	Vietnam	32	95.261	36	0.552 3	否	否
25	缅甸	Burma	31	56.89	58	0.283 5	是	否
26	巴勒斯坦	Palestinian	30	0	0	0	否	否
27	法国	France，French	30	66.836	11	2.647	否	否
28	苏丹	Sudan	30	36.83	68	0.167	否	是
29	西班牙	Spain，Spanish	30	48.563	17	1.615	否	否
30	津巴布韦	Zimbabwe	28	14.547	134	0.028 1	是	是
31	马来西亚	Malaysia	28	30.95	71	0.815 6	是	否
32	斯里兰卡	Srilanka	28	22.235	46	0.223	是	否
33	哥伦比亚	Colombia	27	47.221	32	0.667 4	否	否
34	澳大利亚	Australia	26	23	20	1.489	是	是
35	哈萨克斯坦	Kazakhstan	25	18.36	43	0.429 1	否	否
36	韩国	Korea	25	50.924	14	1.849	否	否
37	孟加拉国	Bangladesh	24	156.187	35	0.577	是	否
38	以色列	Israel	24	8.175	57	0.281 9	否	否
39	保加利亚	Bulgaria	22	7.145	77	0.133 9	否	否

序号	国名/地区名	特 征 串	累计频率(次)	人口(百万)	GDP排名	GDP总值(百亿)	是否前殖民地	英语为官方语言
40	加拿大	Canada,Canadian	22	35.363	162	1.632	是	是
41	德国	German	21	80.723	6	3.841	否	是
42	加纳	Ghana	20	26.908	82	0.114 7	是	否
43	瑞典	Sweden, Swedish	18	9.881	41	0.473 4	否	否
44	叙利亚	Syrian	18	17.185	107	0.055	否	否
45	尼泊尔	Nepal	16	29.034	98	0.07	否	否
46	乌兹别克斯坦	Uzbekistan	16	29.473	64	0.187	否	否
47	罗马尼亚	Romania	15	21.6	46	0.414	否	否
48	马拉维	Malawi	15	18.57	145	0.02	是	是
49	格鲁吉亚	Georgia	14	4.928	120	0.036	否	否
50	古巴	Cuba	14	11.18	79	0.128	否	否
51	肯尼亚	Kenya	14	46.761	75	0.141	是	是
52	委内瑞拉	Venezuela	14	30.912	38	0.515	否	否
53	意大利	Italy，Italian	14	62.007	13	2.171	否	否
54	约旦	Jordan	14	8.185	89	0.082 73	否	否
55	阿根廷	Argentina	13	43.887	27	0.972	否	否
56	葡萄牙	Portugal, Portugese	13	10.834	54	0.289 8	否	否
57	新加坡	Singapore	13	5.782	42	0.471 9	是	是
58	坦桑尼亚	Tanzania	12	52.483	76	0.138 5	是	是
59	乌拉圭	Uruguay	12	3.351	96	0.071 43	否	否

序号	国名/地区名	特 征 串	累计频率(次)	人口(百万)	GDP排名	GDP 总值(百亿)	是否前殖民地	英语为官方语言
60	赞比亚	Zambia	12	15.511	103	0.062 71	是	是
61	智利	Chile	12	17.65	44	0.422 4	否	否
62	阿塞拜疆	Azerbaijan	11	9.873	67	0.169 4	否	否
63	芬兰	Finland	11	5.498	62	0.225	否	否
64	荷兰	Dutch，Netherlands	11	17.016	28	0.832 6	否	否
65	黎巴嫩	Lebanon	11	6.238	88	0.083 06	否	否
66	斯洛文尼亚	Slovenia	11	1.978	101	0.063 96	否	否
67	突尼斯	Tunisia	11	11.135	80	0.127	否	否
68	丹麦	Denmark	10	5.594	61	0.258 7	否	否
69	莫桑比克	Mozambique	10	25.93	125	0.033 19	是	否
70	乌干达	Uganda	10	38.319	91	0.079 88	是	是
71	埃塞俄比亚	Ethiopia	9	102.374	72	0.161 6	否	否
72	波斯尼亚	Bosnia	9	3.861	113	0.04	否	否
73	菲律宾	Philippines	9	102.624	30	0.741	是	是
74	捷克	Czech	9	10.645	51	0.332 5	否	否
75	秘鲁	Peru	9	30.741	48	0.389 1	否	否
76	塞拉利昂	Sierra_leone	9	6.019	158	0.099 66	是	是
77	匈牙利	Hungary	9	9.874 8	60	0.258 4	否	否
78	黑塞哥维那	Herzegovina	8	3.861	113	0.04	否	否
79	北马其顿	Macedonia	8	2.1	132	0.029	否	否

续　表

序号	国名/地区名	特 征 串	累计频率（次）	人口（百万）	GDP排名	GDP总值（百亿）	是否前殖民地	英语为官方语言
80	挪威	Norway	8	5.265 1	49	0.356 2	否	否
81	塞尔维亚	Serbia	8	7.143 9	83	0.097 5	否	否
82	比利时	Belgium	7	11.409	39	0.494	否	否
83	科索沃	Kosovo	7	1.883	150	0.017	否	否
84	科威特	Kuwait	7	2.832	55	0.288	否	否
85	奥地利	Austria	6	8.712	47	0.404	否	否
86	黑山	Montenegro	6	0.644	159	0.01	否	否
87	老挝	Laos	6	0.702	116	0.037 32	否	否
88	卢旺达	Rwanda	6	12.988	144	0.020 4	否	否
89	瑞士	Switzerland	6	8.179	40	0.482 3	否	否
90	希腊	Greece，Greek	6	10.773	56	0.286	否	是
91	安哥拉	Angola	5	20.172	65	0.184 4	否	是
92	毛里求斯	Mauritian	5	1.348	139	0.024 57	是	否
93	纳米比亚	Namibia	5	2.436	136	0.025 34	是	是
94	塞浦路斯	Cyprus	5	1.206	133	0.028 06	否	否
95	新西兰	Zealand	5	4.475	70	0.168 2	是	是
96	亚美尼亚	Armenia	5	3.051	137	0.025 32	否	否
97	也门	Yemen	5	27.393	93	0.075 54	否	否
98	巴林	Bahrain	4	1.379	100	0.064 8	否	否
99	立陶宛	Lithuania	4	2.854	90	0.082 36	否	否
100	摩尔多瓦	Moldova	3	3.51	149	0.017 79	否	否

附录3 各区域活动词频统计

附表3-1 爱尔兰_一级标签_标准次数

标准次数	政策领域	政策理据	政策效果	政策活动	政策社群	政策工具	总计
2000	14	0	0	3	9	0	26
2001	14	0	5	2	12	0	33
2002	27	0	3	3	12	0	45
2003	5	0	0	0	16	3	24
2004	18	0	0	6	12	0	36
2005	0	0	0	0	0	0	0
2006	3	0	0	0	4	0	7
2007	1	0	0	1	0	0	2
2008	2	1	0	1	3	0	7
2009	0	0	0	0	0	0	0
2010	3	0	0	0	3	0	6
2011	9	1	3	4	3	0	20
2012	8	0	1	1	3	0	13
2013	4	0	0	2	6	1	13
2014	19	3	0	5	8	1	36
总计	127	5	12	28	91	5	268

附表 3－2 爱尔兰_二级标签_标准次数

标准次数	2000	2001	2002	2003	2004	2005	2006	2007	2008	2009	2010	2011	2012	2013	2014	总计
领域_普通教育	0	0	0	0	0	0	1	0	0	0	3	0	0	2	0	6
领域_就业培训	0	0	0	0	0	0	0	0	0	0	0	1	1	0	0	2
领域_语言教学	0	0	0	0	0	0	0	0	0	0	0	0	0	0	0	0
领域_民主	0	0	0	0	0	0	0	0	0	0	0	0	0	0	0	0
领域_民生	3	0	6	0	4	0	0	0	1	0	0	0	0	0	0	14
领域_法律	0	0	0	3	4	0	0	0	0	0	0	0	0	0	0	7
领域_国际合作	2	14	9	3	4	0	1	1	1	0	0	1	4	1	7	48
领域_科研界	2	0	3	0	2	0	1	0	0	0	0	0	1	0	8	17
领域_艺术界	2	0	0	0	2	0	0	0	0	0	0	6	1	1	3	15
领域_文化交流	5	0	9	0	2	0	0	0	0	0	0	0	0	0	1	17
理据_经济需求	0	0	0	0	0	0	0	0	0	0	0	0	0	0	0	0
理据_发展需求	0	0	0	0	0	0	0	0	0	0	0	1	0	0	3	4
理据_社会需求	0	0	0	0	0	0	0	0	1	0	0	0	0	0	0	1
效果_人口数量	0	0	0	0	0	0	0	0	0	0	0	1	1	0	0	2
效果_机构数量	0	2	0	0	0	0	0	0	0	0	0	1	0	0	0	3

续　表

标准次数	2000	2001	2002	2003	2004	2005	2006	2007	2008	2009	2010	2011	2012	2013	2014	总计
效果_经济效益	0	0	3	0	0	0	0	0	0	0	0	0	0	0	0	3
效果_项目声誉	0	2	0	0	0	0	0	0	0	0	0	0	0	0	0	2
效果_国家声誉	0	0	0	0	0	0	0	0	0	0	0	0	0	0	0	0
活动_规划项目	2	2	0	0	6	0	0	1	1	0	0	4	0	2	5	23
活动_基金项目	0	0	0	0	0	0	0	0	0	0	0	0	0	0	0	0
活动_盈利项目	0	0	0	0	0	0	0	0	0	0	0	0	0	0	0	0
活动_考试项目	0	0	0	0	0	0	0	0	0	0	0	0	0	0	0	0
活动_展览项目	2	0	3	0	0	0	0	0	0	0	0	0	1	0	0	6
社群_学生群体	0	0	0	0	0	0	0	0	1	0	0	0	0	1	0	2
社群_教师群体	0	0	0	0	0	0	0	0	0	0	0	3	0	0	0	3
社群_机构	0	7	3	13	8	0	4	0	1	0	3	0	0	4	4	47
社群_网民	0	0	0	0	0	0	0	0	0	0	0	0	0	0	0	0
社群_普通国民	2	0	3	3	2	0	0	0	0	0	0	0	0	0	0	10
社群_行业人群	7	5	6	0	2	0	0	0	1	0	0	0	3	0	4	28
工具_资金	0	0	0	3	0	0	0	0	0	0	0	0	0	1	1	5

续　表

标准次数	2000	2001	2002	2003	2004	2005	2006	2007	2008	2009	2010	2011	2012	2013	2014	总计
工具_认证	0	0	0	0	0	0	0	0	0	0	0	0	0	0	0	0
工具_培训	0	0	0	0	0	0	0	0	0	0	0	1	1	0	0	2
工具_互联网	0	0	0	0	0	0	0	0	0	0	0	0	0	0	0	0
工具_网站	0	0	0	0	0	0	0	0	0	0	0	0	0	0	0	0
总计	27	32	45	25	36	0	7	2	7	0	6	19	13	12	36	267

附表 3－3　爱尔兰共现_词组清单_标准次数

原始次数	2000	2001	2002	2003	2004	2005	2006	2007	2008	2009	2010	2011	2012	2013	2014	总计
council_NP	0	0	0	10	0	0	0	0	0	0	0	0	0	2	8	20
international_JJ	2	5	3	0	2	0	0	0	0	0	0	1	3	1	3	20
partnership_NN	0	5	6	0	0	0	0	0	0	0	0	0	0	0	3	14
British_NP Council_NP	0	0	0	10	0	0	0	0	0	0	0	0	0	2	0	12
arts_NP	0	0	3	0	0	0	0	0	0	0	0	0	0	0	8	11
schools_NNS	0	5	0	0	2	0	3	0	0	0	0	0	0	0	1	11
Human_JJ rights_NNS	2	0	6	0	2	0	0	0	0	0	0	0	0	0	0	10

续 表

原始次数	2000	2001	2002	2003	2004	2005	2006	2007	2008	2009	2010	2011	2012	2013	2014	总计
rights_NNS	2	0	6	0	2	0	0	0	0	0	0	0	0	0	0	10
government_NN	0	0	0	0	4	0	0	0	0	0	3	0	0	0	1	8
artists_NNS	0	0	3	0	0	0	0	0	0	0	0	0	1	0	3	7
arts_NN	2	0	0	0	2	0	0	0	0	0	0	1	1	1	0	7
arts_NNS	2	0	0	0	2	0	0	0	0	0	0	1	1	1	0	7
cultural_JJ	0	0	6	0	0	0	0	0	0	0	0	0	0	0	1	7
college_NP	0	0	3	3	0	0	0	0	0	0	0	0	0	0	0	6
culture_NP	0	0	3	0	0	0	1	0	0	0	0	0	1	0	1	6
education_NN	0	0	0	0	0	0	1	0	0	0	3	0	0	2	0	6
science_NN	0	0	0	0	0	0	1	0	0	0	0	0	0	0	5	6
support_NN	0	0	0	3	0	0	1	0	1	0	0	0	1	0	0	6
international_JJ work_NN	0	5	0	0	0	0	0	0	0	0	0	0	0	0	0	5
Young_JJ People_NNS	0	0	3	0	0	0	0	0	2	0	0	0	0	0	0	5
children_NNS	2	0	3	0	0	0	0	0	0	0	0	0	0	0	0	5
culture_NN	0	0	3	0	2	0	0	0	0	0	0	0	0	0	0	5

续　表

原始次数	2000	2001	2002	2003	2004	2005	2006	2007	2008	2009	2010	2011	2012	2013	2014	总计
embassy_NP	0	2	0	3	0	0	0	0	0	0	0	0	0	0	0	5
law_NN	0	0	0	3	2	0	0	0	0	0	0	0	0	0	0	5
skills_NNS	0	2	0	0	0	0	1	0	0	0	0	1	1	0	0	5
conference_NN	0	0	3	0	0	0	0	0	0	0	0	0	1	0	0	4
funding_NN	0	0	0	3	0	0	0	0	0	0	0	0	0	0	1	4
opportunities_NNS	0	0	0	0	0	0	0	0	0	0	0	1	0	0	3	4
programme_NN	0	0	0	0	0	0	0	0	0	0	0	1	0	0	3	4
Arts_NP Council_NP England	0	0	0	0	0	0	0	0	0	0	0	0	0	0	3	3
British_NP Embassy_NP	0	0	0	3	0	0	0	0	0	0	0	0	0	0	0	3
significant_JJ contribution	0	0	3	0	0	0	0	0	0	0	0	0	0	0	0	3
art_NN	0	0	0	0	0	0	0	0	0	0	0	3	0	0	0	3
celebration_NN	0	0	3	0	0	0	0	0	0	0	0	0	0	0	0	3
creative_JJ	0	0	0	0	0	0	0	0	0	0	0	0	0	0	3	3
education_NP	0	2	0	0	0	0	1	0	0	0	0	0	0	0	0	3
festival_NN	2	0	0	0	0	0	0	0	0	0	0	0	1	0	0	3

续　表

原始次数	2000	2001	2002	2003	2004	2005	2006	2007	2008	2009	2010	2011	2012	2013	2014	总计
festival_NP	0	2	0	0	0	0	0	0	0	0	0	0	0	0	1	3
film_NN	3	0	0	0	0	0	0	0	0	0	0	0	0	0	0	3
governments _NNS	0	0	3	0	0	0	0	0	0	0	0	0	0	0	0	3
institutions_NNS	0	2	0	0	0	0	0	0	0	0	0	1	0	0	0	3
law_NP	0	0	0	3	0	0	0	0	0	0	0	0	0	0	0	3
partners_NNS	0	0	0	0	2	0	1	0	0	0	0	0	0	0	0	3
programmes_NNS	0	0	0	0	2	0	0	0	0	0	0	0	0	1	0	3
projects_NNS	0	0	0	0	2	0	0	1	0	0	0	0	0	0	0	3
school_NP	0	0	0	3	0	0	0	0	0	0	0	0	0	0	0	3
science_NP	0	0	0	0	0	0	2	0	0	0	0	0	0	0	1	3
specialists_NNS	0	0	3	0	0	0	0	0	0	0	0	0	0	0	0	3
teachers_NNS	0	0	0	0	0	0	0	0	0	0	0	3	0	0	0	3
university_NP	0	0	3	0	0	0	0	0	0	0	0	0	0	0	0	3
women_NNS	0	0	0	3	0	0	0	0	0	0	0	0	0	0	0	3
joint_JJ projects_NNS	0	0	0	0	2	0	0	0	0	0	0	0	0	0	0	2

续　表

原始次数	2000	2001	2002	2003	2004	2005	2006	2007	2008	2009	2010	2011	2012	2013	2014	总计
million_CD people_NNS	0	0	0	0	0	0	0	0	0	0	0	1	1	0	0	2
UK_NP institutions_NNS	0	2	0	0	0	0	0	0	0	0	0	0	0	0	0	2
Young_JJ professionals_NNS	2	0	0	0	0	0	0	0	0	0	0	0	0	0	0	2
academics_NNS	2	0	0	0	0	0	0	0	0	0	0	0	0	0	0	2
actors_NNS	2	0	0	0	0	0	0	0	0	0	0	0	0	0	0	2
artist_NN	0	2	0	0	0	0	0	0	0	0	0	0	0	0	0	2
cultural_NP	0	2	0	0	0	0	0	0	0	0	0	0	0	0	0	2
equality_NN	0	0	0	0	2	0	0	0	0	0	0	0	0	0	0	2
Equality_NN	0	0	0	0	2	0	0	0	0	0	0	0	0	0	0	2
equality_NP	2	0	0	0	0	0	0	0	0	0	0	0	0	0	0	2
Equality_NP	2	0	0	0	0	0	0	0	0	0	0	0	0	0	0	2
events_NNS	0	0	0	0	0	0	0	0	0	0	0	1	0	0	1	2
film_NP	0	0	0	0	0	0	0	0	0	0	0	1	0	0	1	2
films_NNS	2	0	0	0	0	0	0	0	0	0	0	0	0	0	0	2

原始次数	2000	2001	2002	2003	2004	2005	2006	2007	2008	2009	2010	2011	2012	2013	2014	总计
initiative_NN	0	0	0	0	2	0	0	0	0	0	0	0	0	0	0	2
Initiative_NP	0	2	0	0	0	0	0	0	0	0	0	0	0	0	0	2
initiatives_NNS	0	0	0	0	0	0	0	0	1	0	0	0	0	1	0	2
language_NP	0	2	0	0	0	0	0	0	0	0	0	0	0	0	0	2
legislation_NN	0	0	0	0	2	0	0	0	0	0	0	0	0	0	0	2
minister_NP	2	0	0	0	0	0	0	0	0	0	0	0	0	0	0	2
musicians _NNS	0	2	0	0	0	0	0	0	0	0	0	0	0	0	0	2
partnerships_NNS	0	0	0	0	2	0	0	0	0	0	0	0	0	0	0	2
police_NN	0	0	0	0	2	0	0	0	0	0	0	0	0	0	0	2
policy_NN makers_NNS	0	0	0	0	0	0	0	0	0	0	0	0	0	1	0	1
Russia_NP Year_NP	0	0	0	0	0	0	0	0	0	0	0	0	0	0	1	1
audience _NN	0	0	0	0	0	0	0	0	0	0	0	0	1	0	0	1
climate_NN	0	0	0	0	0	0	0	0	1	0	0	0	0	0	0	1
conference_NP	0	0	0	0	0	0	0	0	0	0	0	1	0	0	0	1

续　表

原始次数	2000	2001	2002	2003	2004	2005	2006	2007	2008	2009	2010	2011	2012	2013	2014	总计
crisis_NN	0	0	0	0	0	0	0	0	1	0	0	0	0	0	0	1
engineering_NN	0	0	0	0	0	0	0	0	0	0	0	0	0	0	1	1
expert_NN	0	0	0	0	0	0	0	0	1	0	0	0	0	0	0	1
funded_JJ	0	0	0	0	0	0	0	0	0	0	0	0	0	1	0	1
institute_NP	0	0	0	0	0	0	0	0	0	0	0	0	0	0	1	1
museum_NP	0	0	0	0	0	0	0	0	0	0	0	1	0	0	0	1
performers_NNS	0	0	0	0	0	0	0	0	0	0	0	0	0	0	1	1
project_NN	0	0	0	0	0	0	0	0	0	0	0	1	0	0	0	1
student_NN	0	0	0	0	0	0	0	0	1	0	0	0	0	0	0	1
students_NNS	0	0	0	0	0	0	0	0	0	0	0	0	0	1	0	1
technology_NN	0	0	0	0	0	0	0	0	0	0	0	0	0	0	1	1
theatre_NN	0	0	0	0	0	0	0	0	0	0	0	1	0	0	0	1
writers_NNS	0	0	0	0	0	0	0	0	0	0	0	0	0	0	1	1
youth_NP	0	0	0	0	0	0	0	0	1	0	0	0	0	0	0	1

附表 3－4 巴基斯坦_一级标签_标准次数

标准次数	政策领域	政策理据	政策效果	政策活动	政策社群	政策工具	总计
2000	0	0	0	0	0	0	0
2001	5	0	0	7	7	2	21
2002	0	0	0	0	0	0	0
2003	3	0	0	3	3	0	9
2004	0	0	0	0	0	0	0
2005	0	1	0	0	0	0	1
2006	19	4	4	2	1	0	30
2007	11	2	0	2	11	2	28
2008	18	0	5	7	15	2	47
2009	9	9	0	0	13	0	31
2010	15	6	0	3	0	0	24
2011	13	3	1	1	0	1	19
2012	18	6	4	4	9	0	41
2013	7	0	1	7	15	0	30
2014	15	1	0	4	12	1	33
总计	133	32	15	40	86	8	314

附表 3－5　巴基斯坦_二级标签_标准次数

标准次数	2000	2001	2002	2003	2004	2005	2006	2007	2008	2009	2010	2011	2012	2013	2014	总计
领域_普通教育	0	0	0	0	0	0	7	1	7	0	3	1	4	0	7	30
领域_就业培训	0	0	0	0	0	0	0	0	2	4	0	1	4	1	1	13
领域_语言教学	0	0	0	0	0	0	0	0	1	0	0	4	3	2	4	14
领域_民主	0	0	0	0	0	0	0	0	0	0	0	0	0	1	0	1
领域_民生	0	0	0	0	0	0	1	1	1	0	3	1	1	1	1	10
领域_法律	0	0	0	0	0	0	0	2	0	0	3	0	0	0	0	5
领域_国际合作	0	0	0	3	0	0	2	4	6	0	0	1	3	1	1	21
领域_科研界	0	0	0	0	0	0	3	0	1	0	3	3	4	0	0	14
领域_艺术界	0	2	0	0	0	0	1	2	0	4	0	0	0	0	0	9
领域_文化交流	0	2	0	0	0	0	4	0	0	0	3	0	0	0	0	9
理据_经济需求	0	0	0	0	0	0	0	0	0	4	6	0	1	0	0	11
理据_发展需求	0	0	0	0	0	1	3	1	0	4	0	3	5	0	1	18
理据_社会需求	0	0	0	0	0	0	1	1	0	0	0	0	0	0	0	2
效果_人口数量	0	0	0	0	0	0	0	0	0	0	0	0	0	0	0	0
效果_机构数量	0	0	0	0	0	0	1	0	0	0	0	1	1	1	0	3
效果_经济效益	0	0	0	0	0	0	3	0	3	0	0	0	1	1	0	8
效果_项目声誉	0	0	0	0	0	0	0	0	2	0	0	0	1	0	0	3

续表

标准次数	2000	2001	2002	2003	2004	2005	2006	2007	2008	2009	2010	2011	2012	2013	2014	总计
效果_国家声誉	0	0	0	0	0	0	0	0	0	0	0	0	0	0	0	0
活动_规划项目	0	7	0	3	0	0	1	2	6	0	3	1	3	4	4	34
活动_基金项目	0	0	0	0	0	0	1	0	0	0	0	0	0	0	0	1
活动_盈利项目	0	0	0	0	0	0	1	0	0	0	0	0	1	0	0	1
活动_考试项目	0	0	0	0	0	0	0	0	1	0	0	0	0	0	0	1
活动_展览项目	0	0	0	0	0	0	0	0	0	0	0	0	0	2	0	2
社群_学生群体	0	0	0	0	0	0	0	0	3	0	0	0	0	1	1	5
社群_教师群体	0	0	0	0	0	0	0	1	0	0	0	0	4	2	1	8
社群_机构	0	2	0	0	0	0	0	7	7	9	0	0	5	4	5	39
社群_网民	0	0	0	0	0	0	0	0	1	0	0	0	0	0	0	1
社群_普通国民	0	2	0	3	0	0	0	2	4	4	0	0	0	3	4	22
社群_行业人群	0	2	0	0	0	0	1	0	0	0	0	0	0	4	0	7
工具_资金	0	0	0	0	0	0	0	1	1	0	0	0	0	0	0	2
工具_认证	0	2	0	0	0	0	0	1	1	0	0	1	0	0	0	5
工具_培训	0	0	0	0	0	0	0	0	2	4	0	1	4	1	1	13
工具_互联网	0	0	0	0	0	0	0	0	0	0	0	0	0	0	1	1
工具_网站	0	0	0	0	0	0	0	0	0	0	0	0	0	0	0	0
总计	0	19	0	9	0	1	29	26	49	33	24	18	45	28	32	313

附表 3-6 俄罗斯_一级标签_标准次数

标准次数	政策领域	政策理据	政策效果	政策活动	政策社群	政策工具	总计
2000	52	3	2	5	16	0	78
2001	24	7	0	5	16	0	52
2002	6	0	0	15	12	6	39
2003	3	0	3	0	3	0	9
2004	16	0	0	0	4	0	20
2005	20	6	5	4	16	0	51
2006	40	4	5	16	41	0	106
2007	30	0	5	15	18	1	69
2008	15	5	0	6	5	0	31
2009	0	0	0	0	0	0	0
2010	15	12	0	0	18	0	45
2011	23	1	3	14	0	0	41
2012	9	4	0	4	1	0	18
2013	4	0	2	6	7	1	20
2014	11	3	3	12	3	3	35
总计	268	45	28	102	160	11	614

附表 3-7　俄罗斯_二级标签_标准次数

标准次数	2000	2001	2002	2003	2004	2005	2006	2007	2008	2009	2010	2011	2012	2013	2014	总计
领域_普通教育	7	9	0	0	8	2	6	6	0	0	0	0	3	0	0	41
领域_就业培训	16	0	0	0	0	0	2	0	2	0	6	0	0	0	0	26
领域_语言教学	0	12	0	0	8	0	1	4	0	0	3	0	0	1	0	29
领域_民主	2	0	0	0	0	0	1	0	0	0	0	1	0	0	0	4
领域_民生	3	0	0	3	0	1	2	0	1	0	6	0	0	0	0	16
领域_法律	0	0	0	0	0	0	2	6	0	0	0	1	0	0	0	9
领域_国际合作	5	0	3	0	0	3	11	6	5	0	0	4	3	2	3	45
领域_科研界	2	0	3	0	0	10	4	1	5	0	0	4	1	1	0	31
领域_艺术界	10	2	0	0	0	2	6	2	2	0	0	7	1	0	3	34
领域_文化交流	7	0	0	3	0	2	3	6	0	0	0	4	3	0	5	30
理据_经济需求	2	0	0	0	0	2	1	0	4	0	3	1	1	0	0	14
理据_发展需求	2	7	0	0	0	3	3	0	1	0	9	0	1	0	3	29
理据_社会需求	0	0	0	0	0	1	0	0	0	0	0	0	1	0	0	2
效果_人口数量	0	0	0	3	0	0	2	0	0	0	0	0	0	0	3	8
效果_机构数量	0	0	0	0	0	0	1	0	0	0	0	0	0	0	3	2
效果_经济效益	2	0	0	0	0	3	1	4	0	0	0	1	0	1	0	12
效果_项目声誉	0	0	0	0	0	1	1	1	0	0	0	1	0	1	0	5

续　表

标准次数	2000	2001	2002	2003	2004	2005	2006	2007	2008	2009	2010	2011	2012	2013	2014	总计
效果_国家声誉	0	0	0	0	0	0	0	0	0	0	0	0	0	0	0	0
活动_规划项目	5	5	12	0	0	3	14	12	2	0	0	6	4	4	11	78
活动_基金项目	0	0	0	0	0	0	0	0	0	0	0	0	0	0	0	0
活动_盈利项目	0	0	3	0	0	0	0	0	0	0	0	0	0	0	0	3
活动_考试项目	0	0	0	0	0	0	0	0	0	0	0	0	0	0	0	0
活动_展览项目	0	0	0	0	0	1	2	4	4	0	0	9	0	1	1	22
社群_学生群体	2	7	3	0	0	1	2	0	1	0	0	0	0	0	0	16
社群_教师群体	2	2	0	0	0	0	2	0	1	0	9	0	0	0	0	16
社群_机构	10	7	6	0	4	5	33	12	1	0	6	0	1	4	3	92
社群_网民	0	0	0	0	0	0	0	0	0	0	0	0	0	0	0	0
社群_普通国民	0	0	0	0	0	1	2	0	0	0	0	0	0	0	0	3
社群_行业人群	2	0	3	3	0	9	1	6	2	0	3	0	0	2	0	31
工具_资金	0	0	3	0	0	0	0	0	0	0	0	0	0	0	0	3
工具_认证	0	0	0	0	0	0	0	0	0	0	0	0	0	1	0	1
工具_培训	16	0	0	0	0	0	2	0	2	0	6	0	0	0	0	26
工具_互联网	0	0	3	0	0	0	0	1	0	0	0	0	0	0	3	7
工具_网站	0	0	0	0	0	0	0	0	0	0	0	0	0	0	0	0
总计	95	51	39	9	20	51	105	71	33	0	51	39	18	18	35	635

附表 3-8　扩展圈_一级标签_标准次数

标准次数	政策领域	政策理据	政策效果	政策活动	政策社群	政策工具	总计
2000	1 071	119	51	340	544	68	2 193
2001	1 469	339	169	169	565	113	2 824
2002	545	109	82	354	790	82	1 962
2003	667	39	196	196	746	118	1 962
2004	1 536	0	0	256	512	0	2 304
2005	811	265	182	199	529	99	2 085
2006	970	188	167	355	689	73	2 442
2007	987	118	192	309	471	59	2 136
2008	810	248	68	315	360	45	1 846
2009	1 504	188	188	376	376	0	2 632
2010	679	475	136	136	814	68	2 308
2011	1 176	153	128	383	332	0	2 172
2012	949	200	175	200	524	25	2 073
2013	754	67	89	488	643	67	2 108
2014	656	109	73	401	255	109	1 603
总计	14 584	2 617	1 896	4 477	8 150	926	32 650

附表 3 - 9　扩展圈_二级标签_标准次数

标准次数	2000	2001	2002	2003	2004	2005	2006	2007	2008	2009	2010	2011	2012	2013	2014	总计
领域_普通教育	136	282	54	79	358	165	125	118	113	0	0	51	200	111	73	1 865
领域_就业培训	204	113	0	0	307	0	31	74	113	0	136	51	0	0	0	1 029
领域_语言教学	119	791	163	196	409	116	52	88	23	0	136	179	75	111	36	2 494
领域_民主	34	0	0	39	0	0	10	0	23	0	0	26	0	22	0	154
领域_民生	68	0	0	39	51	17	63	250	90	0	136	51	75	44	73	957
领域_法律	51	0	27	0	0	17	31	88	0	0	0	26	0	0	0	240
领域_国际合作	136	56	54	236	102	199	292	147	203	564	136	204	75	177	109	2 690
领域_科研界	68	56	82	39	256	182	52	29	158	188	0	102	75	244	0	1 531
领域_艺术界	187	169	109	0	0	83	136	88	68	188	68	358	275	44	73	1 846
领域_文化交流	68	0	54	39	51	33	177	103	23	564	68	128	175	0	291	1 774
理据_经济需求	34	169	27	0	0	83	115	74	180	188	136	77	125	22	0	1 230
理据_发展需求	68	169	27	0	0	165	73	44	68	0	339	77	25	44	109	1 208
理据_社会需求	17	0	54	39	0	17	0	0	0	0	0	0	50	0	0	177
效果_人口数量	0	0	0	79	0	0	21	29	23	0	68	0	75	0	73	368
效果_机构数量	0	56	0	0	0	66	63	44	0	0	136	26	75	22	0	352
效果_经济效益	17	0	27	39	99	99	52	74	45	0	0	77	25	44	0	499
效果_项目声誉	34	113	54	79	0	17	31	44	0	188	68	26	0	22	0	676

续　表

标准次数	2000	2001	2002	2003	2004	2005	2006	2007	2008	2009	2010	2011	2012	2013	2014	总计
效果_国家声誉	0	0	0	0	0	0	0	0	0	0	0	0	0	0	0	0
活动_规划项目	255	169	300	157	205	165	250	265	203	188	68	153	100	466	328	3 272
活动_基金项目	0	0	0	0	51	0	0	0	0	0	0	0	0	0	0	51
活动_盈利项目	0	0	27	0	0	0	0	0	0	0	0	0	0	0	0	27
活动_考试项目	17	0	0	0	0	17	10	0	0	0	0	0	0	0	0	44
活动_展览项目	68	0	27	39	0	17	94	44	113	188	68	230	100	22	73	1 083
社群_学生群体	102	226	54	236	51	66	31	0	45	0	68	26	50	155	0	1 110
社群_教师群体	51	56	109	0	0	17	21	0	45	0	204	102	75	0	73	753
社群_机构	238	226	218	236	358	232	511	236	135	376	339	77	200	266	146	3 794
社群_网民	0	0	0	0	0	0	0	0	0	0	0	0	0	0	0	0
社群_普通国民	34	0	109	0	51	17	31	44	23	0	0	26	25	89	36	485
社群_行业人群	119	56	300	275	51	199	94	192	113	0	204	102	175	133	0	2 013
工具_资金	17	0	27	0	0	17	10	15	23	0	0	0	0	44	0	128
工具_认证	34	56	0	0	0	50	0	15	23	0	68	0	25	22	0	212
工具_培训	204	113	0	79	307	0	31	74	0	0	136	51	0	0	0	1 029
工具_互联网	0	0	54	0	0	0	31	29	0	0	68	0	0	0	109	370
工具_网站	17	56	0	39	0	33	31	15	23	0	0	0	0	0	0	214
总计	2 397	2 932	1 957	1 964	2 608	2 089	2 469	2 208	1 966	2 632	2 446	2 226	2 075	2 104	1 602	33 675

附表 3-10 美国_一级标签_标准次数

标准次数	政策领域	政策理据	政策效果	政策活动	政策社群	政策工具	总计
2000	2	0	2	0	0	0	4
2001	2	0	0	0	0	0	2
2002	0	3	0	0	0	0	3
2003	8	3	0	3	8	0	22
2004	10	0	0	4	12	0	26
2005	4	0	0	0	6	0	10
2006	15	3	1	2	10	0	31
2007	26	1	1	8	19	0	55
2008	3	1	0	3	2	0	9
2009	0	0	0	0	0	0	0
2010	37	12	12	6	24	0	91
2011	4	0	1	1	0	0	6
2012	18	3	5	5	6	1	38
2013	3	0	1	3	7	1	15
2014	3	3	1	3	8	1	19
总计	135	29	24	38	102	3	331

附表 3 - 11　美国_二级标签_标准次数

标准次数	2000	2001	2002	2003	2004	2005	2006	2007	2008	2009	2010	2011	2012	2013	2014	总计
领域_普通教育	0	0	0	0	0	3	3	6	2	0	3	0	6	1	1	25
领域_就业培训	0	0	0	0	0	0	5	2	0	0	0	0	1	0	0	8
领域_语言教学	0	0	0	3	0	0	0	5	0	0	0	1	3	0	0	12
领域_民主	0	0	0	0	0	0	2	2	0	0	3	0	0	0	0	7
领域_民生	0	0	0	0	0	0	2	2	0	0	3	0	0	0	0	7
领域_法律	0	0	0	0	0	0	0	0	0	0	6	0	0	0	0	6
领域_国际合作	0	0	0	5	2	1	1	4	0	0	6	3	5	2	1	30
领域_科研界	0	0	0	0	6	0	1	0	0	0	0	0	0	0	0	7
领域_艺术界	2	2	0	0	2	0	0	2	0	0	9	0	0	0	0	17
领域_文化交流	0	0	0	0	0	0	0	2	1	0	6	0	3	0	0	12
理据_经济需求	0	0	3	3	0	0	2	0	0	0	12	0	1	0	0	21
理据_发展需求	0	0	0	0	0	0	1	1	1	0	0	0	1	0	3	7
理据_社会需求	0	0	0	0	0	0	0	0	0	0	0	0	0	0	0	0
效果_人口数量	2	0	0	0	0	0	0	0	0	0	0	1	0	0	0	3
效果_机构数量	0	0	0	0	0	0	0	0	0	0	3	0	3	0	0	6
效果_经济效益	0	0	0	0	0	0	1	0	0	0	6	1	3	0	1	12
效果_项目声誉	0	0	0	0	0	0	0	1	0	0	3	0	0	0	0	4

续　表

标准_次数	2000	2001	2002	2003	2004	2005	2006	2007	2008	2009	2010	2011	2012	2013	2014	总计
效果_国家声誉	0	0	0	0	0	0	0	0	0	0	0	0	0	0	0	0
活动_规划项目	0	0	0	3	2	0	2	8	1	0	6	1	5	3	3	34
活动_基金项目	0	0	0	0	0	0	0	0	0	0	0	0	0	0	0	0
活动_盈利项目	0	0	0	0	0	0	0	0	0	0	0	0	0	0	0	0
活动_考试项目	0	0	0	0	0	0	0	0	0	0	0	0	0	0	0	0
活动_展览项目	0	0	0	0	2	0	0	0	2	0	0	0	0	0	0	4
社群_学生群体	0	0	0	8	0	1	1	0	0	0	0	0	1	1	0	12
社群_教师群体	0	0	0	0	0	1	2	2	0	0	0	0	0	0	0	5
社群_机构	0	0	0	0	8	4	4	9	0	0	18	0	3	3	8	57
社群_网民	0	0	0	0	0	0	0	0	0	0	0	0	0	0	0	0
社群_普通国民	0	0	0	0	0	0	0	5	0	0	3	0	3	1	0	12
社群_行业人群	0	0	0	0	4	0	2	2	2	0	3	0	0	1	1	14
工具_资金	0	0	0	0	0	0	0	0	0	0	0	0	1	1	1	3
工具_认证	0	0	0	0	0	0	0	0	0	0	0	0	0	0	0	0
工具_培训	0	0	0	0	0	0	5	2	0	0	0	0	1	0	0	8
工具_互联网	0	0	0	0	0	0	0	0	0	0	0	0	0	0	0	0
工具_网站	0	0	0	0	0	0	0	0	0	0	0	0	0	0	0	0
总计	4	2	3	22	26	10	34	55	9	0	90	6	40	14	18	333

附表 3-12　内圈_一级标签_标准次数

标准次数	政策领域	政策理据	政策效果	政策活动	政策社群	政策工具	总计
2000	759	0	84	169	421	0	1 433
2001	497	0	142	71	355	0	1 065
2002	942	105	105	105	419	0	1 676
2003	428	86	0	86	771	86	1 457
2004	637	0	0	227	546	0	1 410
2005	833	0	0	0	1 250	0	2 083
2006	745	131	44	88	569	0	1 577
2007	1 088	47	47	378	757	0	2317
2008	233	93	0	186	233	0	745
2009	0	0	0	0	0	0	0
2010	1 001	308	308	154	693	0	2 464
2011	800	89	267	356	178	0	1 690
2012	1 087	109	272	272	380	54	2 174
2013	701	0	100	301	902	100	2 104
2014	831	208	52	312	623	104	2 130
总计	10 582	1 176	1 421	2 705	8 097	344	24 325

附表 3－13　内圈_二级标签_标准次数

标准次数	2000	2001	2002	2003	2004	2005	2006	2007	2008	2009	2010	2011	2012	2013	2014	总计
领域_普通教育	0	0	0	0	0	625	175	237	93	0	154	0	272	301	52	1 909
领域_就业培训	0	0	0	0	0	0	219	95	0	0	0	89	109	0	0	512
领域_语言教学	0	0	0	86	0	0	0	189	0	0	0	89	109	0	0	473
领域_民主	0	0	0	0	0	0	88	95	0	0	77	0	0	0	0	260
领域_民生	169	0	209	0	91	0	88	95	47	0	77	0	0	0	0	776
领域_法律	0	0	0	86	91	0	0	0	0	0	154	0	0	0	0	331
领域_国际合作	84	426	314	257	136	208	88	189	47	0	154	267	380	301	312	3 163
领域_科研界	84	0	105	0	182	0	88	0	0	0	0	0	54	0	312	825
领域_艺术界	169	71	0	0	91	0	0	95	0	0	231	356	54	100	104	1 271
领域_文化交流	253	0	314	0	45	0	0	95	47	0	154	0	109	0	52	1 069
理据_经济需求	0	0	0	86	0	0	88	0	0	0	308	0	54	0	104	640
理据_发展需求	0	0	105	0	0	0	44	47	47	0	0	89	54	0	104	490
理据_社会需求	0	0	0	0	0	0	0	0	47	0	0	0	0	0	0	47
效果_人口数量	0	0	0	0	0	0	0	0	0	0	77	89	54	0	0	220
效果_机构数量	84	71	0	0	0	0	0	0	0	0	0	89	109	100	0	453
效果_经济效益	0	0	105	0	0	0	44	0	0	0	154	89	109	0	52	553
效果_项目声誉	0	71	0	0	0	0	0	47	0	0	77	0	0	0	0	195

续　表

标准次数	2000	2001	2002	2003	2004	2005	2006	2007	2008	2009	2010	2011	2012	2013	2014	总计
效果_国家声誉	0	0	0	0	0	0	0	0	0	0	0	0	0	0	0	0
活动_规划项目	84	71	0	86	182	0	88	378	93	0	154	356	217	301	312	2 322
活动_基金项目	0	0	0	0	0	0	0	0	0	0	0	0	0	0	0	0
活动_盈利项目	0	0	0	0	0	0	0	0	0	0	0	0	0	0	0	0
活动_考试项目	0	0	0	0	0	0	0	0	0	0	0	0	0	0	0	0
活动_展览项目	84	0	105	0	45	0	0	0	93	0	0	0	54	0	0	381
社群_学生群体	0	0	0	257	0	208	44	0	47	0	0	0	54	100	0	710
社群_教师群体	0	0	0	0	0	208	88	95	0	0	0	178	0	0	0	569
社群_机构	0	213	105	428	364	833	350	378	47	0	539	0	109	601	467	4 434
社群_网民	0	0	0	0	0	0	0	0	0	0	0	0	0	0	0	0
社群_普通国民	84	0	105	86	45	0	0	189	0	0	77	0	109	100	0	795
社群_行业人群	337	142	209	0	136	0	88	95	140	0	77	0	109	100	156	1 589
工具_资金	0	0	0	86	0	0	0	0	0	0	0	0	54	100	104	344
工具_认证	0	0	0	0	0	0	0	0	0	0	0	0	0	0	0	0
工具_培训	0	0	0	0	0	0	219	95	0	0	0	89	109	0	0	512
工具_互联网	0	0	0	0	0	0	0	0	0	0	0	0	0	0	0	0
工具_网站	0	0	0	0	0	0	0	0	0	0	0	0	0	0	0	0
总计	1 432	1 065	1 676	1 458	1 408	2 082	1 799	2 414	748	0	2 464	1 780	2 282	2 104	2 131	24 843

附表 3-14　外圈_一级标签_标准次数

标准次数	政策领域	政策理据	政策效果	政策活动	政策社群	政策工具	总计
2000	1 068	0	0	119	712	0	1 899
2001	675	0	142	178	426	107	1 528
2002	303	0	0	0	607	0	910
2003	1 036	130	0	259	648	389	2 462
2004	623	0	0	436	436	125	1 620
2005	768	185	106	212	318	0	1 589
2006	1 365	277	213	192	427	0	2 474
2007	1 028	119	40	237	910	198	2 532
2008	1 071	170	119	255	459	34	2 108
2009	1 118	280	140	140	559	0	2 237
2010	1 388	126	84	210	337	42	2 187
2011	1 533	175	88	131	526	44	2 497
2012	1 034	278	199	398	796	199	2 904
2013	815	116	23	536	745	70	2 305
2014	2 213	332	74	295	885	74	3 873
总计	16 038	2 188	1 228	3 598	8 791	1 282	33 125

附表 3 - 15　外圈_二级标签_标准次数

标准次数	2000	2001	2002	2003	2004	2005	2006	2007	2008	2009	2010	2011	2012	2013	2014	总计
领域_普通教育	59	36	0	259	62	212	491	119	238	0	84	482	159	140	332	2 673
领域_就业培训	475	0	0	0	0	53	21	237	68	140	168	88	119	93	369	1 831
领域_语言教学	237	107	0	518	0	0	0	277	374	0	168	438	239	70	811	3 239
领域_民主	59	0	0	0	0	0	21	0	0	0	0	0	0	23	0	103
领域_民生	0	71	0	130	62	26	64	79	85	0	126	88	40	47	111	929
领域_法律	0	0	0	0	0	0	0	79	0	0	42	0	0	0	0	121
领域_国际合作	0	0	0	130	187	265	299	119	153	280	337	88	80	163	148	2 249
领域_科研界	59	249	0	0	249	185	341	40	85	140	252	175	119	256	111	2 261
领域_艺术界	119	178	303	0	62	0	21	79	17	280	168	88	199	23	295	1 529
领域_文化交流	59	36	0	0	0	26	107	0	51	280	42	88	80	0	37	1 109
理据_经济需求	0	0	0	0	0	53	128	40	119	140	84	44	40	70	148	866
理据_发展需求	0	0	0	130	0	132	85	40	51	140	42	131	199	47	184	1 181
理据_社会需求	0	0	0	0	0	0	64	40	0	140	0	0	40	0	0	144
效果_人口数量	0	0	0	0	0	26	0	0	0	0	0	0	40	0	0	243
效果_机构数量	0	88	0	0	0	0	85	0	0	0	42	88	40	0	37	255
效果_经济效益	0	71	0	0	0	79	128	0	68	0	0	0	40	23	0	409
效果_项目声誉	0	71	0	0	0	0	0	40	51	0	42	0	80	0	37	321

续　表

标准次数	2000	2001	2002	2003	2004	2005	2006	2007	2008	2009	2010	2011	2012	2013	2014	总计
效果_国家声誉	0	0	0	0	0	0	0	0	0	0	0	0	0	0	0	0
活动_规划项目	59	142	0	259	311	185	171	237	238	140	210	44	318	466	258	3 038
活动_基金项目	0	0	0	0	62	0	21	0	0	0	0	0	0	0	0	83
活动_盈利项目	0	0	0	0	0	0	0	0	0	0	0	44	80	23	0	147
活动_考试项目	0	0	0	0	0	0	0	0	17	0	0	0	0	0	0	17
活动_展览项目	59	36	0	0	62	26	0	0	0	0	0	44	0	47	37	311
社群_学生群体	0	107	0	389	62	53	64	79	102	0	42	0	40	116	74	1 128
社群_教师群体	59	0	0	0	0	0	21	277	34	0	42	131	199	70	111	944
社群_机构	178	71	0	130	187	159	235	396	170	419	168	350	477	280	221	3 441
社群_网民	0	0	0	0	0	0	0	0	17	0	0	0	0	0	0	17
社群_普通国民	119	36	0	130	0	0	43	119	85	140	0	0	40	93	258	1 063
社群_行业人群	356	213	607	0	187	106	64	40	51	0	84	44	40	186	221	2 199
工具_资金	0	0	0	0	125	0	0	79	17	0	42	0	159	70	0	492
工具_认证	0	71	0	0	0	0	0	79	17	0	0	44	0	0	0	211
工具_培训	475	0	0	0	0	53	21	237	68	140	168	88	119	93	369	1 831
工具_互联网	0	0	0	259	0	0	0	0	0	0	0	0	40	0	74	373
工具_网站	0	36	0	130	0	0	0	40	0	0	0	0	0	0	0	206
总计	2 372	1 531	910	2 464	1 618	1 639	2 495	2 772	2 176	2 379	2 353	2 587	3 026	2 399	4 243	34 964

附表 3-16　印度_一级标签_标准次数

标准次数	政策领域	政策理据	政策效果	政策活动	政策社群	政策工具	总计
2000	1 068	0	0	119	712	0	1 899
2001	675	0	142	178	426	107	1 528
2002	303	0	0	0	607	0	910
2003	1 036	130	0	259	648	389	2 462
2004	623	0	0	436	436	125	1 620
2005	768	185	106	212	318	0	1 589
2006	1 365	277	213	192	427	0	2 474
2007	1 028	119	40	237	910	198	2 532
2008	1 071	170	119	255	459	34	2 108
2009	1 118	280	140	140	559	0	2 237
2010	1 388	126	84	210	337	42	2 187
2011	1 533	175	88	131	526	44	2 497
2012	1 034	278	199	398	796	199	2 904
2013	815	116	23	536	745	70	2 305
2014	2 213	332	74	295	885	74	3 873
总计	16 038	2 188	1 228	3 598	8 791	1 282	33 125

附表 3 - 17　印度_二级标签_标准次数

标准次数	2000	2001	2002	2003	2004	2005	2006	2007	2008	2009	2010	2011	2012	2013	2014	总计
领域_普通教育	2	2	0	5	2	8	17	2	7	0	6	16	4	7	5	83
领域_就业培训	14	0	0	0	0	2	1	7	2	0	12	3	0	3	12	56
领域_语言教学	7	7	0	10	0	0	0	8	21	0	12	10	6	1	26	108
领域_民主	2	0	0	0	0	0	1	0	0	0	0	0	0	0	0	3
领域_民生	0	5	0	3	2	1	2	1	4	0	9	1	0	0	3	32
领域_法律	0	0	0	0	0	0	0	0	0	0	0	0	0	0	0	0
领域_国际合作	0	0	0	0	6	10	13	1	3	9	24	3	1	7	4	80
领域_科研界	2	16	0	0	8	7	14	1	4	4	15	4	4	12	4	95
领域_艺术界	3	9	0	0	2	0	0	0	1	4	12	3	6	1	11	52
领域_文化交流	2	0	3	0	2	1	1	0	3	9	0	3	3	0	1	26
理据_经济需求	0	0	0	0	0	2	6	1	7	0	6	1	1	3	5	32
理据_发展需求	0	0	0	3	0	4	1	0	3	0	3	1	4	2	5	26
理据_社会需求	0	0	0	0	0	0	2	0	0	0	0	0	1	0	0	3
效果_人口数量	0	0	0	0	0	1	0	0	0	4	0	0	1	1	1	7
效果_机构数量	0	0	0	0	0	0	3	0	0	0	3	3	0	3	0	9
效果_经济效益	0	5	0	0	0	3	3	0	1	0	3	0	1	0	0	13
效果_项目声誉	0	5	0	0	0	0	0	1	1	0	3	0	3	0	1	14

续　表

标准_次数	2000	2001	2002	2003	2004	2005	2006	2007	2008	2009	2010	2011	2012	2013	2014	总计
效果_国家声誉	0	0	0	0	0	0	0	0	0	0	0	0	0	0	0	0
活动_规划项目	2	2	0	3	10	7	7	5	8	4	12	1	9	18	5	93
活动_基金项目	0	0	0	0	2	0	0	0	0	0	0	0	0	0	0	2
活动_盈利项目	0	0	0	0	0	0	0	0	0	0	0	1	1	1	0	3
活动_考试项目	0	0	0	0	0	0	0	0	0	0	0	0	0	0	0	0
活动_展览项目	2	2	0	0	2	1	0	0	0	0	0	1	0	2	1	11
社群_学生群体	0	7	0	8	2	2	3	2	3	0	3	0	1	4	1	36
社群_教师群体	2	0	0	0	0	0	1	7	2	0	3	4	4	1	3	27
社群_机构	5	2	0	3	6	6	12	5	3	4	12	11	15	11	3	98
社群_网民	0	0	0	0	0	0	0	0	0	0	0	0	0	0	0	0
社群_普通国民	3	0	0	0	0	0	2	1	1	0	0	0	1	2	5	15
社群_行业人群	10	12	6	0	6	4	2	1	3	0	6	1	1	8	8	68
工具_资金	0	0	0	0	4	0	0	1	0	0	3	0	5	3	0	16
工具_认证	0	2	0	0	0	0	0	1	0	0	0	0	0	0	0	3
工具_培训	14	0	0	0	0	2	1	7	2	0	12	3	0	3	12	56
工具_互联网	0	0	0	5	0	0	0	0	0	0	0	0	1	0	1	7
工具_网站	0	2	0	3	0	0	0	1	0	0	0	0	0	0	0	6
总计	70	78	9	43	52	61	92	52	79	38	156	70	73	90	117	1 080

附表 3－18　中国共现_一级标签_标准次数

原始次数	政策领域	政策理据	政策效果	政策活动	政策社群	政策工具	总计
2000	57	10	3	29	42	7	149
2001	49	7	7	5	16	5	90
2002	53	12	9	24	77	3	177
2003	42	3	10	13	47	8	122
2004	44	0	0	10	16	0	70
2005	29	10	6	8	16	6	75
2006	64	15	12	21	32	7	152
2007	48	9	11	9	20	4	101
2008	25	9	3	9	11	2	59
2009	35	4	4	9	9	0	61
2010	15	9	6	6	18	3	58
2011	44	7	4	9	18	0	82
2012	41	8	9	6	27	1	91
2013	34	3	2	19	30	2	91
2014	16	1	0	5	7	1	31
总计	596	107	86	182	386	49	1 406

附表 3－19　中国共现_二级标签_标准次数

原始次数	2000	2001	2002	2003	2004	2005	2006	2007	2008	2009	2010	2011	2012	2013	2014	总计
领域_普通教育	7	5	6	5	6	8	7	4	5	0	0	3	8	6	3	73
领域_就业培训	5	5	0	0	12	0	1	6	3	0	0	3	0	0	0	35
领域_语言教学	12	28	18	13	8	7	5	4	1	0	3	10	4	6	1	120
领域_民主	2	0	0	3	0	0	0	0	1	0	0	0	0	1	0	7
领域_民生	3	0	0	0	2	0	4	20	4	0	0	3	4	2	3	45
领域_法律	5	0	3	0	0	1	1	1	0	0	0	0	0	0	0	11
领域_国际合作	9	2	3	16	4	9	19	6	5	13	6	7	1	7	1	108
领域_科研界	5	2	6	3	10	1	1	1	3	4	0	1	4	11	0	52
领域_艺术界	9	7	12	0	0	3	9	5	2	4	3	14	14	2	1	85
领域_文化交流	0	0	6	3	2	0	16	2	1	13	3	3	6	0	7	62
理据_经济需求	2	7	3	0	0	3	11	6	7	4	3	3	6	1	1	56
理据_发展需求	7	0	3	0	0	7	4	4	2	0	6	4	0	2	1	40
理据_社会需求	2	0	6	3	0	0	0	0	1	0	0	0	1	0	0	12
效果_人口数量	0	0	0	0	0	0	0	2	0	0	3	0	4	1	0	13
效果_机构数量	0	2	0	3	0	3	5	4	2	0	0	1	4	1	0	20
效果_经济效益	0	0	3	3	0	3	4	2	0	0	0	3	1	1	0	22
效果_项目声誉	3	5	6	5	0	0	2	2	0	4	3	0	0	0	0	30

续　表

原始次数	2000	2001	2002	2003	2004	2005	2006	2007	2008	2009	2010	2011	2012	2013	2014	总计
效果_国家声誉	0	0	0	0	0	0	0	0	0	0	0	0	0	0	0	0
活动_规划项目	21	5	21	10	8	7	13	9	8	4	3	4	1	19	4	137
活动_基金项目	0	0	0	0	2	0	0	0	0	0	0	0	0	0	0	2
活动_盈利项目	0	0	0	0	0	0	0	0	0	0	0	0	0	0	0	0
活动_考试项目	2	0	0	0	0	1	1	0	0	0	0	0	0	0	0	4
活动_展览项目	7	0	3	3	0	7	7	0	1	4	3	4	5	0	1	38
社群_学生群体	9	9	6	16	2	3	3	0	1	0	3	1	3	8	0	64
社群_教师群体	3	0	12	0	0	1	0	0	1	0	0	6	4	0	3	30
社群_机构	16	5	18	16	10	9	19	7	5	9	9	4	10	11	3	151
社群_网民	0	0	0	0	0	0	0	0	0	0	0	0	0	0	0	0
社群_普通国民	3	0	12	0	2	0	1	4	1	0	0	1	1	4	1	30
社群_行业人群	10	2	29	16	2	3	9	9	3	0	6	6	9	7	0	111
工具_资金	2	0	0	0	0	1	0	0	1	0	0	0	0	2	0	6
工具_认证	3	2	0	0	0	3	1	1	0	0	0	0	1	0	0	11
工具_培训	5	5	0	0	12	0	1	6	3	0	0	3	0	0	0	35
工具_互联网	0	0	3	5	0	0	3	1	1	0	3	0	0	0	1	16
工具_网站	2	2	0	3	0	2	3	1	1	0	0	0	0	0	0	14
总计	154	93	179	126	82	75	150	107	62	59	57	84	91	91	30	1440

附表 3-20　自动统计 3_一级标签_标准次数

标准次数	政策领域	政策理据	政策效果	政策活动	政策社群	政策工具	总计
2000	1 010	113	49	210	544	61	1 987
2001	943	73	57	198	530	68	1 869
2002	793	59	44	162	522	47	1 627
2003	987	94	102	208	674	68	2 133
2004	1 053	114	76	205	532	82	2 062
2005	940	165	122	228	569	60	2 084
2006	1 072	182	164	239	569	58	2 284
2007	902	101	232	330	618	95	2 278
2008	1 113	143	133	271	614	56	2 330
2009	841	123	237	223	592	57	2 073
2010	928	174	220	262	595	122	2 301
2011	1 348	162	244	294	589	146	2 783
2012	1 386	189	283	299	653	139	2 949
2013	1 273	177	221	332	644	147	2 794
2014	1 373	193	181	345	662	148	2 902
总计	15 962	2 062	2 365	3 806	8 907	1 354	34 456

附表3－21　自动统计5_二级标签_标准次数

标准次数	2000	2001	2002	2003	2004	2005	2006	2007	2008	2009	2010	2011	2012	2013	2014	总计
领域_普通教育	140	153	94	151	187	172	220	140	174	123	128	237	245	224	224	2 612
领域_就业培训	123	35	18	73	64	74	91	61	87	31	73	95	108	113	117	1 163
领域_语言教学	147	174	106	125	185	130	113	111	147	158	140	312	270	250	281	2 649
领域_民主	33	12	24	36	30	26	24	16	8	9	15	14	10	10	19	286
领域_民生	87	61	86	91	78	88	90	133	138	44	95	47	86	82	126	1 332
领域_法律	24	7	18	18	12	8	13	14	9	9	43	9	5	11	8	208
领域_国际合作	149	163	118	195	247	230	245	181	204	219	171	258	243	235	224	3 082
领域_科研界	95	118	80	115	118	81	87	40	109	53	55	70	84	81	99	1 285
领域_艺术界	130	123	115	94	72	67	91	109	83	74	104	197	177	156	144	1 736
领域_文化交流	81	97	136	89	60	62	98	96	154	123	104	108	158	112	130	1 608
理据_经济需求	26	19	6	10	20	31	50	30	43	61	79	50	66	50	62	603
理据_发展需求	73	47	38	62	70	107	107	55	81	53	85	94	109	110	113	1 204
理据_社会需求	14	7	15	21	24	27	25	15	19	9	9	18	14	18	19	254
效果_人口数量	7	7	0	21	8	7	6	13	16	92	55	26	33	25	32	348
效果_机构数量	0	0	0	0	0	0	0	0	0	0	0	0	0	0	0	0
效果_经济效益	9	7	12	18	26	52	75	110	58	70	79	107	119	71	64	877
效果_项目声誉	21	35	29	57	36	48	63	96	45	57	67	85	95	92	70	896

续　表

标准次数	2000	2001	2002	2003	2004	2005	2006	2007	2008	2009	2010	2011	2012	2013	2014	总计
效果_国家声誉	0	0	0	0	0	0	0	4	5	4	3	0	5	4	0	25
活动_规划项目	156	151	127	167	166	191	205	284	238	175	229	206	218	241	254	3 008
活动_基金项目	5	0	0	0	10	3	1	2	1	0	0	3	9	13	20	67
活动_盈利项目	2	2	9	0	10	6	7	14	6	13	12	31	28	23	23	186
活动_考试项目	9	0	0	3	0	9	13	4	2	9	9	7	8	13	8	94
活动_展览项目	38	45	27	39	18	19	12	26	24	26	12	47	37	41	40	451
社群_学生群体	59	115	50	107	84	50	51	34	78	53	52	88	72	64	70	1 027
社群_教师群体	43	24	47	42	32	32	35	55	50	35	73	54	68	53	59	702
社群_机构	220	148	159	206	235	314	319	240	252	346	311	288	326	348	324	4 036
社群_网民	0	2	3	0	0	0	0	1	4	4	0	4	5	3	1	27
社群_普通国民	90	71	97	96	66	54	48	78	85	48	55	72	79	73	102	1 114
社群_行业人群	144	177	168	229	120	133	135	219	154	118	119	109	133	132	121	2 211
工具_资金	10	5	6	13	24	25	19	25	16	18	34	53	48	41	39	376
工具_认证	29	38	3	3	24	21	12	34	21	0	9	48	37	48	35	362
工具_培训	123	35	18	73	64	74	91	61	87	31	73	95	108	113	117	1 163
工具_互联网	9	14	27	29	24	5	13	21	10	18	55	36	43	50	59	413
工具_网站	12	12	12	23	10	9	14	15	9	22	24	10	11	9	15	207
总计	2 108	1 904	1 648	2 206	2 124	2 155	2 373	2 337	2 417	2 105	2 372	2 878	3 057	2 909	3 019	35 612

参考文献

[1] AGER D. Language policy in Britain and France: The Process of policy[M]. New York: Cassell, 1996.

[2] AGER D. Motivation in language planning and policy[M]. Clevedon: Multilingual Matters, 2001.

[3] ALDERFER C P. An empirical test of a new theory of human needs [J]. Organizational Behavior and Human Performance, 1969, 4: 142 - 175.

[4] AMMON U. Language spread policy[J]. Language Problems and Language Planning, 1997, 21: 51 - 57.

[5] AMMON U. English as a future language of teaching at German universities? A question of difficult consequences, posed by the decline of German as a language of science[J]. Contributions to the Sociology of Language, 2001, 84: 343 - 362.

[6] ARNDT R T, RUBIN D L. The Fulbright difference, 1948 - 1992 [M]. New Jersey: Transaction Publishers, 1993.

[7] BACHRACH P, BARATZ M S. Two faces of power[J]. The American Political Science Review, 1962, 56: 947 - 952.

[8] BAMBOSE A A. Recurring Decimal: English in language policy and planning[J]. World Englishes, 2003, 22: 419 - 431.

[9] BATE B. Language, culture, and society: key topics in linguistic

anthropology christine jourdan kevin tuite［J］. Journal of Anthropological Research，2006，65：110－111.

［10］ BERNARD S. Second-language learning［M］. Oxford：OUP，2001.

［11］ BERNARD S. Sociolinguistics［M］. Shanghai：Shanghai Foreign Language Education Press，2000.

［12］ BOUND K. Cultural diplomacy［M］. London：Routledge，Demos，2007.

［13］ BOURDIEU P. Language and symbolic power［M］. Cambridge：Harvard University Press，1991.

［14］ BROSNAHAN L H. Some historical cases of language imposition. In：R. Spencer（ed.）. Language in Africa［M］. Cambridge：Cambridge University Press，1963：12－54.

［15］ BRUTT-GRIFFLER J. World English：a study of its development［M］. Clevedon：Multilingual Matters，2002.

［16］ BRYANT F R. The British Council：the first fifty years，by Frances Donaldson［J］. Albion A Quarterly Journal Concerned with British Studies，1987，18：142.

［17］ CARR E. Twenty Years' Crisis：1919－1939［M］. New York：Harper Perennial Press，1964.

［18］ CHITNIS S. Higher education in India［J］. Black issues in higher education，2003，3.

［19］ CHRISTIANSEN P V. Language policy in the European Union：European / English / Elite / Equal / Esperanto Union? ［J］. Language Problems & Language Planning，2006，30：2－44.

［20］ CHUA S K C，BALDAUF R B. Global language：colonization in the new era［M］// HINKEL E. Handbook of Research in Second Language Teaching and Learning. London：Routledge，2010.

[21] CHUMBOW B S. Linguistic diversity, pluralism and national development in Africa[J]. Africa Development, 2009, 34: 21 - 45.

[22] CLAYTON T. Language choice in a nation transition: English language spread in Cambodia[M]. New York: Springer, 2006.

[23] CLAYTON T. Language choice in a nation under transition: the struggle between English and French in Cambodia [J]. Language Policy, 2002: 3 - 25.

[24] CONARD A. The International role of English: the state of the discussion[M]//FISHMAN A J A, CONRAD A W, RUBAL-LOPEZ A. Post imperial English status change in former British. London: 2001.

[25] COOMBS P H. The fourth dimension of foreign policy: educational and cultural affairs[M]. New York: Harper & Row, 1964.

[26] COOPER R L. Language spread: studies in diffusion and social change [M]. Bloomington: Bloomington: Indiana University Press, Center for Applied Linguistics, 1982.

[27] COOPER R. A framework for the study of language spread[M]// COOPER R. Language spread: studies in diffusion and social change. Bloomington: Indiana University Press, 1982.

[28] COOPER R L. Language planning and social change[D]. Cambridge: Cambridge University, 1989.

[29] CORSET E. A Battle for neutral Europe: British cultural propaganda during the second world war[M]. London: Bloomsbury Academic, 2013.

[30] CRYSTAL D. English as a global language [M]. Cambridge: Cambridge University Press, 1997.

[31] CRYSTAL D. English as a global language[M]. Beijing: Foreign

Language Teaching and Research Press，2001.

[32] CRYSTAL D. The Cambridge encyclopedia of the English language [M]. Cambridge：Cambridge University Press，1987.

[33] DAVIES A. Review article：ironising the myth of linguicism[J]. Journal of Multilingual and Multicultural Development，1996，17：485 – 596.

[34] DAVIES S. The soft power of Anglia：British cold war cultural diplomacy in the USSR[J]. Contemporary British History，2013，27：297 – 323.

[35] DE SWAAN A. Words of the world：the global language system[M]. Oxford：Blackwell Publishing，2001.

[36] DE WET C. Factors influencing the choice of English as language of learning and teaching（LoLT）— a South African perspective[J]. South African journal of education，2002，22：119 – 24.

[37] DHANUKA D R. Indian constitution and the status of Hindi[J]. Indian News Portal，2006，9.

[38] DONALD J，MILLER B. The Commonwealth in the world[M]. 3rd ed. Cambridge：Harvard University Press，1965.

[39] DONALDSON F. The British Council—the first fifty years[M]. London：Jonathan Cape Ltd，1984.

[40] DOWDING K. Three-dimensional power：a discussion of Steven Lukes' power：a radical view[J]. Political Studies Review，2010，4：136 – 145.

[41] EUGENE G. The dominance of English：colleges worldwide abandon their native languages for a common tongue[J]. The Chronicle of Higher Education，2000，1.

[42] FERGUSON C. Religious factors in language spread[M]//COOPER

R L. Language spread: studies in diffusion and social change. Bloomington: Indiana University Press, 1982.

[43] FISHMAN J A. Sociolinguistics and the language problems of the developing countries [M]//FISHMAN J A, FERGUSON C A, GUPTA J D. Language problems of developing nations. New York: John Wiley and Sons, 1969: 3 - 16.

[44] FISHMAN J A, COOPER R L, CONARD A W. The spread of English: the sociology of English as an additional language [M]. Rowley: Newbury House Pub, 1977.

[45] FISHMAN J A. Reversing language shift: Theoretical and empirical foundations of assistance to threatened language [M]. Clevedon: Multilingual Matters Limited, 1991.

[46] FISHMAN J A. The new linguistic order[J]. Foreign Policy, 1998, 113: 26 - 40.

[47] FISHMAN J. Advances in language planning [M]. The Hague: Mouton, 1974.

[48] FISHMAN J. Summary and interpretation: post-imperial English 1940 -1990 [M]//FISHMAN J, RUBAL-LOPEZ A, CONRAD A. Post-imperial English: status change in former British and American colonies 1940 - 1990. Berlin: Mouton de Gruyter, 1996: 623 - 642.

[49] FONZARI L. Englishing the Estonian multicultural society[J]. World Englishes, 1999, 18: 39 - 48.

[50] FOUCAULT M. Truth and power [M]//FAUBION J D. Power: Essential Works of Foucault 1954 - 1984. Middlesex: Penguin, 1977.

[51] FRANKEL C. The neglected aspect of foreign affairs: American educational and cultural policy abroad[J]. Western Political Quarterly, 1966, 20: 773.

［52］ WEBER G. Top languages：the world's 10 most influential languages ［J］. Language Monthly，1997，3：12－18.

［53］ GIBBS W. Lost science in the third world［J］. Scientific American，1995，8：80.

［54］ GLADSTONE J R. Language and culture. In：Teaching English as a second language［M］. London：Allen Cmpbell，1972.

［55］ GORLACH M. Introduction to early modern English［M］. Cambridge：Cambridge University Press，1991.

［56］ GORLACH M. Englishes：studies in varieties of English，1984－1988 ［M］. Amsterdam：John Benjamins Publishing，1991.

［57］ GRADDOL D. The future of English？［M］. London：The British Council，1997.

［58］ GRADDOL D. The future of English？［M］. Beijing：Foreign Language and Research Press，1999.

［59］ GRADDOL D. English next［M］. London：British Council，2006.

［60］ GRIN F. Economic consideration in language policy［M］//RICENTO T. An introduction to language policy：Theory and method. Oxford：Blackwell Publishing，2006：77－94.

［61］ GRIN F. Language planning and economics［J］. Current Issues in Language Planning，2003，4：1－66.

［62］ HARVEY B. Feigenbaum，globalization and cultural diplomacy［M］. Washington D.C.：Center for Art and Culture，2002.

［63］ HENRY R，PEARTREE C E. The information revolution and international security［M］. Washington，D. C.：The CSIS Press，1998.

［64］ HOWATT A P R，WIDDOWSON H G. A History of English language teaching［M］. 2nd ed. Oxford：Oxford University Press，2004.

［65］ ICHIJO A. Cultural diplomacy in the contemporary United Kingdom：the case of the British Council［M］//TOPIC M，RODIN S. Cultural diplomacy and cultural imperialism：European perspective. Oxford：Peter Lang，2012.

［66］ IRIYE A. Culture and international history［M］//HOGAN M J. Explaining the history of American foreign relations. Cambridge：Cambridge University Press，1991：241－256.

［67］ JOURDAN C. Language，culture，and society：key topics in linguistic anthropology Christine Jourdan Kevin Tuite［J］. Journal of Anthropological Research，2006，65：110－111.

［68］ KACHRU B B. ESP and non-native varieties of English：toward a shift in paradigm［J］. Studies in the Linguistic Sciences，1986，16：13－34.

［69］ KACHRU B B. The power and politics of English［J］. World Englishes，1986，5：121－140.

［70］ KACHRU B B. The alchemy of English：the spread，function，and models of non-native Englishes［M］. Urbana：University of Illinois Press，1990.

［71］ KACHRU B B. The second diaspora of English［M］//MACHAN T W，SCOTT C T. English in 1st social contexts：essays in historical socio-linguistics. New York：Oxford University Press，1992：230－252.

［72］ KACHRU B B. World Englishes：approaches，issues，and resources［M］//BROMN H D，GONZO S. Readings on second language acaquistion. Englewood Cliffs，NJ：Prentice Hall，1995：229－261.

［73］ KAPLAN R B，BALDAUF R B. Language planning：from practice to theory［M］. Philadelphia：Multilingual Matters，1997.

［74］ KAPLAN R B，BALDAUF R B. Language and language—in

education planning in the Pacific Basin[M]. Netherlands: Springer, 2003.

[75] KAPLAN R B, BALDAUF R B. Language planning and policy in Europe: Finland, Hungary and Sweden[M]. Clevedon: Multilingual Matters, 2005.

[76] KEOHANE R O, NYE J S. Power and interdependence in the information age[J]. Foreign Affairs, 1998, 9: 2.

[77] LEAVITT J. Linguistic relativities: language diversity and modern thought[M]. Cambridge: CUP, 2011.

[78] LIEBERSON S, COOPER R L. Forces affecting language spread: some basic propositions[J]. Language Spread Studies in Diffusion & Social Change, 1982.

[79] LUCY J. Language and cognition: the view from anthropology[M]. New York: Psychology Press, 2011.

[80] MACAULAY T B. Minute recorded in the general department by Thomas Babington Macaulay, law member of the Governor-general's council, dated 2 February 1835[M]//ZASTOUPIL L, MOIR M. The Great Indian education debate: document relating to the orientialist-angllicst controversy. 1781 - 1843. Cornwall: Cruzon, 1999: 161 - 173.

[81] MASLOW A H. Motivation and personality[M]. New York: Harper and Row, 1970.

[82] MAZRUI A M. English in Africa: after the cold war[M]. Clevedon: Multilingual Matters, 2004.

[83] MCARTUUR T. Models of English[J]. English Today, 1992, 32.

[84] MCMURRY R E, LEE M. The cultural approach: another way in international relations[M]. Chapel Hill: University of North Carolina

Press，1947.

[85]　MERAJ S. The Use of English in Urdu advertising in Pakistan[M]// ROBERT J，KARACHI B G. The English Language in Pakistan. London：Oxford University Press，1993.

[86]　MILLE J D B. The commonwealth in the world[M]. 3rd ed. Cambridge：Harvard University Press，1965.

[87]　MILTON C C. Cultural diplomacy and the United States government： a survey[M]. Washington D.C.：Center for Art and Culture，2003.

[88]　MITCHELL J M. International culture relations[M]. Crows Nest： Allen & Unwin Publishers Ltd，1986.

[89]　MORRISON K，LUI I. Ideology，linguistic capital and the medium of instruction in Hong Kong[J]. Journal of Multilingual and Multicultural Development，2000，21：471 – 486.

[90]　MUHLHAUSLER P. Language planning and language ecology[J]. Current Issues in Language Planning，2000，1：306 – 367.

[91]　MULCAHY K V. Cultural diplomacy in the post-cold war world： introduction[J]. Journal of Arts Management，Law，and Society，1999，29：3.

[92]　NICHULAS O. Empires of the word：a language history of the world [M]. London：Harper Perennial Publishers，2006.

[93]　NINKOVICH F U S. Information policy and cultural diplomacy[J]. Headline Series，1996，308：73.

[94]　NOUR M. Language school graduate a must[N]. The Egyptian Gazette，1992 – 03 – 05(8).

[95]　NYE J S J. Bound to lead：the changing nature of American power [M]. New York：Basic Books-Harper Collins Publishers，1990.

[96]　NYE J S J. Soft power[J]. Foreign Policy，1990，3：153 – 171.

[97] NYE J S J. Soft Power: The means to success in world politics[M]. New York: Public Affairs, 2002.

[98] NYE J S J. Think again: soft power[J]. Foreign Policy, 2006, 2.

[99] OBAIDUL HAMID M. Globalisation, English for everyone and English teacher capacity: language policy discourse and realities in Bangladesh[J]. Current Issue in Language Planning, 2010, 11: 289 – 310.

[100] PARSONS A. "Vultures and Philistines": British attitudes to culture and cultural diplomacy[J]. International Affairs (Royal Institute of International Affairs 1944 – 1980), 1984, 61: 1 – 8.

[101] PATTANAYAK D P. Change, language and the developing world [M]//COLEMAN H, CAMERON L. Change and language. Clevedon: Multilingual Matters/BAAL., 1996.

[102] PENNYCOOK A. English and the discourse of colonialism[M]. New York: Routledge, 1998.

[103] PENNYCOOK A. The cultural politics of English as an international language[M]. New York: Longman, 1994.

[104] PHILLIPS J M. An analysis of U. S. overseas English language policy: 1938 – 1990[D]. Los Angeles: Faculty of the Graduate School, University of Southern California, 1996.

[105] PHILLIPSON R. Linguistic imperialism [M]. Oxford: Oxford University Press, 1992.

[106] PHILLIPSON R. English langugage spread policy[J]. International Journal of the Sociology of Language, 1994, 170: 7 – 24.

[107] PHILLIPSON R. International Languages and International Human Rights[M]//M. KONTRA M, PHILLIPSON R, SKUTNABB-KANGAS T, et al. Language: A right and a resource. approaching

linguistic human rights. New York：Central European University Press，1999，25 - 26.

[108] PICKUP O. French to force children to learn English from the age of three，if President Sarkozy gets his way［N］. Dailymail，2011 - 02 - 01.

[109] POTTER S. Our Language［M］. Middlesex：Penguin，1966.

[110] QUIRK R.，GREENBAUM S，LEECH G，et al. A comprehensive grammar of the English［M］. London：Longman，1985.

[111] QUIRK R. The question of standards in the international use of English［M］//LOWENBERG P H. Language spread and language policy：issues，implications and case studies. Washington D. C.：Georgetown University Press，1988.

[112] ROBIN R. A short history of linguistics［M］. London：Longman，1967.

[113] ROMAINE S. The Cambridge history of the English language［M］. Cambridge：Cambridge University Press，1998.

[114] RUBAL-LOPEZ A. The ongoing spread of English：a comparative analysis of former Anglo-American colonies with non-colonies［M］// FISHMAN J，RUBAL-LOPEZ A，CONARD A. Post-imperial English：status change in former British and American colonies 1940 - 1990. Berlin：Mouton de Gruyter，1996，37 - 84.

[115] RUBIN J，JERNUDD B. Can language be planned？［D］. Hawaii：University of Hawaii，1971.

[116] RUBIN J. A View towards the Future［M］//RUBIN J，JERNUDD B. Can language be planned？：sociolinguistic theory and practice for developing nations. Hawaii：The University Press of Hawaii，1971：307 - 310.

[117] RYAN E. Attitude towards language variation: social and applied contexts[M]. London: Edward Arnold, 1982.

[118] RYAN E. Social psychological mechanisms underlying native speaker evaluations of non-native speech[J]. Studies in Second Language Acquisition, 1983, 5: 148 - 159.

[119] RYAN E. Who do low prestige language varieties persist[M]// GILES H, CLAIR R S. Language and social psychology. Oxford: Basil Blackwell Publishing, 1979, 145 - 157.

[120] SANDEEN E J. The first resort of kings: American cultural diplomacy in the twentieth century by Richard T. Arndt[J]. International History Review, 2006, 28: 412 - 414.

[121] SCHAUB M. English in the Arab Republic of Egypt[J]. World Englishes, 2000, 19: 225 - 238.

[122] SHAMIM F. Trends, issues and challenges in English language education in Pakistan[J]. Asia Pacific Journal of Education, 2008, 28: 235 - 249.

[123] SIDDIQUI S. Language policies in Pakistan: a dilemma of linguistic choices[J]. NUML Journal of Critical Inquiry, 2011, 9: 165 - 192.

[124] SKUTNABB-KANGAS T, PHILLIPSON R. Linguistic human rights: overcoming linguistic discrimination[M]. Berlin: Mouton de Gruyter, 1994.

[125] SMITH A. Evaluation and stance in war news: a linguistic analysis of American, British and Italian television news reporting of the 2003 Iraqi War[J]. Critical Discourse Studies, 2010, 7: 85 - 86.

[126] SPOLSKY B. Sociolinguistics[M]. Shanghai: Shanghai Foreign Language Education Press, 2000.

[127] SPOLSKY B. Second-language learning[M]. Oxford: OUP, 2001.

[128] SPOLSKY B. Language policy [M]. Cambridge: Cambridge University Press, 2004.

[129] SPOLSKY B. Language management[M]. Cambridge: Cambridge University Press, 2009.

[130] STREVENS P. Standards and the standard English[J]. English Today, 1985, 1.

[131] TAYLOR P M. British Propaganda in the 20th century: selling democracy[M]. Edinburgh University Press, 1999.

[132] THOMAS R. Historical and theoretical perspectives in language policy and planning [J]. Journal of Sociolinguistics, 2000, 4: 196 – 213.

[133] TOLLEFSON J W. Planning language, planning inequality[M]. New York: Longman, 1991.

[134] NINKOVICH F A. The diplomacy of ideas: U.S. foreign policy and cultural relations, 1938 – 1950 [M]. Cambridge: Cambridge University Press, 1981.

[135] VIEDERMAN S. The Soviet cultural offensive: the role of cultural diplomacy in Soviet foreign policy, by Frederick C. Barghoorn[J]. Journal of Politics, 1961, 5: 295.

[136] WALLRAFF B. What global language? [J]. The Atlantic Monthly, 2000, 286: 60.

[137] WIDDOWSON H G. EIL, ESL, EFL: Global issues and local interests[J]. World Englishes, 1997, 16: 135 – 146.

[138] WIECK R. Ignorance abroad: American educational cultural foreign policy and the office of the assistant secretary of state[M]. New York: Praeger Publishers, 1992.

［139］WIERSMA W，JURS S J. Research methods in education：an introduction［M］. Boston：Allyn & Bacon，2008.

［140］WILLIAMS R J. International cultural relations，by J. M. Mitchell ［J］. Canadian Journal of Political Science，2009，20：59－61.

［141］WYSZOMIRSJI M，BURGESS C，PELIA C. International cultural relations：a multi-Country comparison ［M］. Washington D. C.：Center for Art and Culture，2003.

［142］YULE G. The study of language［M］. Peking：Foreign Language teaching and Research Press，2000.

［143］桑切斯.西班牙语的传播政策［M］//周庆生.国外语言政策与语言规划进程.北京：语文出版社,2001.

［144］萨贝尔.语言论［M］.北京：商务印书馆,1997.

［145］葛兰西,等.狱中札记［M］.曹雷雨,等译.北京：中国社会科学出版社,2000.

［146］薄守生,赖慧玲.当代中国语言规划研究：侧重于区域学的视角［M］.北京：中国社会科学出版社,2007.

［147］巴比.社会研究方法［M］.北京：华夏出版社,2009.

［148］蔡永良,王克非.从美国英语官方化运动看语言的统一和同化功能［J］//外语教学与研究,2013(6)：870－872.

［149］曹德明.国外语言文化推广机构研究［M］.北京：时事出版社,2016.

［150］曹迪.国家文化利益视角下的中国语言教育政策研究［D］.北京：首都师范大学,2011.

［151］曹杰旺.关于英语霸权时代民族语言文华保护的思考［J］//当代世界与社会主义,2005(4)：113－115.

［152］辞海编辑委员会.辞海［M］.上海：上海辞书出版社,1999.

［153］车文博.弗洛伊德主义原著选辑［M］.沈阳：辽宁人民出版社,1988.

［154］陈国华.英语史,从古代英语到标准英语导读［J］//外语教学与研究,

2000(5)：393－396.

[155]　陈文青.语言、媒介与文化认同：汉语的全球传播研究[M].上海：上海交通大学出版社,2013.

[156]　陈玉聃.论文化软权力的边界[J]//现代国际关系,2006(1)：57－63.

[157]　陈玉刚.试论全球化背景下中国软权力的构建[J]//国际观察,2007(2)：44.

[158]　陈章太.论语言资源[J]//语言文字应用,2008(1).

[159]　成晓叶.英国文化软权力,理论与启示[J]//理论研究,2014(2)：9－11.

[160]　崔希亮.国家语言资源的保护、开发和利用[J]//中国语言战略,2012(1).

[161]　克里斯托.英语帝国[M].郑佳美,译.台北：猫头鹰出版社,2002.

[162]　赫尔德,等.全球大变革：全球化时代的政治、经济与文化[M].杨雪冬等,译.北京：社会科学文献出版社,2001.

[163]　戴问天.为什么是英语[M].北京：东方出版社,2003.

[164]　索绪尔.普通语言学教程[M].高名凯,译.北京：商务印书馆,1980.

[165]　丁丽蓉.语言与文化关系视角下的大学英语教学[J]//现代教育科学,2010(9).

[166]　丁一凡.法国的文化外交[N]//光明日报,1995－06－09.

[167]　董学峰.国家语言战略背景下的汉语国际推广研究[D].长春：东北师范大学,2016.

[168]　杜道明.语言与文化关系新论[J]//中国文化研究,2008(4).

[169]　段奕.硬实力—软权力理论框架下的语言—文化国际推广与孔子学院[J]//复旦教育论坛,2008(6).

[170]　范俊军,肖自辉.语言资源论纲[J]//南京社会科学,2008(4).

[171]　范中汇.世界各国文化概览·英国文化[M].北京：文化艺术出版社,2003.

[172]　方立.美国对外文化交流中的政治因素：美国"文化外交"的历史面目

　　　　[J]//中国高校社会科学,1994(3)：69-71.

[173]　索绪尔.普通语言学教程[M].高名凯,译.北京：商务印书馆,1980.

[174]　冯留建.社会主义核心价值培育的路径探析[J]//北京师范大学学报,
　　　　2013(2)：13-18.

[175]　桑德斯.文化冷战与中央情报局[M].曹大鹏,译,北京：国际文化出版
　　　　公司,2002.

[176]　高焕静.《人民日报》(1950—2014)少数民族形象建构研究[D].杭州：
　　　　浙江大学,2015.

[177]　高一虹,许宏晨."世界英语"及"中国英语"研究：新世纪的挑战与展望
　　　　[J]//新疆师范大学学报(哲学社会科学版),2015(5)：41-45.

[178]　古埃.印度积极行动,推动印地语成为联合国的官方语言[N]//青年参
　　　　考,2006-08-22.

[179]　关世杰.国际文化交流与外交[J]//国际政治研究,2000(3)：
　　　　129-139.

[180]　桂诗春,宁春岩.语言学方法论[M].北京：外语教学与研究出版社,
　　　　1997.

[181]　郭蔷.英语霸权的历史演变研究[D].长春：吉林大学,2009.

[182]　郭熙.中国社会语言学[M].南京：南京大学出版社,1999.

[183]　郭熙.汉语的国际地位与国际传播[J]//渤海大学学报,2007(1)：56.

[184]　郭熙.语言规划的动因与效果：基于近百年中国语言规划实践的认识
　　　　[J]//新疆师范大学学报(哲学社会科学版),2013(1)：34-40.

[185]　韩勃,江庆勇.软权力.中国视角[M].北京：人民出版社,2005.

[186]　韩召颖.输出美国,美国新闻署与美国公众外交[M].天津：天津人民
　　　　出版社,2000.

[187]　摩根索.国家间政治：寻求权力与和平的斗争[M].杨岐鸣,等译.北京：
　　　　中国人民公安大学出版社,1990.

[188]　摩根索.国际纵横策论：争强求和平[M].卢明华,时殷弘,译.上海：

上海译文出版社,1995.

[189] 摩根索.国家间政治：权力斗争与和平(肯尼思·汤普森,戴维·克林顿修订)[M].虚心,郝望,李保平,等译.北京：北京大学出版社,2005.

[190] 贺阳.汉语学习动机的激发与汉语国际传播[J]//语言文字应用,2008.

[191] 胡文涛.解读文化外交：一种学理分析[J]//外交评论(外交学院学报),2007(3)：50-58.

[192] 汲立立.英国文化教育协会于英国文化外交[J]//公共外交季刊,2014(4)：3-4.

[193] 计秋枫,冯梁.英国文化与外交[M].北京：世界知识出版社,2002.

[194] 焦宇.美国国际关系理论中的权力观[D].武汉：华中师范大学,2007.

[195] 贾涵.汉语言文化国际推广战略问题及策略分析[J]//中华文化论坛,2016.

[196] 金筱萍.论约瑟夫·奈软权力理论的思想渊源[J]//江西社会科学,2012(12)：210.

[197] 汉得森.国际关系[M].金帆,译.海口：海南出版社,2004.

[198] 克劳塞维茨.战争论(第一卷)[M].北京：军事科学院出版社,1964.

[199] 柯亚沙,常禹萌.从保守绅士到创意先锋,英国创意产业的奥秘[M]//国际文化发展报告(文化部对外文化联络局编).北京：商务印书馆,2005.

[200] 哈特.战略论[M].中国人民解放军军事科学院,译.北京：战士出版社,1981.

[201] 李德芳.英国文化外交的世界影响力[J]//当代世界,2012(4)：59-62.

[202] 李赋宁.英语史[M].北京：商务印书馆,2005.

[203] 李海娟."软权力"竞争背景下的文化战略[J]//毛泽东邓小平理论研究,2004(12).

[204] 李红宇,倪小恒,李晶.语言传播规律的数量化研究及其对汉语国际推广的意义[J]//云南师范大学学报,2011(4)：43-48.

［205］　李景治，罗天虹.国际战略学［M］.北京：中国人民大学出版社，2003.

［206］　李莉.美国文化霸权理论研究［D］.洛阳：解放军外国语学院，2006.

［207］　李琳.约瑟夫·奈"软实力"理论及其对中国的启示［D］.大连：大连理工大学，2014.

［208］　李清清.英语和法语国际传播对比研究［D］.北京：北京外国语大学，2014.

［209］　李少军.国际政治学概论［M］.上海：上海人民出版社，2014.

［210］　李廷江.探索国际关系的新视角：平野健一郎和他的国际文化理论［J］//国外社会科学，1997(2)：39-43.

［211］　李新华.美国文化外交浅析［J］//思想理论教育导刊，2004(11)：38-42.

［212］　李英姿.宗教在语言传播中的作用［J］//云南师范大学学报，2012(5)：56-62.

［213］　李宇明.科学保护各民族语言文字［J］//语言文字应用，2012(2)：13-15.

［214］　李宇明.什么力量在推动语言传播［J］//汉语国际传播研究，2011(2)：2.

［215］　李宇明.探索语言传播规律：序"世界汉语教育丛书"［J］//云南师范大学学报(对外汉语教学与研究版)，2007(4)：1-3.

［216］　李宇明.中国信息化趋势报告(二十)：信息化条件下汉语走强的战略与举措［J］//中国信息界，2004(15)：7-10.

［217］　李智.论文化外交对国家国际威望树立的作用［J］//太平洋学报，2004(10)：90-94.

［218］　李智.试论美国的文化外交，软权力的运用［J］//太平洋学报，2004(2)：64-69.

［219］　李智.试论文化外交［J］//外交评论，2003(1)：83-87.

［220］　李智.文化外交，一种传播学的解读［M］.北京：北京大学出版社，2005.

［221］　林华东.制约语言传播的几个因素：论汉语的国际推广［J］//绍兴文理

学院学报,2007(3):35-39.

[222] 林毅夫.世界银行预测,中国 2030 年可能成为世界第一大经济体 [N]//经济观察报,2012-02-28.

[223] 刘国辉,张卫国.从"产业倡议"到"语言红利",加拿大的语言产业及其 对中国的启示[J]//云南师范大学学报(哲社版),2013(5).

[224] 刘海涛.语言规划的动机分析[J]//北华大学学报(社会科学版),2007 (4):63-68.

[225] 刘强.战略的本源内涵与现代寓意[M]//宋德星.战略与外交第一辑. 北京:时事出版社,2012.

[226] 刘润清.英语教学中的科研方法[M].北京:外语教学与研究出版社, 2002.

[227] 刘永涛.文化与外交:战后美国对外文化战略透视[J]//复旦学报(社 会科学版),2001(3):62-67.

[228] 龙德芳.保卫汉语[J]//云南教育(基础教育版),2006(9).

[229] 鲁毅,黄金祺,王德仁.外交学概论[M].北京:世界知识出版社,2004.

[230] 陆俭明.再谈《汉语拼音方案》和汉语教学[J]//语言文字应用,2013 (4):11-14.

[231] 陆经生,陈丹娜.语言测试与语言传播:以西班牙语全球传播战略为例 [J]//外语教学与研究,2016(5):745-754.

[232] 多洛.国际文化关系[M].孙恒,译.上海:上海人民出版社,1987.

[233] 米尔施泰因,等.论资产阶级军事科学[M].黄良羽,等译.北京:军事科 学出版社,1985.

[234] 茅晓嵩.英国文化教育协会[J]//国际研究参考,2005(8):36-40.

[235] 孟晓驷.锦上添花,文化外交的使命[N]//人民日版,2005-11-11.

[236] 奥斯特勒.语言帝国:世界语言史[M].章璐,译.上海:上海人民出版 社,2006.

[237] 宁继明.中国话语的一种表达:"命运共同体"框架下的孔子学院[M].

北京：商务印书馆,2016.

[238] 潘一禾.文化与国际关系[M].杭州：浙江大学出版社,2005.

[239] 布迪厄.言语意味着什么[M].吴晓辉,钱程,译.北京：东方出版社,2005.

[240] 钱乘旦,陈晓律,潘兴明.日落斜阳：20 世纪英国[M].上海：华东师范大学出版社,1999.

[241] 秦秀白.英语简史[M].长沙：湖南教育出版社,1983.

[242] 亨廷顿.文明的冲突与世界秩序的重建[M].周琪等,译.北京：新华出版社,2002.

[243] 沈依青.语言态度初探[J]//清华大学学报(哲学社会科学版),1997(12).

[244] 赖特,陈新仁.语言政策与语言规划：从民族主义到全球化[M].北京：商务印书馆,2012。

[245] 斯特兰奇.国际政治经济学导论：国家与市场[M].杨宇光,等译,北京：经济科学出版社,1992.

[246] 孙晶.文化霸权理论研究[M].北京：社会科学文献出版社,2004.

[247] 孙强.汉语国际传播提升文化软实力的策略与路径[J]//南京社会科学,2012(12)：98 - 101.

[248] 孙万菊.文化主权、经济主权和政治主权[J]//科学社会主义,2005(2)：54 - 55.

[249] 涂端午.政策生产,价值的权威控制及其演变：1979～1998 年中国高等教育政策文本分析[D].北京：北京大学,2008.

[250] 洪堡特.论思维和说话[M].姚小平,译.长沙：湖南教育出版社,2001.

[251] 王海兰,宁继鸣.基于个体语言技能资本投资特性的语言传播规律分析[J]//社会科学辑刊,2014(3)：24.

[252] 王磊.世界大国文化外交(英国卷)[M].北京：世界知识出版社,2013.

[253] 王义桅."一带一路"助孔子学院高飞[N]//人民日报(海外版),2015 - 02 - 17.

[254] 王远新.论语言文化的多样性及其价值[J]//世界民族,2002(6).

[255]　卫乃兴,李文中等.变化中的语料库语言学[J]//解放军外国语学院学报,2014(1):1-9.

[256]　文秋芳,俞希.英语的国际化与本土化[J]//国外外语教学,2003(3).

[257]　邬美丽.语言态度研究述评[J]//满语研究,2005.

[258]　邬美丽.来华留学生汉语语言态度实证研究[J]//中国社会语言学,2016(1).

[259]　吴应辉.国家硬实力是语言传播的决定性因素:联合国五种工作语言的国际化历程对汉语国际化传播的启示[J]//汉语国际传播研究,2011(1):1-14.

[260]　吴应辉.汉语国际传播研究理论与方法[M].北京:中央民族大学出版社,2013.

[261]　吴玉娟.旅游市场感知形象与目的地投射形象对比研究[D].西安:陕西师范大学,2016.

[262]　迪恩,刘玉."友好认知与理解":英国文化交流的方式[J]//国际观察,2016.

[263]　熊寅谷.英国和美国的对外英语教学[J]//现代外语,1998(2):27-31.

[264]　许国璋.一个可行的模式"三级英语教学"[J]//课程,教材,教法,1986(9):3-4.

[265]　徐波.当代英国海外英语推广的政策研究:以英国文化协会为中心[D].重庆:西南大学,2009.

[266]　徐波.英语"全球通用语":地位的形成与双重影响[J]//外国语文,2010(5):142-145.

[267]　徐大明.有关语言经济的七个问题[J]//云南师范大学学报(哲学社会科学版),2010(5):7-15.

[268]　颜志强.世界英语概论[M].北京:外语教学与研究出版社,2002.

[269]　杨娜.英国文化外交评析[J]//南开学报(哲学社会科学版),2013(5):17-23.

[270] 杨绪明,廖扬敏,贾力耘.全球语境下中国语言形象构建刍议[J]//广西师范学院学报(哲学社会科学版),2014(3):81-85.

[271] 英国文化部.总结10年创意发展成果[R/OL].[2011-12-13].http://www.ce.cn/cydt.shtml.

[272] 哈贝马斯.交往与社会进化[M].张博树,译.重庆:重庆出版社,1989.

[273] 游汝杰,邹嘉彦.社会语言学教程[M].上海:复旦大学出版社,2004.

[274] 于淼.从孔子学院看汉语言文化推广的模式与效果[J]//武汉大学学报(哲学社会科学版),2010.

[275] 俞新天.中国对外战略的文化思考[J]//现代国际关系,2004(12):20-26.

[276] 俞正梁.当代国际关系学导论[M].上海:复旦大学出版社,1996.

[277] 奈.美国定能领导世界吗[M].北京:军事译文出版社,1992.

[278] 奈.软力量:世界政坛成功之道[M].吴晓辉,钱程,译.北京:东方出版社,2005.

[279] 詹宏伟.语料库中语块提取的工具与方法[J]//外语教学,2011(2):23-26.

[280] 张桂珍,等.中国对外传播[M].北京:中国传媒大学出版社,2006.

[281] 张季良.国际关系学概论[M].北京:世界知识出版社,1989.

[282] 张骥,刘中民.文化与当代国际政治[M].北京:人民出版社,2003.

[283] 张丽琴,宗婷婷.内容分析法在风险评价中的应用[J]//东方企业文化,2010.

[284] 张天雪,孙不凡.从英语国家教育"走出去"的模式看国家语言战略[J]//比较教育研究,2017.

[285] 张天宇,周桂君.英语语言推广的权力之争:20世纪以来英美海外语言推广的合作与竞争[J]//东北大学学报(社会科学版),2016(1):99-104.

[286] 张彤.增强语言传播能力探讨[J]//当代语言传播,2009(6):114-116.

[287] 张西平,柳若梅.世界主要国家语言推广政策概览[M].北京:外语教学与研究出版社,2008.

[288] 张勇先.英语发展史[M].北京:外语教学与研究出版社,2014.

[289] 招春袖,胡文涛.英国构建国际形象的文化外交战略[J]//传播学研究,2011(10):12-14.

[290] 赵庆寺.创新中国学术话语提升国际话语权[N]//中国教育报,2016-06-09.

[291] 赵蓉晖.语言战略与语言政策研究渐成体系[J]//中国社会科学报,2014-12-29.

[292] 赵蓉晖.论语言规划研究的中国学派:评《语言规划概论》[J]//语言战略研究,2016(1):91-96.

[293] 赵轩.全球化时代美国文化输出战略研究[D].长春:吉林大学,2014.

[294] 赵杨,於斌.英语的标准化传播及威尔士语、英语语言政策研究[M]//中国社科院民族所课题组.国家、民族与语言:语言政策国别研究.北京:语文出版社,2003.

[295] 周长鲜.孔子学院,为世界碰触"中国读本"[N]//人民日报,2014-09-24.

[296] 周璐铭.中国对外文化战略研究(2000-2015)[D].北京:中共中央党校,2015.

[297] 周启朋.国外外交学[M].北京:中国人民公安大学出版社,1990.

[298] 周庆生.国家、民族与语言:语言政策国别研究[M].北京:语文出版社,2003.

[299] 周玉忠,王辉.语言规划与语言政策:理论与国别研究[M].北京:中国社会科学出版社,2004.

[300] 周永生.冷战后的日本书化外交[J]//日本学刊,1998(6):71-85.

报告类

[301] Baldwin Report. Report of the British Economic Mission to South
America [R]. 1930 - 01 - 18, 6.

[302] British Council. British Council Annual Report 2000 - 2001 [R].
London: British Council, 2002.

[303] British Council. British Council Annual Report 2001 - 2002 [R].
London: British Council, 2003.

[304] British Council. British Council Annual Report 2002 - 2003 [R].
London: British Council, 2004.

[305] British Council. British Council Annual Report 2003 - 2004 [R].
London: British Council, 2005.

[306] British Council. British Council Annual Report 2004 - 2015 [R].
London: British Council, 2006.

[307] British Council. British Council Annual Report 2005 - 2006 [R].
London: British Council, 2007.

[308] British Council. British Council Annual Report 2006 - 2007 [R].
London: British Council, 2008.

[309] British Council. British Council Annual Report 2007 - 2008 [R].
London: British Council, 2009.

[310] British Council. British Council Annual Report 2008 - 2009 [R].
London: British Council, 2010.

[311] British Council. British Council Annual Report 2009 - 2010 [R].
London: British Council, 2011.

[312] British Council. British Council Annual Report 2010 - 2011 [R].
London: British Council, 2012.

[313] British Council. British Council Annual Report 2011 - 2012 [R].
London: British Council, 2013.

［314］ British Council. British Council Annual Report 2012 - 2013［R］. London：British Council，2014.

［315］ British Council. British Council Annual Report 2013 - 2014［R］. London：British Council，2014.

［316］ British Council. British Council Annual Report 2014 - 2015［R］. London：British Council，2015.

［317］ British Council. Corporate plan 2008 - 11［R］. London：British Council，2007.

［318］ DEARDEN J. English as a medium of instruction—a growing global phenomenon［R］. London：British Council，2014

［319］ DEVLIN G. Art Content in Future British Council Programmes［A］. In：British Council Annual report［R］. London：British Council，2008.

［320］ Drogheda Report Summary. The Report of the Independent Committee of Enquiry into the overseas Information Services［R］. London：HMSO，1954.

［321］ Duncan Report. The Report of the Review Committee on Overseas Representation 1968 - 1969［R］. London：HMSO，1969.

［322］ English Impact. An Evaluation of English Language Capability［R］. Madrid，2017 - 10.

［323］ Final Evaluation of the International Inspiration Programme Executive Summary［R］. Produced by Ecory，2014，6.

［324］ House of Commons Foreign Affairs Committee Public Diplomacy. Third Report of Session 2005 - 2006［R］. 2017，12.

［325］ House of Commons Public Accounts Committee. British Council：Achieving Impact（Fifty-sixth Report of Session 2007 - 08）［R］. London：The Stationery Office Limited，2008：5.

[326] Languages for the Future. The foreign languages the United Kingdom needs to become a truly global nation[R/OL]. 2017. http://www.britishcouncil.org.

[327] Lord Carter of Cole. Public Diplomacy Review[R]. 2005 - 10: 64 - 65.

[328] Lord Seebohm. Review of the British Council[R]. London: HMSO, 1981.

[329] Ministry of Education. Report of the official Committee on the Teaching of English Overseas[R]. London: Ministry of Education, 1956.

[330] Ross M. English-speaking North Africa[R]. 2016 - 09.

[331] The English Effect. The impact of English, what it's worth to the UK and why it matters to the world[R/OL]. London: British Council. 2016 http://www.britishcouncil.org.

[332] The Report of the Independent Committee of Enquiry into the overseas Information Services[R]. 1954: 63.

[333] The Report of the official Committee on the Teaching of English Overseas[R]. 1956: 3.

[334] TINSLEY T, BOARD K. Language Trends 2016/17, Language Teaching in Primary and Secondary Schools in England Survey Report[R]. London: British Council, 2017.